汽车构造与拆装

（第2版）

主　编　黄志勇

副主编　旷文兵　周定武

主　审　尹万建

北京理工大学出版社
BEIJING INSTITUTE OF TECHNOLOGY PRESS

图书在版编目（ＣＩＰ）数据

汽车构造与拆装 / 黄志勇主编. --2 版. --北京：
北京理工大学出版社，2021.11
ISBN 978-7-5763-0657-6

Ⅰ. ①汽… Ⅱ. ①黄… Ⅲ. ①汽车–构造②汽车–装
配（机械）　Ⅳ. ①U463②U472

中国版本图书馆 CIP 数据核字（2021）第 228392 号

出版发行 / 北京理工大学出版社有限责任公司

社　　址 / 北京市海淀区中关村南大街 5 号

邮　　编 / 100081

电　　话 / （010）68914775（总编室）
　　　　　　（010）82562903（教材售后服务热线）
　　　　　　（010）68944723（其他图书服务热线）

网　　址 / http://www.bitpress.com.cn

经　　销 / 全国各地新华书店

印　　刷 / 北京侨友印刷有限公司

开　　本 / 787 毫米×1092 毫米　1/16

印　　张 / 20.75　　　　　　　　　　　　　　　　　责任编辑 / 孟祥雪

字　　数 / 486 千字　　　　　　　　　　　　　　　　文案编辑 / 孟祥雪

版　　次 / 2021 年 11 月第 2 版　2021 年 11 月第 1 次印刷　　责任校对 / 周瑞红

定　　价 / 79.00 元　　　　　　　　　　　　　　　　责任印制 / 李志强

序　言

汽车工业的水平综合反映一个国家的工业水平。截至 2019 年 6 月，我国汽车保有量已突破 2.5 亿辆，汽车工业占 GDP 的比重持续提高，毫无疑问，汽车产业作为国民经济支柱产业的重要性日益增强。近年来，在新一轮科技革命风起云涌的当下，全球汽车行业正迎来全新变化，汽车产业正在步入智能网联时代，不仅是新能源汽车带来的全新的产品前景，大数据、云计算、人工智能技术的深度融入，也成为汽车产业加快转型升级的主要动力，全球汽车行业从思维理念到商业模式都发生着巨大变化，对汽车营销服务行业从业人员的素质提出了更高要求。

汽车科技的提升，汽车产业的社会化、规模化、集团化、网络化，使得汽车人才需求尤为突出，有报告显示预计未来五年汽车专业人才需求位居社会总体需求前五名，汽车从业人员需求量将达到 5 000 万人，汽车从业行业人才缺口巨大，人才网和国家人事部先后把汽车类专业人才列入紧缺人才、急需人才。

这套《汽车服务营销国家教学资源库配套教材》的产生，适应了汽车行业的变化及对汽车服务营销人才需求的变化；同时，适应了教育部职业教育专业教学资源库建设目标及要求。根据资源库建设"国家急需、全国一流、面向专业"的要求，本套教材以"落实、立德、树人"为根本任务，积极培育和践行社会主义核心价值观，突出职业教育的类型特点，是全国 13 所高职院校，联合深圳中诺思等 10 家教育服务公司和宝马、大众、北汽等 10 大汽车品牌经销商"双元"合作开发的结果。

本套教材内容符合国家 2019 年颁布的汽车营销与服务专业教学标准，涵盖了基础知识和拓展知识，有利于教师分层教学和学生自主学习。同时，本套教材基于职业教育专业教学资源库，结合国家专业标准设计课程体系及知识技能点，开发目标是基于但是高于基本教学标准及教材标准。依托强大的专业教学资源库，本套教材充分体现了信息技术的优势，配备有丰富的教学资源。

自 2015 年起，在资源库平台建设了 20 门专业课程，每门课程都包含完整的教学内容和教学活动，包括教学设计、教学过程记录、教学评价等环节，建有试卷库 36 个，考试样卷 268 套。共上传文本、PPT 演示文稿、图形/图像、音频、视频、动画和虚拟仿真等资源 29 632 个，基本资源 26 910 个，覆盖专业所有基本知识点和岗位基本技能点；拓展资源 2 722 个，体现行业发展的前沿技术和最新成果，集合专业领域全国不同地域特点和技术特色的优质资源。目前已经有 6 门课程被认定为省级精品在线开放课程。

资源库平台资源免费开放，各类用户可自由注册，进行自主学习；提供多终端的资源检索、资料下载、教学指导、学习咨询、讨论答疑，支持个人自学、学历教育、职业培训与认证，用户产生行为日志 2 030 万条，其中，检索资源 109.9 万次，浏览课程 424.9 万次，互动提问 67.1 万次，作品提交 22.4 万次、自测和考试 8.5 万次。为学生、教师、行业企业人员、社会学习者等各类用户，提供了 PC 终端和移动终端，实现了将"将课程放在桌面上，将课堂放在口袋里"的"云＋端"环境，提供了资源检索、信息查询、资料下载、教学指导、学习咨询、讨论答疑、就业支持等服务。

后面将根据产业升级情况以及专业教学资源库更新情况，持续更新教材。本套教材充分体现了混合式教学法的设计思路。本套教材经过 3 次审纲研讨会，不断完善，形成了混合式教学法的设计思路，与资源库平台课程配套，将课程教学分为课前、课中、课后三部分。课前教师组织教学材料、分发任务，学生完成测试、线上提出问题。课中学生问题反馈、小组互动、教师重难点问题讲解、任务实施、布置作业。课后强化盲点、完成作业、作品展示。

在中国汽车工程学会的大力支持下，来自京津地区、珠三角地区、长三角地区、东北地区、中部地区、西南地区等中国 6 大汽车产业集群所在地的 9 所国家示范性（骨干）高职院校参与教材编写。分别是湖南汽车工程职业学院、四川交通职业技术学院、淄博职业学院、长春汽车工业高等专科学校、常州机电职业技术学院、黄冈职业技术学院、浙江交通职业技术学院、云南交通职业技术学院、吉林交通职业技术学院。经过编委会审定，本套教材能够满足高等职业教育汽车营销与服务专业、汽车运用与维修技术专业、汽车检测与维修技术专业的教学需要，也能够满足汽车从业人员终身职业教育的学习需要。

丛书编委会

前　言

随着汽车技术的不断发展，对传统汽车技术不断提出新的要求，汽车的结构也有了很大的改进。在企业实际工作中，汽车检测与维修的内容也发生了很大变化，这就要求我们的课程和教材做相应的改进。因此，本教材编写遵循校企一体化理念，整体内容按照汽车结构认知规律安排，每个任务均选自企业实际生产任务，以企业技能培训认证标准和流程为基本框架。操作内容、操作规范、考核认证等均参照行业、企业标准。以任务驱动，结合教学资源平台的学习资源，利用现代化的教学手段，把学习者带入工作情景。

第2版教材融入了企业培训要素，结合了学校人才培养特点，立足于职业院校学生的学情，具有如下特点。

（1）教材编写以够用、适用和实用为原则。注重实用性，体现先进性，保证科学性，突出实践性，贯穿可操作性，其工艺过程尽可能地与当前生产情景一致。

（2）教材文字简洁，通俗易懂，图文并茂，形象直观，形式生动，容易培养学生的学习兴趣，从而提高学习效果。每个学习任务注重理论与实践相结合，着力培养学生分析问题、解决问题的能力。

（3）注重教材的先进性，在内容上引入汽车新结构、新技术、新方法，总体上围绕目前主流车型进行编写。

（4）教材是"一书一网站一VR"新形态一体化教材。新旧媒体的融合，线上线下的打通，优化了教学流程，提高了教学效果。

本教材由湖南汽车工程职业学院黄志勇担任主编，湖南汽车工程职业学院旷文兵、周定武担任副主编，湖南汽车工程职业学院尹万建担任主审。本书在编写过程中，得到了北京理工大学出版社和湖南汽车工程职业学院的大力支持和帮助，在此一并表示衷心的感谢。在编写过程中，参考了许多文献资料，在此对有关资料的作者深表谢意。

限于编者经历和水平，不足之处在所难免，希望读者在使用本教材时，及时提出修改意见和建议，以便再版时改正。

编　者

二维码内容资源获取说明

（1）微知库资源平台

第1步：扫描下方二维码，下载并安装"微知库"App。

第2步：打开"微知库"App，单击页面中的"汽车营销与服务"专业。

第3步：单击"课程中心"，选择相应课程。

第4步：单击"报名"图标，随后图标会变成"学习"，单击"学习"即可使用"微知库"App进行学习。

注：下载"微知库"App并注册登录后，直接使用App中的"扫一扫"功能，扫描本书中的二维码，也可以直接观看相关知识点视频。

安卓客户端　　　　　　　　iOS客户端

（2）VR汽车教育实训平台

安卓版请扫描下面的二维码进行下载安装，（苹果版暂未开放）。

第1步：用QQ扫描二维码下载，请选择"其他方式下载—>普通下载"。

第2步：安装后打开并注册。

第3步：学校选择"湖南汽车工程职业学院"（班级任意选择）。

第4步：注册完成后，输入注册手机号登录，默认密码：123456。

提示：在第4步获取验证码如果提示"此手机号码已注册"，或者忘记密码请返回登录界面单击下方"忘记密码？"进行短信密码找回！

注：本平台目前仅适用安卓5.0及以上版本，中高端处理器（处理器过低或者内存过小，可能会出现系统卡顿或者闪退现象）！

VR汽车教育实训平台　　　　VR操作样例（火花塞的检查与更换）

目　录

项目 1

汽车认知与拆装基础

本项目主要是让学生了解汽车的基本组成，学会汽车基本功能的操作，掌握汽车拆装工具及设备的使用。内容包括"汽车总体结构认知"和"汽车拆装基本知识"两个任务。通过学习和训练，学生可以理解汽车的定义、掌握分类和基本结构，学会维修工具的识别与使用。同时，学生自己还要查阅大量资料，掌握汽车的发展史和新技术的运用。

任务 1.1　汽车总体结构认知

任务描述

　　汽车的发展凝聚了人类的智慧和匠心，成了具有多种型式、不同规格，广泛用于社会经济生活多个领域的交通运输工具。汽车新技术的推出并不能完全避免汽车使用过程中对环境的污染，所以绿色能源逐渐会是汽车的首选，新能源汽车和电动汽车技术将是一个主要的发展方向。本任务帮助学生认知汽车总体结构，理解汽车的定义，掌握汽车的基本组成及各个部分的功用，熟悉车辆的基本参数，了解未来汽车的发展趋势。

任务目标

　　1. 能掌握汽车的定义；
　　2. 能描述汽车的组成及类型；
　　3. 能识别车辆基本信息。

任务实施

教学目标	教学活动	内容及要求	
知识	活动 1		（1）描述汽车的基本组成及各个部分的作用。 （2）描述左图中汽车的类型及车身结构特点

续表

教学目标	教学活动	内容及要求
知识	活动2	中国　北京汽车股份有限公司　制造 VIN: LNBSCBAJ1BD000168 品牌 北京牌　整车型号 BJ7150B3D1 发动机型号 4A91S　额定功率 83　kW 发动机排量 1.499 L 最大设计总质量 1490 kg 乘员数　5　制造年月 2011 年 3 月 （1）描述左图中 VIN 码的含义。 （2）描述整车型号中车辆的类别
	活动3	（1）描述汽车的基本参数。 （2）描述汽车性能的评价指标
能力	活动4	（1）实车查找车辆铭牌和 VIN 的位置并描述车辆的相关信息。 （2）实车描述左图所示发动机机舱内各编号部件的名称
素质	活动5	你认为汽车对人类产生了哪些影响？

任务学习

◎ 知识链接

一、什么是汽车?

汽车作为重要的陆路交通工具，问世百余年来，取得了惊人的成果。汽车改变了人们的生活方式，变革了世界经济、文化，渗透到了人类生产、生活等各个领域，直接影响着经济社会的发展进程，激励着社会更快地前进。1876 年，德国人奥托制成了第一台往复式四行程内燃机。这种内燃机利用活塞往复运动的四个行程，将吸入的煤气与空气的混合气压缩后，再点火燃烧，大大提高了内燃机的热效率。1886 年，德国人卡尔·本茨设计制造出了世界上第一辆装用汽油内燃机的三轮汽车。同样在 1886 年，德国人歌德里普·戴姆勒成功地发明了世界上第一辆四轮汽车，该车发动机为单缸四行程汽油机，水冷，转速为750 r/min，时速为15 km/h。

我国汽车工业经过近 60 年的发展，其加速趋势越来越明显：从 1953 年到 1992 年，汽车工业达到 100 万辆的年产量，用了近 40 年时间；从 1992 年到 2000 年，年产量完成了从 100 万辆到 200 万辆的增长，用了 8 年时间；从 2000 年到 2002 年年底，年产量实现了从 200 万辆到 300 万辆的增长，用了 2 年时间；而 2005 年一年汽车总产量就达到 570.7 万辆；2009 年 10 月 20 日，我国的汽车年总产量达到 1 000 万辆，成为继美国、日本之后，第三个汽车年产量超千万辆的国家。

未来的汽车将具有以下七大特点：安全、价廉、环保、实用、高效、省时以及提供与外部世界的联系。这就意味着汽车行业必须围绕低价位、实用性的设计和技术进行创新，充分体现"人、车、环境"的有机结合。总之，汽车的发展趋势是对环境的污染越来越小，燃油经济性越来越好，安全舒适性越来越高，车辆专业性越来越强，以人为本体现得越来越充分。

什么是汽车？国家标准 GB/T 3730.1—2001 对汽车（见图 1—1—1）的定义是：由动力驱动，具有四个或四个以上车轮的非轨道承载的，主要用于载运人员和（或）货物、牵引载运人员和（或）货物或者特殊用途的车辆。

汽车的发展史

图 1—1—1　汽车外观

二、汽车有哪些类型？

（1）我国汽车分类标准（GB/T 3730.1—2001）

① 乘用车（见图 1—1—2～图 1—1—5）指车辆座位少于 9 座（含驾驶员位），以载客

图 1—1—2　敞篷车

图 1—1—3　两厢轿车

为主要目的的车辆。主要有多用途乘用车、普通乘用车、活顶乘用车、高级乘用车、小型乘用车、敞篷车、舱背乘用车和旅行车。

图 1-1-4　MPV

图 1-1-5　SUV

② 商用车指车辆座位大于 9 座（含驾驶员位），以载货为主要目的的车辆，主要有货车（见图 1-1-6）、客车（见图 1-1-7）和半挂车。客车可分为小型客车、城市客车、长途客车、旅游客车。货车可分为普通货车、多用途货车、专用货车。

图 1-1-6　货车

图 1-1-7　客车

（2）美系分类标准

美系分类标准以通用汽车公司的分类标准为例。通用汽车公司一般将轿车分为 6 级，是综合考虑了车型尺寸、排量、装备和售价之后得出的分类标准。

Mini 级：一般指 1 L 以下轿车。

Small 级：一般是 1.0～1.3 L，处于我国普通轿车级别的低端。

Low-Med 级：一般是 1.3～1.6 L 轿车。

Interm 级：和德国的低端 B 级轿车基本吻合。

Upp-Med 级：涵盖 B 级轿车的高端和 C 级轿车的低端。

Large/Lux 级：和国内的高级轿车相对应，涵盖 C 级车的高端和 D 级车。

（3）德系分类标准

德国汽车分为 A00、A0、A、B、C、D 等级别（见表 1-1-1）。其中 A 级（包括 A0、A00）车是指小型轿车；B 级车是指中档轿车；C 级车是指高档轿车；而 D 级车则是指豪华轿车。其等级划分主要依据轴距、排量、质量等参数，字母顺序越靠后，该级别车的轴距越长，排量和质量越大，轿车的豪华程度也越高。

表 1-1-1 德系汽车分类标准

级别	A00	A0	A	B	C	D
	微型车	小型车	紧凑型车	中型车	中大型车	豪华车
排量/L	1.0 左右	1.0~1.5	1.6~2.0	1.8~2.4	2.4 以上	3.0 以上
轴距/m	2.0~2.3	2.3~2.5	2.5~2.7	2.7~2.9	2.8~3.0	3.0 以上

三、汽车由哪几部分组成？

汽车由发动机、底盘、电气设备和车身四大部分组成，如图 1-1-8 所示。

汽车总体结构认知

图 1-1-8 汽车基本组成

① 发动机：汽车动力源。

② 底盘：支承、安装汽车发动机及其各部件、总成，形成汽车的整体造型，并接受发动机的动力，使汽车产生运动，保证正常行驶。

③ 电气设备：提供持续可靠的电源及控制，使汽车用电系统能正常工作。

④ 车身：用以安装汽车全部机件的骨架并可承载人员、储存货物，应具备安全、舒适、便捷等功能。

四、车辆铭牌上有哪些信息？

车辆的铭牌（见图 1-1-9）上标注了车辆的基本信息，一般位于发动机机舱内或车身右侧 B 柱的下方，如图 1-1-10 所示。

GB 9417—1988《汽车产品编号规则》规定汽车产品的型号由企业名称代号、车辆类别代号、主参数代号、产品序号和尾部组成（见图 1-1-11）。必要的时候，可以附加企业自定代号。

图1-1-9　车辆铭牌

图1-1-10　车辆铭牌位置

图1-1-11　车辆型号说明

（1）企业名称代号

识别企业名称的代号，由2个或3个汉语拼音字母组成。CA代表第一汽车制造厂，EQ代表第二汽车制造厂。

（2）车辆类别代号

第一位数字是车辆类别代号（见表1-1-2），代表该车的类型。

表1-1-2　车辆类别

车辆类别代号	车辆种类	车辆类别代号	车辆种类
1	载货汽车	5	专用汽车
2	越野汽车	6	客车
3	自卸汽车	7	轿车
4	牵引汽车	9	半挂车及专用半挂车

（3）主参数代号

主参数代号代表各类汽车的主要特征参数。对于第1~5类的载货汽车、越野汽车、自卸汽车、牵引汽车、专用汽车以及第9类的半挂车及专用半挂车，主参数代号为车辆的总质量（单位t）。

（4）产品序号

第四位数字代表产品的序号，用阿拉伯数字表示，数字按0，1，2，…依次使用。

（5）尾部

尾部分为两部分，前一部分由汉语拼音字母组成，表示专用汽车分类代号，例如X表示厢式汽车，G表示罐式汽车等；后一部分是企业自定代号，可用汉语拼音字母或阿拉伯数字表示。基本型汽车的编号一般没有尾部，其变型车（例如采用不同的发动机、加长轴距、双排座驾驶室等）为了与基本型区别开，常在尾部加 A、B、C 等企业自定代号。有些车在四位数字后还有一些字母，这些字母没有准确的定义，是由生产厂家自定义的。

五、汽车有身份证号吗?

（1）VIN

汽车的"身份证"就是车辆识别代码，即 VIN，也称为 17 位识别代码，又称车架号。VIN 具有车辆的唯一识别性，通常轿车在风窗玻璃和车辆铭牌上都有车辆识别代码（见图 1−1−12）。VIN（见图 1−1−13）包含车辆的地理区域、国别、制造厂、车辆特征代码、车型年款代码、装配厂等信息。

图 1−1−12　车辆 VIN 的位置

车辆识别代码由三个部分组成：第一部分是世界制造厂识别代号（WMI）；第二部分是车辆说明部分（VDS）；第三部分是车辆指示部分（VIS）。

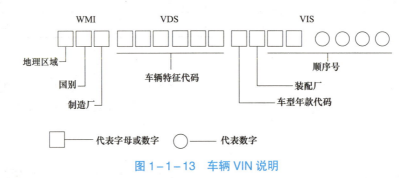

图 1−1−13　车辆 VIN 说明

① 第一部分（WMI）

第一部分为世界制造厂识别代号，必须经过申请、批准、备案后才能使用。

第一位字码：标明地理区域，如非洲、亚洲、欧洲、北美洲和南美洲。

第二位字码：标明一个特定地区内的一个国家（见表1-1-3）。美国汽车工程师协会（SAE）负责分配国家代码。第一、二位字码的组合保证国家识别标志的唯一性。

第三位字码：标明某个特定的制造厂，由各国的授权机构负责分配。

表1-1-3　生产国家代码

国家	代码	国家	代码
美国	1	德国	W
加拿大	2	韩国	K
墨西哥	3	中国	L
美国	4	英国	G
巴西	5	法国	F
澳大利亚	6	意大利	I
泰国	M	瑞典	S
日本	J	西班牙	E

② 第二部分（VDS）

第二部分是车辆说明部分。此部分能识别车辆的一般特性，由6位字码组成，代码顺序由制造厂决定。

③ 第三部分（VIS）

第三部分是车辆指示部分，由8位字码组成，最后4位应是数字。第1位（即VIN编码的第10位）：指示年份，30年一循环；第2位（即VIN编码的第11位）：可用来指示装配厂。若无装配厂，制造厂可规定其他的内容；如果车辆制造厂生产的完整车辆和/或非完整车辆年产量≥500辆，此部分的第3～8位字码（即VIN编码的第12～17位）用来表示生产顺序号。

在车辆识别代号中字码仅能采用下列阿拉伯数字和大写的罗马字母：1，2，3，4，5，6，7，8，9，0，A，B，C，D，E，F，G，H，J，K，L，M，N，P，R，S，T，U，V，W，X，Y，Z（字母I、O及Q不能使用）。

（2）VIN解读

下面以某车型的VIN码LNBSCBAJ1BD000168为例，说明其含义（见表1-1-4～表1-1-12）。

① **LNB**SCBAJ1BD000168

表1-1-4　VIN码中LNB的含义

代码	制造厂名称	适用车辆类型
LNB	汽车集团有限公司	乘用车（9座及9座以下）

② LNB**S**CBAJ1BD000168

表 1-1-5　VIN 码中 S 的含义

代码	车辆类型	代码	车辆类型	
S	轿车	A		旅行车
R	运动型乘用车	B	专用乘用车	救护车
M	多用途乘用车	D		防弹车
		E		殡仪车

③ LNBS**C**BAJ1BD000168

表 1-1-6　VIN 码中 C 的含义

代码	车辆总长/mm	座位数（含驾驶员座）	代码	车辆总长/mm	座位数（含驾驶员座）
A	≤3 500	≤5	C	3 500～6 000	≤5
B	≤3 500	>5	D	3 500～6 000	5～9
E	>6 000	≤9			

④ LNBSC**B**AJ1BD000168

表 1-1-7　VIN 码中 B 的含义

代码	车身类型	代码	车身类型
A	承载式车身，2 厢式，4 门	D	非承载式车身，2 厢式，3 门
B	承载式车身，2 厢式，5 门	E	非承载式车身，2 厢式，4 门
C	承载式车身，3 厢式，4 门	F	非承载式车身，2 厢式，5 门
G	承载式车身，2 厢式，2 门	H	承载式车身，2 厢式，3 门
L	承载式车身，单厢式，>6 座	K	承载式车身，3 厢式，2 门
V	承载式车身，单厢式，≤6 座	S	承载式车身，3 厢式，2 门，Sports 车身
U	承载式车身，2 厢式，5 门，CUV 车身	W	承载式车身，2 厢式，5 门，旅行车车身

⑤ LNBSCB**A**J1BD000168

表 1-1-8　VIN 码中 A 的含义

代码	动力及能源类型（能源类别、发动机排量 L、混合动力车排量 L、纯电动车电机功率 kW）	代码	动力及能源类型（能源类别、发动机排量 L、混合动力车排量 L、纯电动车电机功率 kW）	代码	动力及能源类型（能源类别、发动机排量 L、混合动力车排量 L、纯电动车电机功率 kW）
A	≤1.6、四缸汽油机	K	≤1.6、汽油机、混合动力	V	≤5.0、六缸柴油机
B	1.6～2.0、四缸汽油机	M	1.6～3.0、汽油机、混合动力	W	5.0～10.0、柴油机
D	2.0～2.5、四缸汽油机	N	天然发动机	X	≤3.0、柴油机、混合动力
E	2.5～3.0、四缸汽油机	P	≤1.6、四缸柴油机	Y	>3.0、柴油机、混合动力
F	3.0～4.0、四缸汽油机	R	1.6～2.0、四缸柴油机	C	>3.0、汽油机、混合动力
G	≤2.5、六缸汽油机	S	2.0～2.5、四缸柴油机	L	液化石油气发动机
H	2.5～4.0、六缸汽油机	T	2.5～3.0、四缸柴油机	1	燃料电池
J	>4.0、汽油机	U	3.0～5.0、四缸柴油机	2	二甲醚
3	≤55、纯电动	4	>55、纯电动	5	双燃料
6	两用燃料	7	10.0～13.0、柴油机	8	>13.0、柴油机
9	≤1.0、三缸汽油机	0	1.0～1.3、三缸汽油机		

⑥ LNBSCBA**J**1BD000168

表 1-1-9　VIN 码中 J 的含义

代码	制动、安全约束操作类型	代码	制动、安全约束操作类型
A	前盘后鼓制动系统，手动，不带安全气囊	F	前盘后鼓制动系统，手动，带安全气囊
B	前后鼓式制动系统，手动，不带安全气囊	G	前后鼓式制动系统，手动，带安全气囊
C	前后盘式制动系统，手动，不带安全气囊	H	前后盘式制动系统，手动，带安全气囊
D	前盘后鼓制动系统，自动，不带安全气囊	J	前盘后鼓制动系统，自动，带安全气囊
E	前后盘式制动系统，自动，不带安全气囊	K	前后盘式制动系统，自动，带安全气囊
L	前后盘式制动系统，其他形式约束系统	M	前后盘式制动系统，其他形式约束系统

⑦ LNBSCBAJ**1**BD000168

　　VIN 码中 1 是检验位。校验 VIN 编码正确性。如果其中的一位或几位被涂改，那么通过"车辆识别系统"软件，经过针对校验位的一系列运算，就能判定该 VIN 码为非法代

码，从而帮助识别车辆的合法性。

⑧ LNBSCBAJ1**B**D000168

表 1-1-10　VIN 码中 B 的含义

年份	代码	年份	代码	年份	代码	年份	代码
2009	9	2015	F	2021	M	2027	V
2010	A	2016	G	2022	N	2028	W
2011	B	2017	H	2023	P	2029	X
2012	C	2018	J	2024	R	2030	Y
2013	D	2019	K	2025	S	2031	1
2014	E	2020	L	2026	T	2032	2

⑨ LNBSCBAJ1B**D**000168

表 1-1-11　VIN 码中 D 的含义

代码	装配厂	代码	装配厂
A、H、J、K、N	北京汽车制造厂有限公司	D、R	北京汽车股份有限公司株洲分公司
F、V、W	北京汽车股份有限公司北京分公司	E、T	北京（广州）汽车有限公司
U、Y	北京银翔汽车有限公司	M、P	北京汽车股份有限公司新能源汽车分公司
B、C	北京汽车集团有限公司	L	北京北汽摩有限公司
S、W	北京汽车股份有限公司北京分公司	X	北京云南瑞丽汽车有限公司
Z	北京（镇江）汽车有限公司	G	常州英田汽车有限公司

⑩ LNBSCBAJ1BD**000168**

表 1-1-12　VIN 码中 000168 的含义

生产序号	000168

六、怎样区分两厢车和三厢车？

通常我们把轿车的发动机舱、驾驶舱、后备厢都为轿车的"厢"（见图 1-1-14），如果这三个厢是相互独立的，就称为三厢车；如果驾驶舱和后备厢是接合在一起的，则称为两厢车。

图 1-1-14　车厢分类

七、汽车的基本参数有哪些?

现在各汽车厂商对于车身规格的标注,基本上都统一了,如车身总长、轴距、轮距、前悬、后悬等,有些参数如车身总宽、总高会略有不同(见图 1-1-15)。

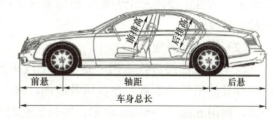

图 1-1-15　车辆基本参数

① 车身总长:沿汽车长度方向前、后两极端之间的距离。
② 车宽:沿汽车宽度方向两侧极端之间的距离。
③ 车高:汽车最高点至地面间的距离。
④ 轴距:汽车两轴中心线之间的距离。
⑤ 轮距:汽车同一轴上左、右两轮中心面之间的距离。
⑥ 前悬:汽车最前端至通过前轴轴线的垂面间的距离。
⑦ 后悬:汽车最后端至通过后轴轴线的垂面间的距离。
⑧ 最小离地间隙:汽车满载时,汽车最低点至地面的距离(图中不方便标注)。

⑨ 接近角：在汽车满载静止时，汽车前端突出点向前轮所引切线与地面的夹角。

⑩ 离去角：车辆在满载时，水平面与后轮外边缘之间最大的夹角，最大爬坡度。

⑪ 最大爬坡度：汽车满载时在良好路面上用一挡克服的最大坡度，代表汽车的爬坡能力。

⑫ 最大侧倾角：汽车以一定车速向一侧急转向时，车身发生倾斜，车子本身可以承受的车身平面与地面所达到的最大夹角。

⑬ 纵向通过角：车辆在进行满载静止时，在前后轮胎进行切于平面之间相交于车底面或是较低部位之间的夹角，也可是最小的锐角，这是车辆能通过的最大角。

八、怎样评价汽车性能？

汽车性能到底与哪些参数有关？通常用来评定汽车的性能指标主要有动力性、燃油经济性、制动性、操控稳定性、平顺性以及通过性等。

（1）动力性

汽车的动力性是用汽车在良好路面上直线行驶时所能达到的平均行驶速度来表示的。汽车的动力性主要用三个方面的指标来评定：最高车速、汽车的加速时间、汽车所能爬上的最大坡度。

（2）燃油经济性

汽车的燃油经济性常用一定工况下汽车行驶百公里的燃油消耗量或一定燃油量能使汽车行驶的里程来衡量。在我国及欧洲，汽车燃油经济性指标的单位为 L/100 km；而在美国，则用 mpg 或 mi/gal 表示，即每加仑燃油能行驶的英里数。

（3）制动性

汽车行驶时在短距离内停车且维持行驶方向稳定，以及汽车在长坡时维持一定车速的能力称为汽车的制动性。汽车的制动性指标主要有制动效能、制动效能的恒定性、制动时汽车的方向稳定性、汽车的制动过程。

（4）操控稳定性

汽车的操控稳定性是指驾驶员在不感到紧张、疲劳的情况下，汽车能按照驾驶员通过转向系统给定的方向行驶，而当遇到外界干扰时，汽车所能抵抗干扰而保持稳定行驶的能力。

（5）平顺性

汽车的平顺性是保持汽车在行驶过程中，乘员所处的振动环境具有一定的舒适度的性能。这与汽车的底盘参数、车身几何参数动力性以及操控性等有密切关系。

（6）通过性

汽车的通过性是指车辆通过一定情况路况的能力。通过能力强的汽车，可以轻松翻越坡度较大的坡道，可以放心地驶入一定深度的河流，也可以高速地行驶在崎岖不平的山路上。

九、什么是新能源汽车？

新能源汽车是指采用除汽油、柴油之外所有能源的汽车，包括燃料电池汽车、混合动力汽车、氢能源动力汽车和太阳能汽车等。目前中国市场上在售的新能源汽车多是混合动力汽车和纯电动汽车。中华人民共和国国家发展和改革委员会公告定义：新能源汽车是指采用非常规的车用燃料作为动力来源（或使用常规的车用燃料、采用新型车载动力装置）、综合车辆的动力控制和驱动方面的先进技术形成的技术原理先进、具有新技术和新结构的汽车。

（1）混合动力汽车

国际电子技术委员会对混合动力汽车的定义：在特定的工作条件下，可以从两种或两种以上的能量存储器、能量源或能量转化器中获取驱动能量的汽车。其中至少一种存储器或转化器要被安装在汽车上。混合动力汽车至少有一种能量存储器、能量源或能量转化器可以传递电能。

混联式混合动力汽车（Parallel Series Hybrid Electric Vehicle，简写 PSHEV，亦为 Combined Hybrid Electric Vehicle）。混联式驱动系统是串联式与并联式的综合，混联式混合动力结构一般采用行星齿轮机构作为动力分配装置，其结构组成如图 1-1-16 所示。这种混联式混合动力汽车结构是将发动机、发电机和电动机通过一个行星齿轮机构连接起来的。动力从发动机输出到与其相连的行星齿轮机构，行星齿轮机构将一部分扭矩传送到发电机，另一部分传送到传动轴，同时发电机也可以驱动电动机来驱动传动轴。这种机构有两个自由度，可以自由地控制两种不同的速度。丰田普锐斯采用的就是复合式行星齿轮机构。这类车辆并不是串联式或并联式的，而是介于串联式和并联式之间，可充分利用两种驱动方式的优点。

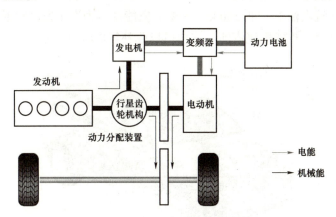

图 1-1-16　混联式混合动力汽车组成示意图

（2）纯电动汽车

纯电动汽车（BEV，如图 1-1-17 所示）是指以车载电源为动力，用电动机驱动车轮行驶，符合道路交通、安全法规各项要求的车辆。其组成包括：电力驱动及控制系统、驱动力传动等机械系统、完成既定任务的工作装置等。

图 1-1-17　纯电动汽车结构

纯电动汽车是由电力驱动系统、电源系统和辅助系统等三部分组成的。电力驱动系统包括控制器、功率转换器、电动机、机械传动装置和车轮等。电动机就像是传统汽车中的发动机，其主要任务是在驾驶员的控制下高效率地将动力电池存储的电能转化为车轮的动能驱动车辆，或者在制动时将车轮上的动能转化为电能反馈到动力电池中以实现车辆的制动能量回收。控制器就像人体的神经中枢，电动汽车必须通过一个整车控制系统来进行各子系统的协调控制，从而实现整车的最佳性能。电源系统包括蓄电池组、电池管理系统（BMS）等。辅助系统包括辅助动力源、动力转向系统、空调器和照明装置等。

（3）氢能源动力汽车

氢能源动力汽车（见图 1-1-18）是一种真正实现零排放的交通工具，排放出的是纯净水，其具有无污染、零排放、储量丰富等优势，因此，氢能源动力汽车是传统汽车最理想的替代品。加气快速的氢能源动力汽车仅需 3～5 min 就能加满氢气，加满一次能连续行驶的里程接近传统汽油车，即 500 km 左右。氢能源动力汽车发动机通常是双燃料发动机，既能以氢作燃料，也能燃烧汽油，这样可以弥补氢能源供应系统的不足。

图 1-1-18　氢动力汽车结构

燃料电池是氢气与氧气发生化学反应产生电能的装置，燃料电池并不像蓄电池那样是个储存电能的装置，它更像是一个发电厂，在持续的化学反应中不断产生电能。只要有源源不断的"燃料"，它就能不断发电。

 技能链接

1. 进入 VR 汽车教育实训平台，完成车辆信息和发动机舱内部油液的检查。

VR 操作说明
（1）登录 VR 汽车教育实训平台； （2）按操作提示完成车辆信息查询和发动机机舱内油液的检查。 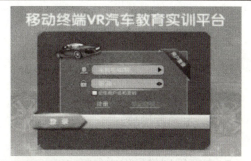
 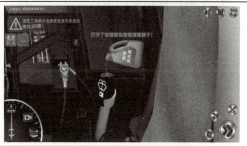

2. 实践操作视频资源

汽车电动车窗操作

灯光的打开方式

 任务评价

一、选择题

1. 我国对汽车的定义是（　　　）。

A. 由自身动力装置驱动   B. 具有 4 个或 4 个以上车轮

C. 非轨道承载车辆   D. 主要用于载运人、货物及一些特殊用途

2. 汽车一般可按汽车的（ ）进行分类。

A. 用途   B. 发动机排量   C. 乘客座位数   D. 汽车总质量

E. 汽车总长度、车身

3. 汽车的组成包括（ ）。

A. 发动机   B. 底盘   C. 车身   D. 电气设备

4. 汽车按动力装置类型可分为（ ）。

A. 内燃机汽车   B. 电动汽车   C. 混合动力汽车   D. 太阳能汽车等

5. 汽车的主要参数包括（ ）。

A. 尺寸参数   B. 质量参数   C. 性能参数   D. 油耗参数

6. 汽车产品型号组成包括（ ）。

A. 企业名称代号   B. 车辆类别代号

C. 主参数代号   D. 产品序号组成

E. 必要时附加企业自定代号

7. 车辆识别代号组成包括（ ）。

A. 世界制造厂识别代号   B. 车辆说明部分

C. 车辆指示部分

8. 车辆 VIN 码由（ ）位数字和字母组成。

A. 16   B. 17   C. 18   D. 19

二、简答题

1. 汽车主要由哪几大部分组成？各自的作用是什么？

2. 我国汽车是如何分类的？

3. 汽车识别代号 VIN 由哪几部分组成？VIN 第十位的含义是什么？

4. 汽车的基本参数有哪些？

 任务拓展

  未来，汽车电动化、汽车共享、车联网、自动驾驶汽车四大发展趋势将会互相产生影响，继而影响汽车产业的发展速度。

未来汽车会是怎样的？

（1）汽车电动化

  汽车技术发展的趋势和越来越严格的油耗排放法规，决定了电动化已是汽车不可逆转的潮流，而且，汽车电动化不仅使其自身能源结构改变，还会使车联网及自动驾驶成为可能，从而对现有汽车产业、市场格局产生革命性的影响。

（2）汽车共享

  汽车共享其实有很多种形式，现有的拼车、分时租赁、专车、顺风车等都属于汽车共

享的范畴。如果在成熟市场，人口总量基本恒定，出行距离也相对固定，通过汽车共享能够提高一倍的使用率，那么从理论上说汽车保有量会减少一半。但是如果考虑到汽车的报废周期也会因此而缩短一半，那么长期来看汽车的需求并没有因此而减少。

（3）车联网

车联网的核心在于大数据，尤其是对大数据的分析和挖掘。"大数据"三个字虽然近年来有被提滥的趋势，但事实上能够真正用好大数据的，或者用更通俗的话讲叫作"自学习"，仍然十分鲜见。车联网的意义很大部分将体现在车辆故障诊断、预警、驾驶行为的预测及广告精确投放上。这对于提升车辆安全、降低车企召回及宣传成本、提升客户忠诚度都有积极的影响。

（4）自动驾驶

在理想情况下，在实现全自动驾驶后，将不再发生交通事故，但这显然还是相对遥远的事情，短期之内实现的可能性很小。在实现全方位的自动驾驶之前，配备有多种主动安全技术的先进驾驶辅助系统将会被越来越多的车企采用，也会逐步应用到更加便宜的汽车上。

任务 1.2	汽车拆装工具使用

 任务描述

　　通过对汽车的部件拆装，能让我们更多地了解汽车的结构与基本原理。在进行汽车部件拆装的过程中，我们要注意操作中的安全要求，了解车间安全的知识，认识和学会合理的使用工具及设备。本任务是让学生掌握汽车维修车间的安全知识，掌握常用工具和专用工具的正确使用，学会车辆举升设备的正确操作。根据环保要求，妥善处理辅料、废弃液体和损坏的零部件。

 任务目标

1. 能掌握维修车间安全管理要求；
2. 能描述工具的名称及使用方法；
3. 能依据维修手册的技术标准完成车辆举升设备的操作。

 任务实施

教学目标	教学活动	内容及要求	
知识	活动 1		（1）什么是"5S"生产管理？ （2）在左图中描述"5S"之间的关系

教学目标	教学活动	内容及要求	
知识	活动2		（1）常用的和专用的维修工具有哪些？ （2）描述左图中工具的名称及使用的方法和要求
	活动3	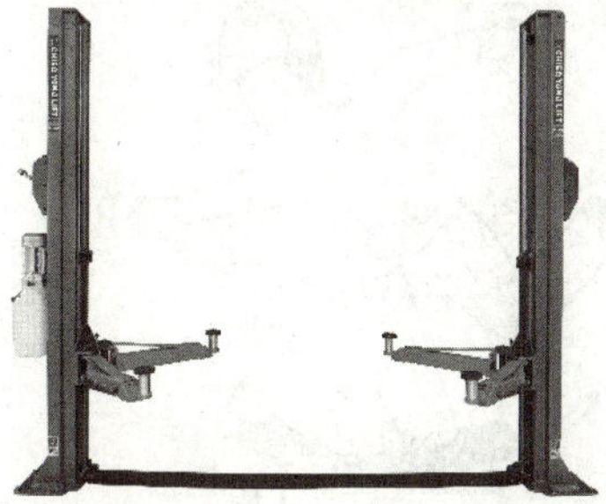	（1）举升机的类型有哪些？ （2）左图中的举升机的名称及使用的要点有哪些？
能力	活动4		（1）车辆升降操作的流程及技术要求是什么 （2）任务实施考核
素质	活动5	你认为"5S"生产管理重要吗？为什么？	

任务学习

◎ 知识链接

一、维修车间要注意哪些安全事项？

（1）车间安全定义

车间安全是指在车间劳动生产过程中的人身安全、环境安全、设备厂房安全和车辆安全等。也就是说，车间安全是为了使劳动过程在符合安全要求的物质条件和工作秩序下进行，防止伤亡事故、车辆设备事故及各种危害的发生，保障劳动者的安全健康和生产劳动过程的正常进行而采取的各种措施和从事的一切活动。

（2）车间安全作业须知

在日常工作中，不管是人为因素还是自然因素造成的事故，我们均应杜绝其发生，为此我们需要从我做起、从小事做起。车间安全作业须知包括以下几部分内容：

① 车间工作场所。许多工伤事故都是由杂乱无章引起的。在凌乱的工作场所中，常常会发生因绊倒、跌倒或滑倒而导致受伤的事故（见图1-2-1）。我们有责任安全妥善保管所有设备、部件和汽车，以保护自己和工友不受伤害。

图1-2-1　很滑的地面

② 手动工具。在维修作业过程中，许多割伤和擦伤都是由使用损坏的手动工具或误用手动工具造成的。保持工具清洁完好（见图1-2-2），切勿使用已知损坏的工具。

图1-2-2　整洁有序的工具

③ 压缩空气。许多车间都用压缩空气作为便利的动力源来驱动工具。压缩空气，如果正确使用很安全，但如果使用不当，则非常危险，可致人严重受伤或死亡。不得使用压缩空气进行下列操作：

a. 吹掉工作台上的锉屑或铁屑。

b. 吹去衣着上的粉尘。

c. 清理部分密封的物体，如灯光设备等。

d. 清除制动装置上的粉尘。

e. 使用压缩空气玩耍。

一般车间压缩空气的压力有可能超过 700 kPa（约 7 kg/cm^2），这足以将空气吹透衣服进入人的血液，从而导致死亡。摆弄空气管线看起来好玩，但很可能带来不幸的后果。

④ 人工搬运。从地面或工作台上搬物体是再平常不过的事了。搬运物体时使用正确的方法有助于减小背部受伤（见图1–2–3）。

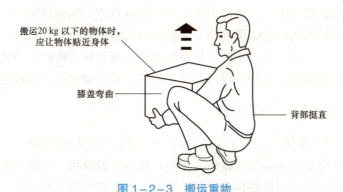

搬运20 kg 以下的物体时，应让物体贴近身体

膝盖弯曲

背部挺直

图1–2–3 搬运重物

注意：不要试图搬过重的物体，20 kg 通常是一个人的安全极限；从地面抬起物体时，两脚应微微分开，屈膝，背部挺直，用腿部肌肉提供力量；不要猛抬物体；搬运重物时，让重物贴近身体。

⑤ 安全用电的注意事项。发生电路短路或者意外火灾的时候，要首先关闭电源（见图1–2–4）。熔断丝熔断时，不准调换容量不符的熔断丝，要向领班或者车间主管汇报，请专业的电工进行检查更换，因为可能存在短路现象。拔掉插头时不要拔电线而是要拔插头部分（见图1–2–5）；手湿或者地面有水时不要触碰电线；电线附近不能有油水或者易

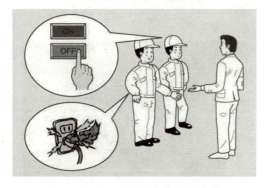

图1–2–4 电路起火先关闭电源

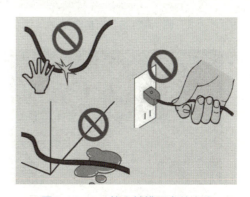

图1–2–5 禁止触摸漏电的电线

燃物品；电气线路不能放在尖锐物品附近；电气线路要合理布置，不得将零件车、工具等重物压在导线上，防止轧断导线发生触电。

⑥ 安全防火。汽车维修车间内部有很多易燃的物品，进行车辆维修作业时，有些工序实施、设备运转又会产生火花，极易发生火灾，所以严格遵守车间安全防火制度和油料库安全防护制度非常重要。

（3）5S 生产现场管理

5S 是指整理（Seiri）、整顿（Seiton）、清扫（Seiso）、清洁（Seiketsu）和素养（Shitsuke）等五个项目；在具体的实施过程中，还应注意很多细节的处理。

整理：区分要与不要的物品，现场只保留必需的物品。

整顿：必需品依规定定位、规定方法，摆放整齐有序，明确标示。

清扫：清除现场内的脏污、清除作业区域内的物料垃圾。

清洁：将整理、整顿、清扫实施的做法制度化、规范化，维持其成果。

素养：人人按章操作、依规行事，养成良好的习惯，使每个人都成为有教养的人。

二、常用的维修工具有哪些？

① 套筒。套筒（见图 1-2-6～图 1-2-9）是拆卸螺栓最方便、灵活且安全的工具。使用套筒不易损坏螺母的棱角。套筒呈短管状，一端内部呈六角形或十二角形，用来套住螺栓头；另一端有一个正方形的头孔，该头孔用来与配套手柄的方榫配合。

维修工具的认识

图 1-2-6　六角套筒

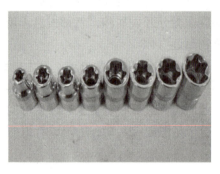

图 1-2-7　六角花形套筒

图 1-2-8　十字旋具套筒

图 1-2-9　花形旋具套筒

套筒（见图1-2-10）与不同手柄配合会起到不同作用。可用棘轮扳手（见图1-2-11）实现快速旋拧，也可接上接杆加长使用，对普通螺丝刀（螺钉旋具）无法拧动的螺钉可以施加较大扭矩。

在使用套筒的过程中，左手握紧手柄与套筒连接处（见图1-2-11），切勿摇晃，以免套筒滑出或损坏螺栓螺母的棱角。朝向自己的方向用力，可防止滑脱造成手部受伤。棘轮手柄使用方便但不够结实。不要使用棘轮扳手对螺栓或螺母进行最后的拧紧。另外，严禁对棘轮手柄施加过大的扭矩，否则会损坏内部的棘爪结构。

图1-2-10　旋具套筒组装

图1-2-11　棘轮扳手使用

② 扳手。扳手是汽车修理中最常用的一种工具（见图1-2-12～图1-2-19），主要用于扭转螺栓、螺母或带有螺纹的零件。如果扳手选用不当或使用不当，不但会造成工件和扳手损坏，还可能引发危及人身安全方面的事故。因此，正确地选择和使用扳手显得尤为重要。扳手种类繁多，常见的有梅花扳手、开口扳手、两用扳手和活动扳手等（见图1-2-12～图1-2-15）。在拆卸螺栓时，应按照"先套筒，后梅花扳手，再开口扳手，最后活动扳手"的选用原则进行选取。在选用扳手时，要注意扳手的尺寸，尺寸是指它所能拧动的螺栓或螺母正对面间的距离。

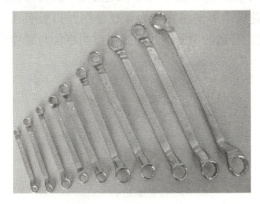

图1-2-12　梅花扳手

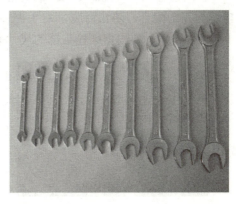

图1-2-13　开口扳手

图1-2-14　两用扳手

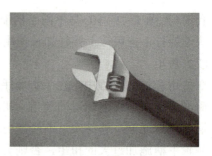

图1-2-15　活动扳手

图1-2-16　油管拆装专用扳手

图1-2-17　内六角扳手

图1-2-18　棘轮扳手

图1-2-19　扭力扳手

在使用梅花扳手（见图1-2-20）时，左手推住梅花扳手与螺栓连接处，保持梅花扳手与螺栓完全配合，防止滑脱，右手握住梅花扳手另一端并加力。在使用开口扳手（见图1-2-21）时，要根据螺栓头部的尺寸来确定合适的型号，并确保钳口的直径与螺栓头

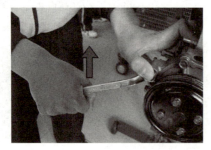

图1-2-20　梅花扳手使用

图1-2-21　开口扳手使用

部直径相符，配合无间隙，然后才能进行操作。在使用内六角扳手时，应选取与螺栓内六方孔相适应的扳手，并且严禁使用任何加长的装置。

③ 钳子。钳子用于弯曲小的金属材料，夹持扁形或圆形零件，切断软的金属丝等。在汽车维修中，常用的类型有钢丝钳、尖嘴钳、斜口钳、鲤鱼钳、水泵钳、卡簧钳、大力钳、管钳等（见图1-2-22～图1-2-29）。钳子的选用及使用，应根据在汽车维修中所要达到的不同目的来选用不同种类的钳子，并且还要考虑工作空间的大小等因素。

维修工具的认知

图1-2-22　钢丝钳

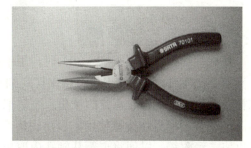

图1-2-23　尖嘴钳

图1-2-24　斜口钳

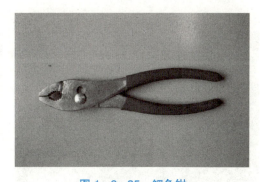

图1-2-25　鲤鱼钳

图1-2-26　多位钳

图1-2-27　大力钳

图1-2-28　管钳

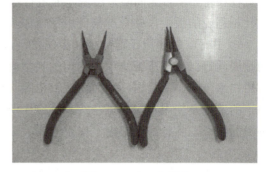

图1-2-29　卡簧钳

使用钢丝钳（见图1-2-30）时，用手握住钳柄后端，使钳口开闭，钳口前端主要用于夹持各种零件，根部的刃口可用来切割细导线。严禁用钳子代替扳手来拧紧或拧松螺母、螺栓，以免损坏螺母、螺栓的棱角。严禁把钳子当作锤子来使用，这会造成钳子本身的损坏。严禁拿钳柄当作撬棒使用，以防钳柄弯曲、折断或损孔。用卡簧钳（见图1-2-31）可以将卡簧收缩，以便将卡簧从轴孔内取出。在拆装卡簧时，可先使用卡簧钳将卡簧旋转后再进行拆卸，避免因工件生锈而增加操作难度。

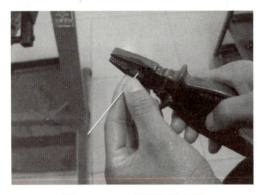

图1-2-30　钢丝钳的使用

图1-2-31　卡簧钳的使用

④ 螺丝刀。螺丝刀又称改锥或起子，主要用于旋拧小扭矩、头部开有凹槽的螺栓和螺钉。螺丝刀的类型取决于本身的结构及尖部的形状，常用的有一字螺丝刀（见图1-2-32）和十字螺丝刀。一字螺丝刀用于单个槽头的螺钉，十字螺丝刀用于带十字槽头的螺钉。冲击螺丝刀（见图1-2-33）也称锤击式加力螺丝刀。如果螺钉、螺栓生锈或拧得过紧，就需要施加较大的力才能把它旋动。冲击螺丝刀通过实施瞬间冲击力来达到拆卸目的。使用前，应先把冲击螺丝刀的旋转方向调整好，刀口对准螺钉、螺栓的头部，只需要用锤子击打冲击螺丝刀后部，冲击螺丝刀即可对螺钉、螺栓实施冲击力，达到对螺钉、螺栓进行松动的目的。

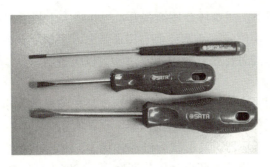

图 1-2-32　一字螺丝刀

图 1-2-33　冲击螺丝刀

⑤ 锤子。锤子也称榔头或手锤，属于锤击类工具，主要用于锤击錾子、冲子等工具或用来敲击工件，使工件变形、产生位移、振动，从而达到校正、整形等目的。锤子按锤头的形状不同可分为圆头锤、方锤、钣金锤等，按锤头的材料不同可分为铁锤、软面锤（木槌、橡胶锤、塑料锤）等（见图 1-2-34 和图 1-2-35）。

图 1-2-34　铁锤

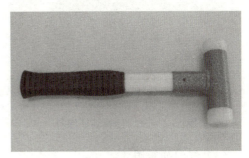

图 1-2-35　软面锤

三、专用的维修工具有哪些？

（1）活塞环装卸钳

活塞环装卸钳（见图 1-2-36）主要用于从活塞环槽中取出或装入活塞环。活塞环镶放在活塞环槽内，如果想取出或装入，必须克服活塞环的弹力，使活塞环内径要大于活塞直径，才能正常取出。如图 1-2-37 所示，使用活塞环装卸钳时，用环卡卡住活塞环开口

图 1-2-36　活塞环装卸钳

图 1-2-37　活塞环装卸钳的使用

间隙，轻握手柄慢慢收缩，在杠杆力的作用下，活塞环会逐渐张开，当其略大于其活塞直径时，便可将活塞环从环槽内装入或取出。使用时，活塞环要与钳面紧贴，手柄要轻握；张开活塞环时，不可用力过猛，以防滑脱；同时，张开开口不宜过大，以防折断。

（2）活塞环压缩器

活塞环压缩器（见图1-2-38）一般用带有刚性的铁皮制成。活塞环压缩器的大小、型号有所不同，选用时要根据活塞的直径选择合适的活塞环压缩器。现在有些4S店中，维修车型比较单一，在安装活塞时经常使用压环器，其形状为锥形管状体，将装好活塞环的活塞及连杆放入压环器内，由于锥形结构将使活塞环自动压入活塞内，活塞连杆组就能很容易地进入气缸了。安装活塞环时，应将各环口位置分布一下，将活塞环压缩器包裹在活塞的外面（见图1-2-39），然后使用配套扳手收缩压缩器，将活塞环压入环槽内。

图1-2-38　活塞环压缩器

图1-2-39　塞环压缩器的使用

（3）气门弹簧钳

气门弹簧钳（见图1-2-40）是专门用于拆装气门的专用工具。在安装发动机气门时，气门弹簧处于预压缩状态，要想拆卸气门或气门锁片，必须对气门弹簧进行压缩。气门弹簧钳使用时将凸台顶住气门头部，压头贴住气门弹簧座，然后下压手柄带动压头和气门弹簧下行，使锁片脱落在压头的凹槽内（见图1-2-41）。

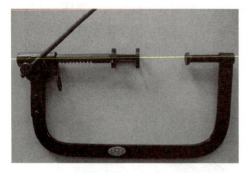

图1-2-40　气门弹簧钳

图1-2-41　气门弹簧钳的使用

（4）机油滤清器扳手

常见的机油滤清器扳手（见图1-2-42）类型很多、结构各异，但作用相同，使用的操作方法也基本相似。杯式滤清器扳手类同一个大型套筒，拆卸不同车型的滤清器需要不同尺寸的扳手，在购买时多为组套形式配装。使用时将杯式滤清器扳手套在机油滤清器顶部的多棱面上（见图 1-2-43），使用方法同套筒扳手。

图 1-2-42　机油滤清器扳手

图 1-2-43　杯式滤清器扳手的使用

（5）火花塞套筒

火花塞套筒（见图 1-2-44）专用于火花塞的拆卸及更换，可视为长套筒的一种变形形式，采用薄壁结构以避免与其他部分相互干涉。现在的车型主要使用 16 mm 类型，旧车型也有采用 21 mm 类型的。

（6）减振弹簧压缩器

减振器在装配时，向减振弹簧施加了很大的压缩力。要想更换减振阻尼器，必须拆

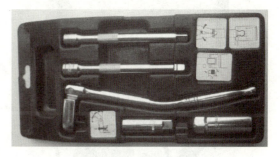

图 1-2-44　火花塞专用套筒

卸减振器弹簧，但拆卸减振器弹簧则必须使用减振弹簧压缩器（见图 1-2-45）对弹簧进行压缩。

（7）球头分离器

有些球头在车上使用时间过长，已经锈死，很难拆卸。球头分离器（见图 1-2-46）是使球头分离的很好的专用工具。根据球头的位置不同，设计的球头分离器的结构也不相同。

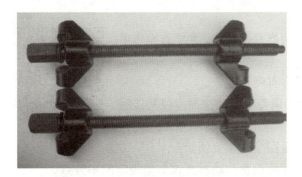

图 1-2-45　减振弹簧压缩器

图 1-2-46　球头分离器

四、怎样正确举升车辆？

（1）举升机类型

汽车举升机是用于汽车维修过程中举升汽车的设备（见图1-2-47~图1-2-50），汽车开到举升机工位，通过人工操作可使汽车举升一定的高度，便于汽车维修。举升机在汽车维修养护中发挥着非常重要的作用，现在的维修厂都配备了举升机，举升机是汽车维修厂的必备设备。举升机分为单柱、双柱（两柱）、四柱、龙门、子母大剪、超薄双剪、地藏剪式举升机等。

图1-2-47　双柱举升机

图1-2-48　四柱举升机

图1-2-49　超薄剪式液压举升机

图1-2-50　剪式液压举升机

（2）举升机操作规程

① 使用前应清除举升机附近妨碍作业的器具及杂物，并检查操作手柄是否正常。

② 操作机构灵敏有效，液压系统不允许有爬行现象。

③ 支车时，四个支角应在同一平面上，调整支角胶垫高度使其接触车辆底盘支撑部位。

剪式举升机的操作

④ 支车时，车辆不可支得过高，支起后四个托架要锁紧。

⑤ 待举升车辆驶入后，应将举升机支撑块调整移动对正该车型规定的举升点。

⑥ 举升时人员应离开车辆，举升到需要高度时，必须插入保险锁销，并确保安全可靠才可开始车底作业。

⑦ 除低保及小修项目外，其他烦琐笨重作业，不得在举升器上操作修理。

⑧ 举升器不得频繁起落。

⑨ 支车时举升要稳，降落要慢。

⑩ 有人作业时严禁升降举升机。

⑪ 发现操作机构不灵，电动机不同步，托架不平或液压部分漏油，应及时报修，不得带病操作。

⑫ 作业完毕应清除杂物，打扫举升机周围以保持场地整洁。

⑬ 定期（半年）排除举升机油缸积水，并检查油量，油量不足应及时加注相同牌号的压力油；同时，应检查润滑、举升机传动齿轮及缝条。

 技能链接

1. 进入 VR 汽车教育实训平台，完成车辆举升操作。

VR 操作说明	
	移动终端VR汽车教育实训平台
（1）登录 VR 汽车教育实训平台； （2）按操作提示完成车辆举升操作。	
步骤二：请检查车辆是否停放在举升机上　点击继续	检查车辆后，应排安全问题
步骤八：请打开举升机保险锁　点击继续	恭喜您，操作全部完成！

2. 实践操作视频资源

剪式举升机的操作

维修工具的使用

任务评价

一、选择题

1. 车间安全是指在车间劳动生产过程中的（　　）等。

    A. 人身安全　　　　　B. 环境安全　　　　C. 设备厂房安全　　D. 车辆安全

2. 手动工具使用注意事项有（　　）。

    A. 不要使用手柄松动的工具

    B. 切勿使用开裂的套筒

    C. 不得将工具遗留在发动机罩下

    D. 一定要使用正确规格的工具进行作业

3. 5S 生产现场管理包括（　　）。

    A. 整理　　　　　　　B. 整顿　　　　　　C. 清扫　　　　　　D. 清洁

    E. 素养

4. 属于专用工具的是（　　）。

    A. 梅花扳手　　　　　　　　　　　B. 卡簧钳

    C. 活塞环装卸钳　　　　　　　　　D. 机油滤清器扳手

二、简答题

1. 简述 5S 生产管理的内容。

2. 举例说明常用的和专用的维修工具有哪些。

3. 描述车辆举升的操作流程及注意事项。

任务拓展

汽车的随车工具：

三角警示牌：当车辆遇到突发状况需要在道路上停放时，需要放置警示牌。轮胎螺栓扳手：用于拆装轮胎螺母，使用千斤顶时也可以当作摇杆的一部分。千斤顶摇杆：用于升降千斤顶。牵引环：用于车辆的前后牵引。一字螺丝刀：安装牵引环时使用。汽车备胎安装位置如图 1-2-51 所示。

图 1-2-51　汽车备胎安装位置

项目 2
发动机构造与拆装

  本项目主要是让学生了解汽车发动机的总体结构与工作原理，学会使用发动机拆装的工具和设备，能按规范流程完成拆装任务。内容包括"发动机总体结构认知""发动机外部附件拆装""配气机构认知与拆装""曲柄连杆机构认知与拆装""冷却系统认知与拆装""润滑系统认知与拆装""燃油供给系统认知与拆装""点火系统认知与拆装""起动系统认知与拆装"共九个学习任务。通过相关理论知识学习和实践操作训练，了解发动机各机构系统作用、分类和基本结构，理解发动机工作原理，能熟练掌握发动机各总成机构的拆装。同时，学生自己还要查阅大量资料，掌握发动机新技术的运用。

任务描述

　　发动机是汽车动力源，随着科学技术的发展，汽车上安装的发动机种类越来越多，其结构也各不相同。本任务是介绍发动机基本构造以及术语，使学生掌握四冲程汽油机与柴油机的基本工作原理，结合实物掌握发动机的总体构造。

 任务目标

　　1. 能描述汽车发动机的总体结构及分类；
　　2. 能掌握发动机基本术语；
　　3. 能分析发动机的工作原理。

 任务实施

教学目标	教学活动	内容及要求	
知识	活动 1	进气通道 排气通道 3　2　1 4 5　10 6　9 8 7	（1）描述发动机是什么。 （2）描述左图中序号标识的名称。

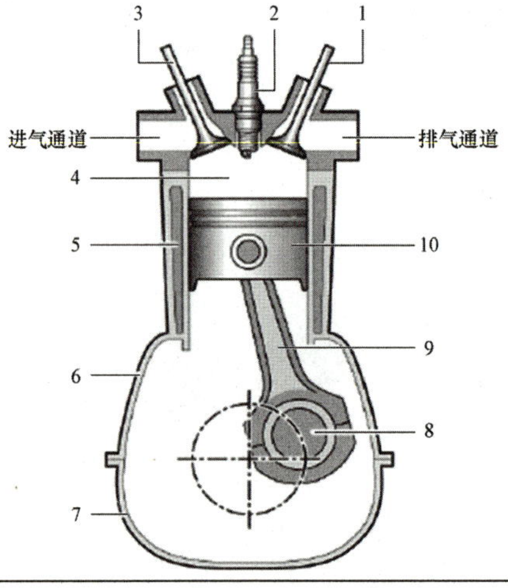

续表

教学目标	教学活动	内容及要求	
知识	活动2	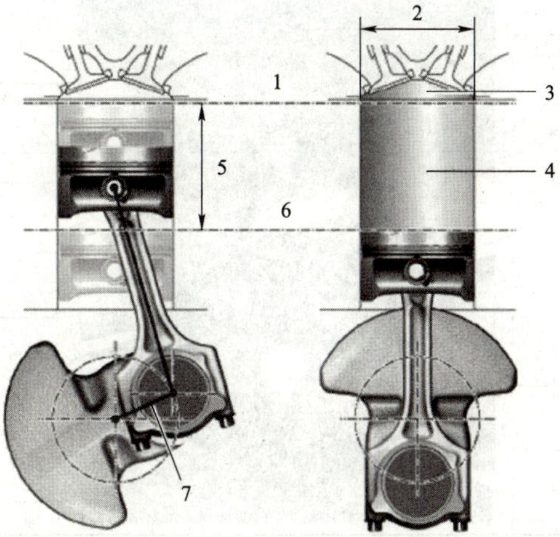	（1）描述左图中序号标识的名称。 （2）怎样计算发动机的排量？
	活动3	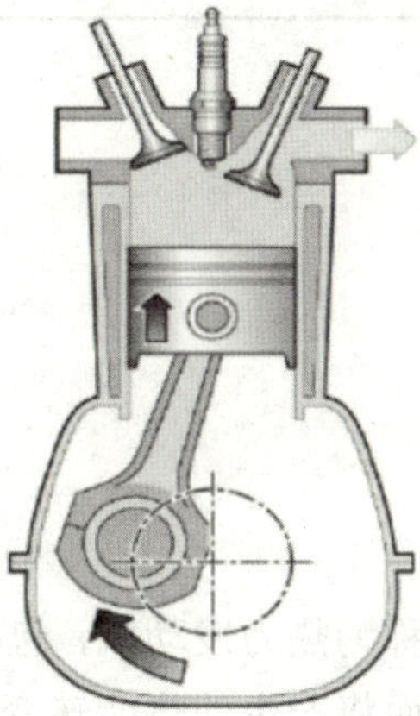	（1）描述发动机由哪几部分组成。 （2）描述四冲程发动机的工作过程。
	活动4	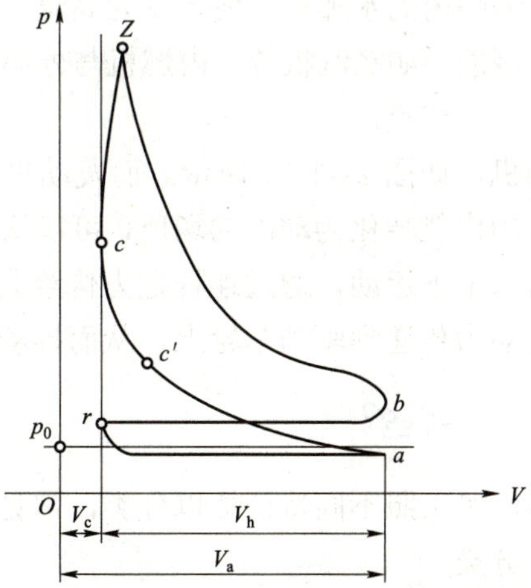	（1）绘制 PV 示功图。 （2）描述左图中字母的含义。

续表

教学目标	教学活动	内容及要求	
能力	活动5	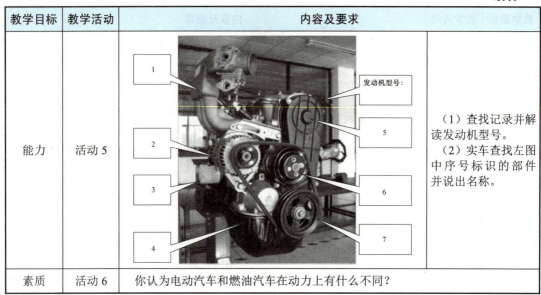	（1）查找记录并解读发动机型号。 （2）实车查找左图中序号标识的部件并说出名称。
素质	活动6	你认为电动汽车和燃油汽车在动力上有什么不同？	

◎ 知识链接

一、什么是发动机？

将热能转变为机械能的发动机称为热力发动机，包括内燃机和外燃机。内燃机是通过燃料与空气混合在发动机内部燃烧而将产生的热能转变为机械能的装置；外燃机是燃料在机器外部的锅炉内燃烧，将锅炉内的水加热，使之变为高温、高压的水蒸气，送到机器内部，使所含的热能转变为机械能，如蒸汽机等。内燃机与外燃机相比，具有热效率高、体积小、便于移动、起动性能好等优点。

汽车的动力源就是发动机，如图2-1-1所示。而发动机的动力则来源于气缸内部。发动机气缸就是一个把燃料的内能转化为动能的场所，可以简单理解为，燃料在气缸内燃烧，产生巨大压力，推动活塞上下运动，通过连杆把力传给曲轴，最终转化为旋转运动，再通过变速器和传动轴，把动力传递到驱动车轮上，从而推动汽车前进。

二、发动机常见的类型有哪些？

汽车发动机的种类繁多，可按照不同特征加以分类，常见的有以下类型。

（1）按活塞的运动方式分类

根据发动机将热能转化为机械能的主要构件形式的不同，发动机可分为往复活塞式

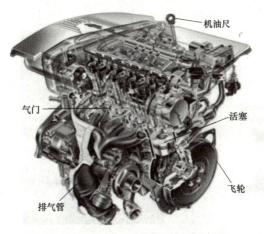

发动机组装

图2-1-1　汽车发动机结构

（见图2-1-2）和转子活塞式（见图2-1-3）两种。前者的活塞在气缸内做往复直线运动，后者的活塞在气缸内做旋转运动。

图2-1-2　往复活塞式

图2-1-3　转子活塞式

（2）按所用燃料分类

根据所用燃料不同，发动机可分为汽油发动机（简称汽油机）和柴油发动机（简称柴油机）两种。使用汽油为燃料的内燃机称为汽油机（见图2-1-4），使用柴油为燃料的内燃机称为柴油机（见图2-1-5）。汽油机与柴油机各有特点：汽油机转速高、质量小、噪声小、起动容易、制造成本低；柴油机压缩比大、热效率高，经济性能和排放性能都比汽油机好。

（3）按点火方式分类

根据点火方式不同，发动机分为点燃式和压燃式两种。点燃式发动机利用电火花使可燃混合气着火，如汽油机（见图2-1-4）。压燃式发动机是通过喷油泵和喷油器将燃油直接喷入气缸，与气缸内经压缩升温后的空气混合，使之在高温下自燃，如柴油机（见

图2-1-5）。

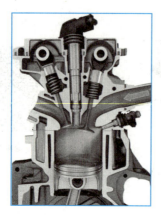

图2-1-4　汽油机

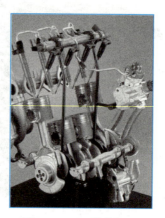

图2-1-5　柴油机

（4）按冲程数分类

发动机按完成一个工作循环所需的冲程数可分为四冲程内燃机和二冲程内燃机。把曲轴转两圈（720°），活塞在气缸内上下往复运动四个冲程，完成一个工作循环的内燃机称为四冲程内燃机，如图2-1-6所示；而把曲轴转一圈（360°），活塞在气缸内上下往复运动两个冲程，完成一个工作循环的内燃机称为二冲程内燃机。汽车发动机广泛使用四冲程内燃机。

四冲程汽油机的工作过程：经汽油机将空气与汽油以一定的比例混合成良好的混合气，再被吸入气缸，混合气经压缩点火燃烧而产生热能，高温高压的气体作用于活塞顶部，推动活塞做往复直线运动，通过连杆、曲轴飞轮机构对外输出机械能。四冲程汽油机在进气冲程、压缩冲程、做功冲程和排气冲程内完成一个工作循环。

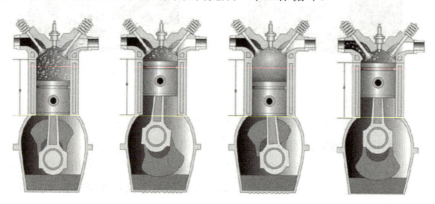

图2-1-6　四冲程汽油机工作示意图

（5）按冷却方式分类

根据冷却方式不同，发动机可分为水冷发动机和风冷发动机（见图2-1-7）。水冷发动机是利用液作为冷却介质，在气缸体和气缸盖中进行循环的冷却方式；而风冷发动机是利用流动于气缸体与气缸盖外表面散热片之间的空气作为冷却介质进行冷却的。水冷发动机冷却均匀,工作可靠,冷却效果好,被广泛地应用于现代车用发动机。

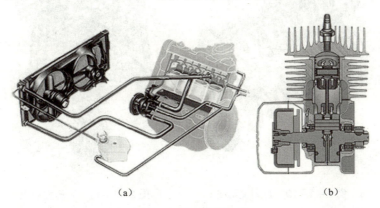

（a）   （b）

图2-1-7　冷却方式

（a）水冷发动机；（b）风冷发动机

（6）按气缸数分类

发动机只有一个气缸的称为单缸发动机（见图2-1-8）,有两个以及两个以上气缸的称为多缸发动机（见图2-1-9）。多缸发动机还可以根据气缸的具体数目及其排列形式进一步分类,汽车发动机一般为多缸发动机,如双缸、三缸、四缸、五缸、六缸、八缸、十二缸和十六缸发动机等。现代车用发动机多采用三缸、四缸、六缸和八缸发动机。

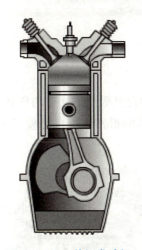

图2-1-8　单缸发动机

图2-1-9　多缸发动机

（7）按气缸的排列形式分类

发动机按气缸的排列形式可分为直列发动机（见图2-1-10）、V形发动机（见图2-1-11）和对置发动机（见图2-1-12）。通常排气量在2.0 L以下的汽车一般采用直列发动机,排气量在3.0 L以上的汽车一般采用V形发动机。

图 2-1-10　直列发动机　　　　　图 2-1-11　V 形发动机

图 2-1-12　对置发动机

（8）按进气系统是否采用增压方式分类

内燃机按进气系统是否采用增压方式可以分为自然吸气式（非增压式）发动机和强制进气式（增压式）发动机，如图 2-1-13 所示，汽油机常采用自然吸气式。

（a）　　　　　　　　　　　　　（b）

图 2-1-13　增压方式分类

（a）自然吸气式（非增压式）发动机；（b）强制进气式（增压式）发动机

三、发动机常用术语有哪些?

① 上止点：活塞顶离曲轴中心最大距离时的位置称为上止点（TDC），如图2-1-14所示。

② 下止点：活塞顶离曲轴中心最小距离时的位置称为下止点（BDC），如图2-1-14所示。

③ 活塞行程：活塞运行在上下两个止点间的距离称为活塞行程，一般用S表示。它等于曲轴连杆轴部分旋转直径的长度。

④ 冲程：活塞完成一个行程的过程叫冲程。

⑤ 曲柄半径：曲轴旋转中心到曲柄销中心之间的距离称为曲柄半径，一般用R表示，如图2-1-14所示。

⑥ 燃烧室容积：活塞位于上止点时，活塞顶上方的空间，一般用V_c表示，如图2-1-14所示。

⑦ 工作容积：活塞从上止点运行到下止点所让出的容积，一般用V_h表示，如图2-1-14所示。

$$V_h = \pi D^2 S/4 \times 10^6$$

式中，D——气缸直径，mm；

S——活塞行程，mm。

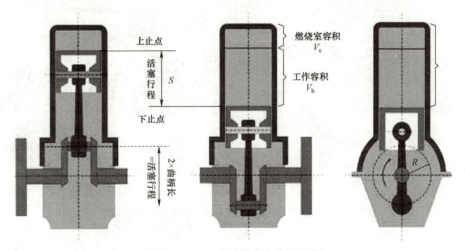

图2-1-14 发动机专业术语示意

⑧ 发动机排量：多气缸发动机的各气缸工作容积之和，一般用V_L表示。

$$V_L = V_h i$$

式中，i——气缸数目。

⑨ 总容积：活塞位于下止点时活塞顶上方的容积，一般用V_a表示，$V_a = V_c + V_h$。

⑩ 压缩比：表示气体的压缩程度，是气体压缩前的容积与气体压缩后的容积之比值，

即气缸总容积与燃烧室容积之比，一般用 ε 表示。

$$\varepsilon = \frac{V_a}{V_c} = \frac{V_h + V_c}{V_c} = 1 + \frac{V_h}{V_c}$$

式中，V_a——气缸总容积；

V_h——气缸工作容积；

V_c——燃烧室容积。

（11）工作循环：汽车的每一个工作循环包括进气、压缩、做功和排气过程，即完成进气、压缩、做功和排气四个过程叫一个工作循环。

四、发动机由哪些零件构成？

一台汽车发动机不可拆卸的零部件总数是根据其构造的复杂程度而异的，一般为 300～500 个；一些特殊的车辆（如跑车、赛车等）的发动机中，不可拆卸的零部件数量高达几千个，如图 2-1-15 所示。汽油机由两大机构和五大系统组成，即由曲柄连杆机构、配气机构，燃料供给系统、润滑系统、冷却系统、点火系统和起动系统组成；柴油机是压燃的，不需要点火系统。

发动机基本组成

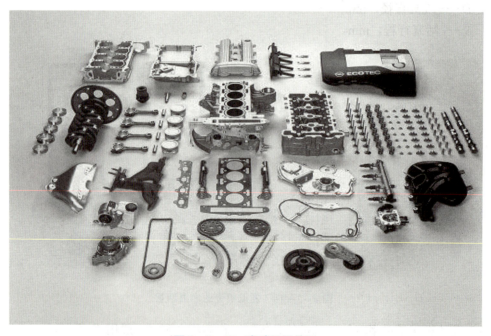

图 2-1-15　发动机零件图

（1）曲柄连杆机构

曲柄连杆机构是发动机实现工作循环、完成能量转换的主要运动零件。它由机体组、活塞连杆组和曲轴飞轮组等组成，如图 2-1-16 所示。

（2）配气机构

配气机构的功用是根据发动机的工作顺序和工作过程，定时开启和关闭进气门和排气门，使可燃混合气或空气进入气缸，并使废气从气缸内排出，实现换气过程。配气机构由气门组和气门传动组组成，如图 2-1-17 所示。

图 2-1-16　曲柄连杆机构

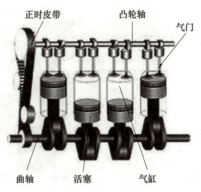

图 2-1-17　配气机构

（3）燃料供给系统

汽油机燃料供给系统的功用是根据发动机的要求，配制出一定数量和浓度的混合气，供入气缸，并将燃烧后的废气从气缸内排出到大气中；柴油机燃料供给系统的功用是把柴油和空气分别供入气缸，在燃烧室内形成混合气并燃烧，最后将燃烧后的废气排出，如图 2-1-18 所示。

（4）润滑系统

润滑系统的功用是向做相对运动的零件表面输送定量的清洁润滑油，以实现液体摩擦，减小摩擦阻力，减轻机件的磨损，并对零件表面进行清洗和冷却。润滑系统通常由润滑油道、机油泵、机油滤清器和一些阀门等组成，如图 2-1-19 所示。

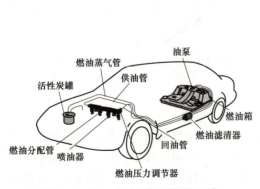

图 2-1-18　柴油机燃料供给系统

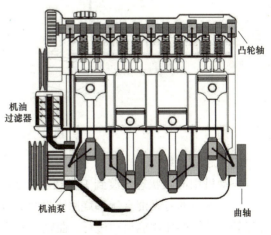

图 2-1-19　润滑系统

（5）冷却系统

冷却系统的功用是将受热零件吸收的部分热量及时散发出去，保证发动机在最适宜的温度状态下工作。水冷发动机的冷却系统通常由冷却水套、水泵、风扇、水箱和节温器等组成，如图2-1-20所示。

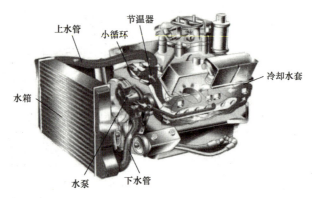

图2-1-20　冷却系统

（6）点火系统

汽油机中，气缸内的可燃混合气是靠电火花点燃的，为此在汽油机的气缸盖上装有火花塞，火花塞头部伸入燃烧室内。能够按时在火花塞电极间产生电火花的全部设备称为点火系统。点火系统通常由蓄电池、分电器、点火线圈和火花塞等组成，如图2-1-21所示。

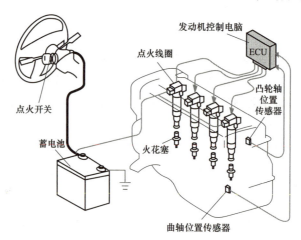

图2-1-21　点火系统

（7）起动系统

发动机由静止状态过渡到工作状态，必须先用外力转动发动机的曲轴，使活塞做往复运动，气缸内的可燃混合气燃烧膨胀做功，推动活塞向下运动使曲轴旋转，发动机才能自行运转，工作循环才能自动进行。曲轴在外力作用下开始转动到发动机开始自动地怠速运转的全过程，称为发动机的起动。完成起动过程所需的装置，称为发动机起动系统，如

图2-1-22所示。

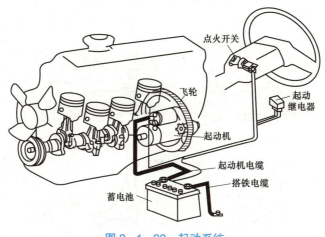

图2-1-22　起动系统

五、发动机的工作原理是怎样的?

发动机之所以能源源不断地提供动力,得益于气缸内的进气、压缩、做功和排气这四个冲程有条不紊地循环运作,如图2-1-23所示。

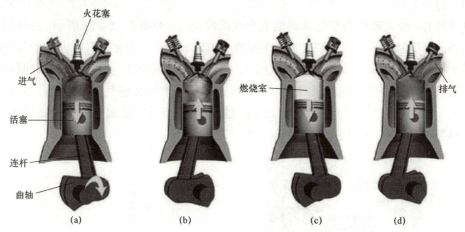

图2-1-23　发动机原理示意图

(a)进气冲程;(b)压缩冲程;(c)做功冲程;(d)排气冲程

发动机在工作过程中,活塞从上止点运行到下止点,或从下止点运行到上止点,叫作一个冲程。在工作中也可把冲程叫作行程。四冲程发动机每个工作循环有四个冲程,分别叫作进气冲程、压缩冲程、做功冲程和排气冲程。四冲程汽油发动机示功图如图2-1-24所示。活塞在气缸内的四个冲程,只有做功冲程产生动能,其他冲程只是为气缸的下一个做功冲程做准备。因为汽油发动机与柴油发动机所使用的燃料有所不同,所以它们工作时的四个

发动机工作原理

冲程从本质上有一定的异同之处。下面介绍汽油发动机的工作循环。

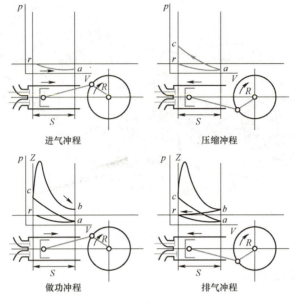

图 2−1−24　四冲程汽油发动机示功图

（1）进气冲程

进气冲程：吸入新鲜的空气和燃油混合气或纯空气，如图 2−1−25 所示。进气门打开，排气门关闭，活塞由上止点（TDC）向下止点（BDC）运动。这会在气缸内产生一个真空，将按特定比例混合的空气和汽油混合气吸入气缸。对于直喷式汽油机，在进气冲程中吸入气缸的是纯空气。进气冲程结束时，由于进气过程中进气管和进气门等有进气阻力，气缸内压力低于大气压力，为 75～90 kPa。由于气缸壁、活塞等高温机件及残留高温废气的加热，气体温度为 370～440 K。

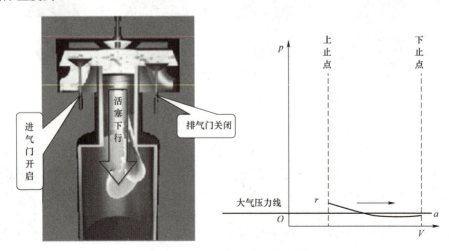

图 2−1−25　进气冲程示功图

（2）压缩冲程

压缩冲程：进、排气门关闭，活塞从下止点移动至上止点，将混合气体压缩至气缸顶部，以提高混合气的温度，为做功行程做准备，如图2-1-26所示。

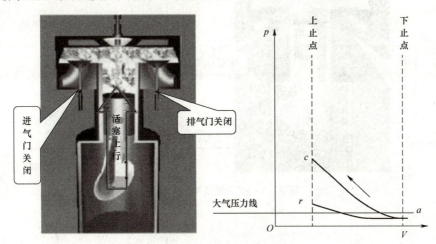

图2-1-26　压缩冲程示功图

在压缩冲程过程中，气体压力和温度同时升高，混合气进一步混合，形成可燃混合气。压缩比越大，压缩终了时可燃混合气的压力和温度越高，燃烧速度越快，热效率越高，发动机的动力性和经济性越好。但是，对汽油机来说，压缩比的提高要受到爆燃的限制，在汽油机中，爆燃是一种不受控制的不正常燃烧，它是由于气缸内压力和温度过高，在燃烧室内离火花塞较远处的可燃混合气在正常的火焰传播的前锋面到达前就自燃而引起的。爆燃时，燃烧室内压力和温度急剧升高，产生具有音速的压力波，冲击燃烧室壁面，产生尖锐的金属敲缸声，它会导致发动机功率下降，转速下降，工作不稳定，发动机过热，排气冒黑烟，排放量增加等，严重时，会导致活塞、缸盖、排气门被烧坏，轴承碎裂，火花塞绝缘被破坏等严重事故。因此，汽油机的压缩比通常要控制在一定的范围内。汽油机压缩终了时，气缸内压力为1.0～1.6 MPa，可燃混合气的平均温度为625～725 K，远高于汽油的点燃温度，因而很容易点燃。

（3）做功冲程

做功冲程：火花塞将压缩的气体点燃，混合气体在气缸内发生"爆炸"产生巨大压力，将活塞从上止点推至下止点，通过连杆推动曲轴旋转，如图2-1-27所示。在做功冲程中，开始阶段气缸内气体压力、温度急剧上升，瞬时压力可达3～5 MPa，瞬时温度可达2 200～2 800 K。随着活塞的下移，压力、温度下降，做功冲程终了时，压力为300～500 kPa，温度为1 500～1 700 K。

（4）排气冲程

排气冲程：活塞从下止点移至上止点，此时进气门关闭，排气门打开，将燃烧后的废气通过排气歧管排出气缸，如图2-1-28所示。

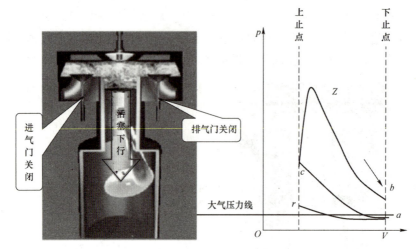

图 2-1-27　做功冲程示功图

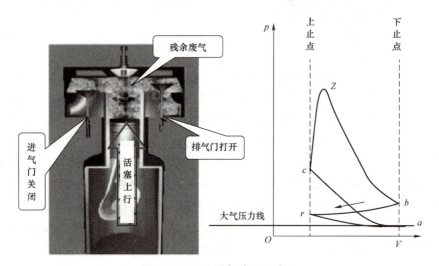

图 2-1-28　排气冲程示功图

排气终了时，由于燃烧室的存在，气缸内还存有少量废气，气体压力也因排气门和排气道等有阻力而高于大气压力。此时，压力为 105～125 kPa，温度为 900～1 200 K。

六、发动机的型号怎么区分？

发动机型号是发动机生产企业按照有关规定、企业或行业惯例以及发动机的属性，为某一批相同产品编制的识别代码，用以表示发动机的生产企业、规格、性能、特征、工艺、用途和产品批次等相关信息，如燃料类型、气缸数量、排量和静制动功率等。装在轿车或多用途载客车上的发动机，都按规定标明了发动机专业制造厂、型号及生产编号，型号由四部分组成，如图 2-1-29 所示。

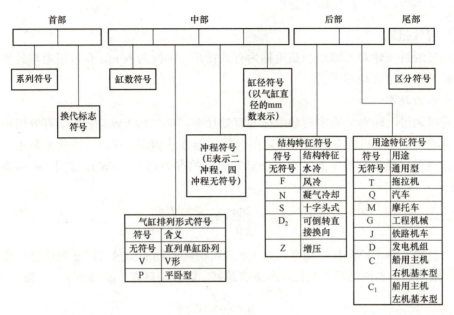

图 2-1-29 发动机型号

① 首部：包括产品系列符号、换代标志符号，制造厂根据需要可以自选相应的字母表示，但须经行业标准标准化归口单位核准、备案。

② 中部：由缸数符号、气缸布置形式符号、冲程符号和缸径符号组成。

③ 后部：由结构特征符号和用途特征符号组成。

④ 尾部：区分符号。同一系列产品因改进等原因需要区分时，由制造厂选择适当的符号表示。后部与尾部可用"-"分隔。

汽油机型号编制示例：

EQ6100-1 ——东风汽车工业公司生产，六缸，四冲程，直列，缸径为 100 mm，冷却液冷却汽油机，区分符号 1 表示为第一种类型产品。

4100Q——四缸，四冲程，缸径为 100 mm，冷却液冷却，汽车用汽油机。

TJ376Q——天津生产，三缸，四冲程，缸径为 76 mm，冷却液冷却，汽车用汽油机。

CA488 ——第一汽车集团公司生产，四缸，四冲程，缸径为 88 mm，冷却液冷却，通用型汽油机。

柴油机型号编制示例：

CA6110——第一汽车集团公司生产，六缸，四冲程，直列，缸径为 110 mm，冷却液冷却，基本型柴油机。

YZ6102Q——扬州柴油机厂生产，六缸，四冲程，直列，缸径为 102 mm，冷却液冷却，汽车用，基本型柴油机。

七、如何分析发动机的性能？

（1）有效扭矩

发动机通过飞轮对外输出的扭矩称为有效扭矩，单位为 N·m。有效扭矩与外界施加于发动机曲轴上的阻力矩相平衡。

（2）有效功率

发动机通过飞轮对外输出的功率称为有效功率，单位为 kW。它等于有效扭矩与曲轴角速度的乘积。发动机的有效功率可以用台架试验方法测定，也可用测功器测定有效扭矩和曲轴角速度，然后运用下面的公式计算发动机的有效功率（kW），其中 n 为曲轴转速（r/min）。

$$P_e = T_e \frac{2\pi n}{60} \times 10^{-3} = \frac{T_e n}{9\,550}$$

发动机每发出 1 kW 有效功率，在 1 h 内所消耗的燃油质量（以 g 为单位）称为燃油消耗率。很明显，燃油消耗率越低，经济性越好。燃油消耗率 [g/（kW·h）] 按下式计算：

$$b_e = \frac{B}{P_e} \times 10^3$$

式中，B——发动机在单位时间内的耗油量，kg/h，可由试验测定；

P_e——发动机的有效功率，kW。

升功率是从发动机有效功率的角度对气缸工作容积的利用率作出的总评价升功率大，升功率越高表明每升气缸工作容积发出的有效功率就越大，发动机经济性越好。

（3）速度特性

发动机速度特性指发动机的功率、扭矩和燃油消耗率三者随曲轴转速变化的规律。发动机工作状况（简称发动机工况）一般是用它的功率与曲轴转速来表征，有时也用负荷与曲轴转速来表征。

发动机在某一转速下的负荷，就是当时发动机发出的功率与同一转速下所能发出的最大功率之比，以百分数表示。如某一转速是全负荷，并不意味着发动机发出的是最大功率。就是说，功率的大小并不代表负荷的大小。此外，外特性曲线上各点都表示在各转速下的全负荷工况，但在同一根特性曲线上各点的负荷值并不相同。在同一转速下，节气门开度越大表示负荷越大，但是两者并不成比例。

扭矩可以表述为做功冲程中活塞通过连杆作用在曲轴上的推动力。从图 2-1-30 可知，功率曲线在较低转速下数值很小，但随转速增加而迅速增长，但转速增加到一定区间后，功率增长速度变缓，直至最大值后就会下降，尽管此时转速仍会继续增长。扭矩曲线随着转速升高能获得最大值，然后随转速上升而下降。

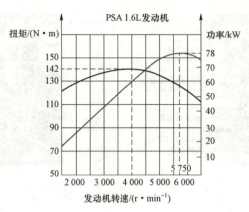

图 2-1-30　发动机功率和扭矩曲线图

 技能链接

1. 进入 VR 汽车教育实训平台，完成发动机进气系统拆装。

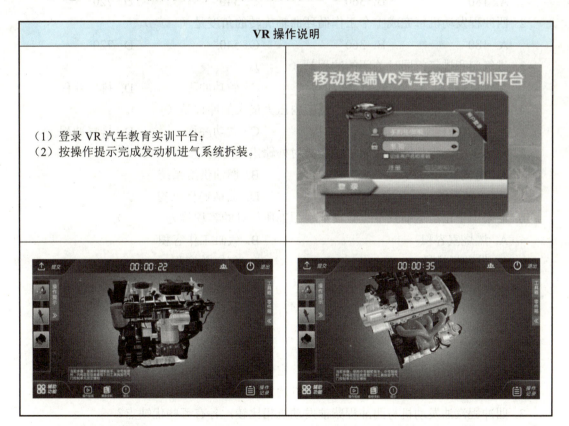

VR 操作说明
（1）登录 VR 汽车教育实训平台； （2）按操作提示完成发动机进气系统拆装。

2. 完成发动机外部零部件的认知，如图 2-1-31 所示。

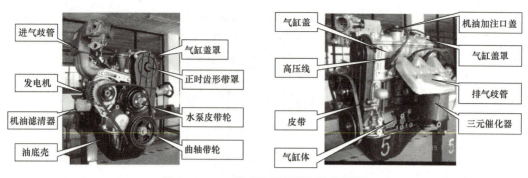

图 2-1-31　发动机外部零部件位置图

 任务评价

一、选择题

1. 在四冲程发动机中，曲轴在整个进气行程中转过的角度是（　　）。
　　A. 180°　　　　　　B. 360°　　　　　　C. 540°　　　　　　D. 720°

2. 四冲程发动机每完成一个工作循环曲轴旋转的角度是（　　）。
　　A. 180°　　　　　　B. 360°　　　　　　C. 540°　　　　　　D. 720°

3. 进气门和排气门同时关闭的冲程是（　　）。
　　A. 进气冲程　　　　B. 压缩冲程　　　　C. 做功冲程　　　　D. 排气冲程

4. 在四冲程发动机工作循环中，气缸内压力最大的冲程是（　　）。
　　A. 进气冲程　　　　B. 压缩冲程　　　　C. 做功冲程　　　　D. 排气冲程

5. 发动机中，将热能转变为机械能并对外输出动力的是（　　）。
　　A. 配气机构　　　　　　　　　　　B. 燃油供给系统
　　C. 冷却系统　　　　　　　　　　　D. 曲柄连杆机构

6. 活塞由上止点运动到下止点，活塞顶部所扫过的容积称为（　　）。
　　A. 燃烧室容积　　　　　　　　　　B. 气缸工作容积
　　C. 发动机排量　　　　　　　　　　D. 气缸总容积

7. 关于发动机排量的说法，正确的是（　　）。
　　A. 发动机工作容积与燃烧室容积之和　　B. 发动机各燃烧室容积之和
　　C. 发动机工作容积之和　　　　　　　　D. 气缸吸入的气体体积

二、简答题

1. 发动机通常由哪些机构与系统组成？它们各有什么功用？
2. 什么是发动机的工作循环？四冲程汽油发动机的工作循环是怎么进行的？
3. 四冲程汽油发动机与四冲程柴油发动机相比较，各有哪些优缺点？
4. 举例说明内燃机产品型号的意义。

任务拓展

四冲程柴油机的工作原理

（1）进气冲程

进入气缸的工质是纯空气。由于柴油机进气系统阻力较小，进气终点压力 p_a=0.85～0.95 MPa，比汽油机高；进气终点温度 T_a=300～340 K，比汽油机低。

（2）压缩冲程

由于压缩的工质是纯空气，因此柴油机的压缩比比汽油机高（一般为 16～22）。压缩终点的压力为 3 000～5 000 kPa，压缩终点的温度为 750～1 000 K，大大超过柴油的自燃温度（约 520 K）。

（3）做功冲程

当压缩冲程接近终了时，在高压油泵作用下，将柴油以 100 MPa 左右的高压通过喷油器喷入气缸燃烧室中，在很短的时间内与空气混合后立即自行发火燃烧。气缸内气体的压力急速上升，最高达 5 000～9 000 kPa，最高温度达 1 800～2 000 K。由于柴油机是靠压缩自行着火燃烧，因此称柴油机为压燃式发动机。

（4）排气冲程

柴油机的排气冲程与汽油机基本相同，只是排气温度比汽油机低。

任务 2.2　发动机外部附件拆装

 任务描述

　　进气系统的主要功用是为发动机输送清洁、干燥、充足而稳定的空气以满足发动机的需求，避免空气中杂质及大颗粒粉尘进入发动机燃烧室造成发动机异常磨损。新鲜空气与汽油混合燃烧后，产生高温高压的气体推动活塞，当气体能量释放后，废气自气缸排出后，随即进入排气歧管，各缸的排气歧管汇集后，经过排气管将废气排出。本任务主要是让学生学习进、排气系统的结构，掌握基本的工作原理，学会进排气系统主要零部件的拆装。根据环保要求，妥善处理辅料、废弃液体和损坏的零部件。

 任务目标

1. 能掌握发动机进气和排气系统；
2. 能描述发动机增压技术；
3. 能依据维修手册的技术要求完成进排气歧管的拆装。

任务实施

教学目标	教学活动	内容及要求	
知识	活动1	喷油嘴	（1）进气系统的组成功用是什么？ （2）排气系统的组成功用是什么？

续表

教学目标	教学活动	内容及要求	
知识	活动2	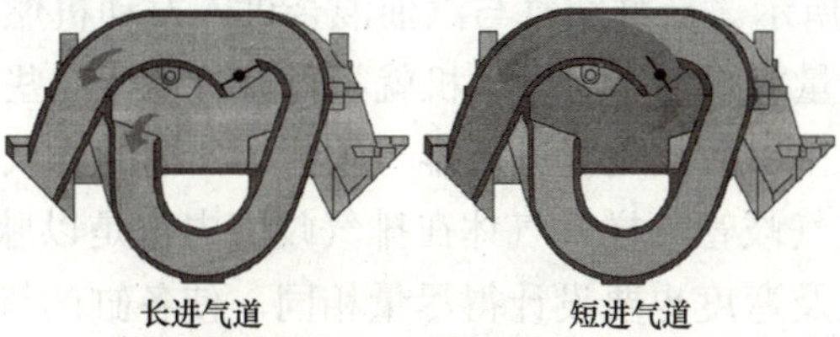 长进气道　　　短进气道	（1）进气歧管有什么特点？ （2）什么是可变进气歧管长度？作用是什么？
	活动3	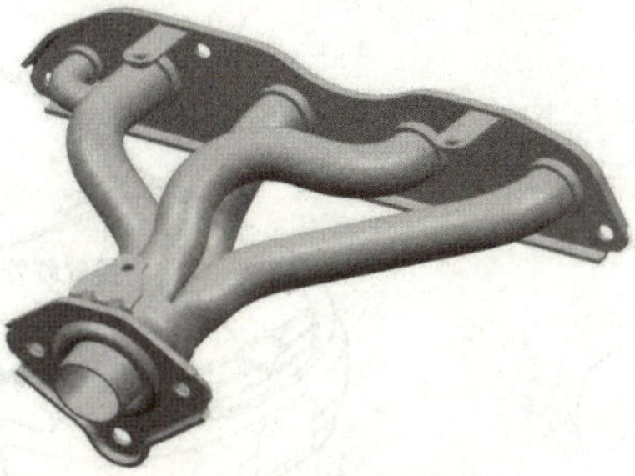	（1）排气歧管有什么特点？ （2）为什么需要三元催化器？
能力	活动4	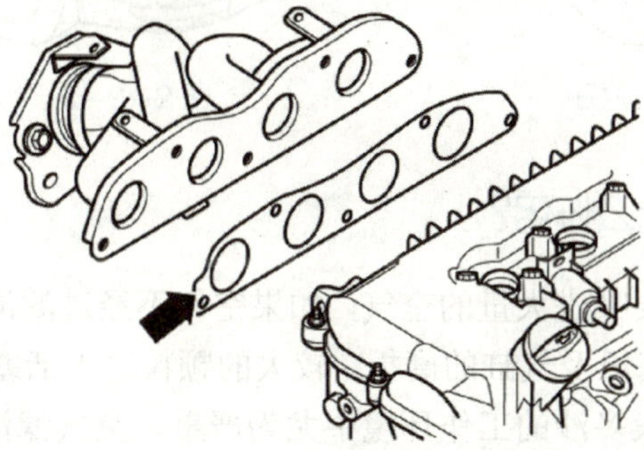	（1）依据维修手册技术要求，完成进气歧管的拆装，并记录操作要点和技术参数。 （2）依据维修手册技术要求，完成空气滤芯的更换。
素质	活动5	目前发动机上采用了哪些技术来改变发动机的进气量。	

任务学习

◎ 知识链接

一、发动机需要"呼吸"吗？

油燃烧需要氧气，所以要"吸"空气。燃烧完了的废气要排出去，才能再"吸"气，所以也得"呼"气。进气系统由空气滤清器、进气软管、节气门总成、进气歧管组成，如图 2-2-1 所示。发动机工作时，驾驶员通过加速踏板操纵节气门的开度，来改变进气量，控制发动机的运转。进入发动机的空气经空气滤清器滤去尘埃等杂质后，流经空气流量计，沿节气门通道进入动力腔，再经进气歧管分配到各个气缸中；发动机冷车怠速运转时，部分空气经附加空气阀或怠速控制阀绕过节气门进入气缸。

排气系统指收集并且排放废气的系统，包括排气歧管、三元催化器、排气管、消声器和尾管等，如图 2-2-2 所示。新鲜空气与汽油混合进入发动机燃烧后，产生高温高压的气体推动活塞。当气体能量释放后，对发动机就不再有价值，这些气体就成为废气被排放到发动机外。废气自气缸排出后，随即进入排气歧管，各缸的排气歧管汇集后，经过排气管将废气排出。而就如进气歧管一样，气体在排气歧管内也是以脉冲的方式离开发动机，所以各缸的排气歧管长度及弯度也要设计得尽量相同，使各缸的排气都能一样顺畅。

图 2-2-1　进气系统组成图

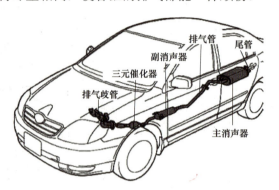

图 2-2-2　排气系统组成图

二、空气滤清器有什么作用？

发动机在工作过程中要吸进大量的空气，如果空气不经过滤清，空气中悬浮的尘埃被吸入气缸中，就会加速活塞组及气缸的磨损。较大的颗粒进入活塞与气缸之间会造成严重的"拉缸"现象，这在干燥多沙的工作环境中尤为严重。空气滤清器装在进气管的前方，起到滤除空气中灰尘、砂粒的作用，保证气缸中进入足量、清洁的空气，如图 2-2-3 所示。

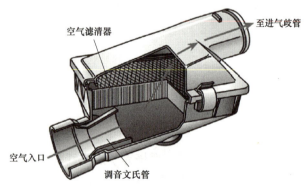

图 2-2-3　空气滤清器结构图

空气滤清器一般有纸质和油浴式两种。纸质滤清器由于具有滤清效率高、质量轻、成本低、维护方便等优点，已被广泛采用。纸质滤芯的滤清效率高达 99.5% 以上，油浴式滤清器的滤清效率在正常的情况下为95%～96%。纸质滤芯分为干式滤芯和湿式滤芯两种。干式滤芯材料为滤纸或无纺布。为了增加空气的通过面积，都把滤芯加工出许多细小的褶皱。当滤芯轻度污损时，可以使用压缩空气吹净；当滤芯污损严重时，应当及时更换为新芯。对干式滤芯来说，一旦浸入油液或水分，滤清阻力就会急剧增大，因此清洁时切忌接触水分或油液，否则必须更换为新芯。

空气滤清器拆装

纸质空气滤清器在标准含尘条件下正常使用寿命为2万～5万km。在发动机运转时，进气是断续的，从而引起空气滤清器壳体内的空气振动。如果空气压力波动太大，有时会影响发动机的进气。此外，这时也将加大进气噪声。为了抑制进气噪声，可以加大空气滤清器壳体的容积，有的还在其中布置了隔板，以减小谐振。

三、什么是进气软管？

进气管通常指发动机空气滤清器到节气门体之间的进气软管（见图2-2-4）。进气软管必须保证有足够的流通面积，避免转弯及截面突变，改善管道表面的光洁度等以减小阻力。为此，在高性能的汽油机上采用了直线型进气系统，在直线化的同时，还应合理设计气道节流和进气管长度，布置适当的稳压箱容积等，以期达到高转速、高功率的目的。在汽油机上，进气管还必须考虑燃烧的雾化、蒸发、分配以及压力波的利用等问题。在柴油机上，还要求气流通过进气道时在气缸中形成进气涡流，以改善混合气的形成和燃烧质量。这些要求往往互相矛盾，如为得到高速、高功率，进气管直径宜选大些；而为中、低速经济考虑，进气管直径宜选小些，故必须根据用途协调处理。

图2-2-4 进气软管

四、节气门体总成是什么意思？

节气门体总成是控制发动机吸气多少的一个阀门。节气门体根据喷油器装配位置的不同来对进入气缸的空气或者混合气进行控制，由驾驶员踩下加速踏板通过节气门位置传感器来控制喷油器喷油量和节气门开度大小，如图2-2-5所示。节气门体分电子式和机械式两种。

节气门体

节气门

进气歧管总成分解

图2-2-5　节气门构造图

五、进气歧管为什么要设计成可变式的?

进气歧管（见图2-2-6）是将空气或者空气和燃油的混合气送入发动机的一个组件，同时进气歧管也是其他管路和较小附件的支撑体，如炭罐电磁阀、真空助力器和一些真空阀等的管路接头。进气歧管的作用：把空气、燃料、曲轴箱通风的油气和EGR（排气再循环）的废气均匀地分配给各缸；利用进气歧管和稳压箱的形状和长度提高充量系数。

进气歧管总成安装

图2-2-6　进气歧管结构图

进气歧管按照材料成分主要可以分为铸铝进气歧管和塑料进气歧管。铸铝进气歧管质量轻、强度高，但是铸造的时候毛坯比较粗糙，进气歧管内壁不平对进气量影响较大；塑料进气歧管成本低，内壁不存在粗糙不平的情况，因此进气量较好，现在高档车的进气歧管一般都用塑料的。发动机需要转速高时，如果进气流速比较低，进入气缸的空气量就会减少，满足不了发动机的高速运转及最大功率输出，如图2-2-7所示。如将进气歧管的长度变短一些，便可提高进气速度，从而将进气流速控制在一个合理的范围内，因此将进气歧管设计成可变式的。

图2-2-7 可变进气歧管长度示意图
(a) 长进气道; (b) 短进气道

六、什么是 VVT?

丰田汽车公司将其可变气门正时技术称为智能可变气门正时（Variable Valve Timing-intelligent, VVT-i）控制系统（见图2-2-8）。发动机根据转速的变化要求气门正时随之变化，传统的发动机不具备这个功能，只有安装有 VVT-i 控制系统，才能达到这一要求。丰田可变气门正时控制系统是一种控制进气凸轮轴气门正时的机构，在进气凸轮轴与传动链轮之间装有油压离合装置，让进气门凸轮轴与链轮之间转动的相位差可以改变，通过调整凸轮轴转角对气门正时进行优化，从而提高发动机在所有转速范围内的动力性、燃油经济性，降低尾气的排放。

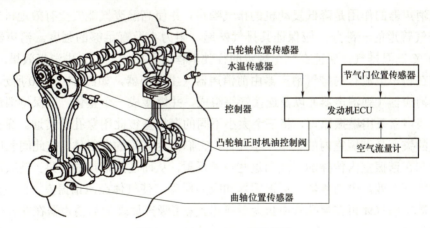

图2-2-8 VVT-i 系统结构

工作时，发动机 ECU 接收各传感器传来的信号，经分析、计算后发出控制指令给凸轮轴正时机油控制阀，凸轮轴正时机油控制阀以此控制滑阀的位置控制机油液压，使 VVT-i 控制器处于提前、滞后或保持位置。当发动机停机时，凸轮轴正时机油控制阀多处在滞后状态，以确保起动性能。

发动机 ECU 根据发动机转速、进气量、节气门位置和水温计算出一个最优气门正时，向凸轮轴正时机油控制阀发出控制指令。凸轮轴正时机油控制阀根据发动机 ECU 的控制指令选择至 VVT-i 控制器的不同油路，使之处于提前、滞后或保持这三个不同的工作状态。

七、排气歧管的设计有何特点?

排气歧管是将发动机各个缸排出的燃烧后的废气汇集后送到发动机尾气处理系统。排气歧管内部构造必须尽可能减小排气阻力，以免影响发动机的容积效率。一般采用价格便宜、耐高温的铸铁制成。但也有采用不锈钢管制成的，其优点为管壁薄、质量轻、形状自由度大、可提高容积效率。排气歧管与缸盖连接法兰各气孔之间部分设计得比较窄，其作用就是防止高温变形量大，避免应力集中。大多数排气歧管法兰都采用分段结构（见图 2-2-9）。

图 2-2-9　排气歧管

排气歧管的特点：各缸排气歧管相对独立；各缸排气歧管的长度相对等长；排气歧管的内表面光滑。

八、什么是排气消声器?

排气消声器的作用是降低发动机的排气噪声，并使高温废气能安全有效地排出。消声器作为排气管道的一部分，应保证其排气畅通、阻力小及有足够的强度。消声器要经受500～700 ℃高温排气，保证在汽车规定的行驶里程内不损坏、不失去消声效果。

目前在轿车上流行的排气消声器由前消声器（主消声器，如图 2-2-10 所示）、中消声器和后消声器（副消声器）以及连接管等组成，并焊接成一个整体，以保持消声器的坚固性。前消声器采用谐振原理，将三个大小不同的谐振室彼此用穿孔管贯通。穿孔管、隔板和断面的突变是谐振室内的基本声学元件，它们作为声源的发射体，彼此间利用声波的相互干涉和在谐振室内传播的声波向这些声源反射，从而达到消声的效果。谐振器对抑制低频声波特别有效。中消声器采用谐振器和吸声原理，使气体在两谐振室之间突然膨胀，从反射孔流出的气体再在穿孔管中折返后排出。采用吸声原理的后消声器在穿孔管外面装填了吸声材料。

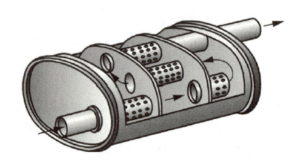

图 2-2-10　主消声器结构

九、什么是三元催化器（TWC）？

三元催化器（见图2-2-11）是安装在汽车排气系统中最重要的机外净化装置，它可将汽车尾气排出的CO（一氧化碳）、HC（碳氢化合物）和NO_x（氮氧化物）等有害气体通过氧化和还原作用转变为无害的CO_2（二氧化碳）、H_2O（水）和N_2（氮气）。由于这种催化器可同时将废气中的三种主要有害物质转化为无害物质，故称三元催化器。

三元催化器类似消声器。它的外面用双层不锈薄钢板制成筒形。在双层薄板夹层中装有绝热材料——石棉纤维毡。内部在网状隔板中间装有净化剂。净化剂由载体和催化剂组成。载体部件是一块多孔陶瓷材料，安装在特制的排气管当中。称它是载体，是因为它本身并不参加催化反应，而是在上面覆盖着一层铂、铑、钯等贵重金属。它可以把废气中的HC、CO变成水和CO_2，同时把NO_x分解成N_2和O_2。HC、CO是有毒气体，过多吸入会导致人死亡，而NO_x会直接导致光化学烟雾的产生。经过研究证明，三元催化器是减少这些排放物的最有效的方法。通过氧化和还原反应，CO被氧化成CO_2，HC被氧化成H_2O和CO_2，NO_x被还原成N_2和O_2。

催化剂最低要在250℃的时候起反应，温度过低时，转换效率急剧下降；而催化剂的活性温度（最佳的工作温度）是400~800℃，过高也会使催化剂老化加剧。在理想的空燃比（14.7∶1）下，催化转化的效果也最好。

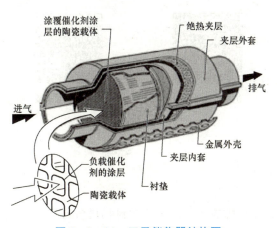

图2-2-11 三元催化器结构图

 技能链接

1. 进入VR汽车教育实训平台，完成发动机外部附件拆装。

VR 操作说明
（1）登录 VR 汽车教育实训平台； （2）按操作提示完成发动机外部附件拆装。 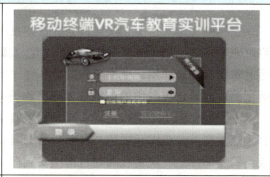

2. 实践操作视频资源

进排气歧管拆卸　　　　进排气歧管安装

任务评价

一、判断题

1. 排气系统指收集并且排放废气的系统，包括排气歧管、三元催化器、排气管、消声器和尾管等。　　　　　　　　　　　　　　　　　　　　　　　　　　　　（　　）

2. 空气滤清器装在进气管的前方，起到滤除空气中灰尘、砂粒的作用，保证气缸中进入足量、清洁的空气。　　　　　　　　　　　　　　　　　　　　　　　　（　　）

3. 节气门体根据喷油器装配位置的不同来对进入气缸的空气或者混合气进行控制。

（　　）

4. 在理想的空燃比（14.7∶1）下，催化转化的效果也最好。　　　　　（　　）

5. 三元催化器是安装在汽车排气系统中最重要的机外净化装置。　　　（　　）

6. 发动机增压的功用：由于将空气预先压缩，然后供入气缸，以提高空气密度，增加进气量，从而可以燃烧更多燃料，使平均有效压力提高，达到改善燃油经济性。　　（　　）

7. 发动机增压的类型：机械增压，涡轮增压，气波增压。　　　　　　　　　　（　　）

8. 进气系统由空气滤清器、进气软管、节气门总成、进气总管及进气歧管组成。

（　　）

9. 汽车尾气排出的废气中主要有害物气体是 CO、HC 和 NO_x。　　　　　　（　　）

二、简答题

1. VVT－i 的作用是什么？

2. 三元催化器的作用是什么？

3. 为什么各缸排气歧管的长度需要相对等长？

涡轮增压系统

涡轮增压器的发明者是谁？比较公认的说法是瑞士工程师比希。他于 1905 年申报了此项专利，当时主要应用于飞机发动机和坦克发动机，直到 1961 年美国通用汽车公司才将涡轮增压器试探性地装在其生产的某种车型上。20 世纪 70 年代成了涡轮增压器的一个转折点，装配增压发动机的保时捷 911 问世。但让涡轮增压技术焕发青春的非瑞典 SAAB 绅宝公司莫属，它于 1977 年推出的 SAAB99 车型将涡轮增压技术传播得更广泛，但那时的涡轮增压器仅限于装配在小车的汽油发动机上面，一直到 20 世纪 80 年代中期，欧美的卡车制造商才将涡轮增压技术应用在各自的柴油发动机上面，而国产车是在最近 10 年才开始逐渐流行带涡轮增压器车型的。

涡轮增压发动机是依靠涡轮增压器来加大发动机进气量的一种发动机，涡轮增压器实际上就是一个空气压缩机。它是将发动机排出的废气作为动力来推动涡轮室内的涡轮（位于排气道内），涡轮又带动同轴的叶轮（位于进气道内），叶轮压缩由空气滤清器管道送来的新鲜空气，再送入气缸。当发动机转速加快时，废气排出速度与涡轮转速也同步加快，空气压缩程度就得以加大，发动机的进气量就相应地得到增加，也就可以增加发动机的输出功率了。

机械增压系统：这个装置安装在发动机上并由皮带与发动机曲轴相连接，从发动机输出轴获得动力来驱动增压器的转子旋转，从而将空气增压吹到进气歧管里。其优点是涡轮转速和发动机相同，因此没有滞后现象，动力输出非常流畅。但是由于装在发动机转动轴里面，因还是消耗了部分动力，所以增压出来的效果并不好。气波增压系统：利用高压废气的脉冲气波迫使空气压缩。这种系统增压性能好、加速性好，但是整个装置比较笨重，不太适合安装在体积较小的轿车里面。

废气涡轮增压系统（见图 2－2－12）是平时最常见的涡轮增压装置。增压器与发动机无任何机械联系，它实际上是一种空气压缩机，通过压缩空气来增加进气量。它是利用发动机排出的废气惯性冲力来推动涡轮室内的涡轮，涡轮又带动同轴的叶轮，叶轮压送由空气滤清器管道送来的空气，使之增压进入气缸。当发动机转速增快时，废气排出速度与涡轮转速也同步增快，叶轮就压缩更多的空气进入气缸，空气的压力和密度增大可以燃烧更多的燃料，相应增加燃料量就可以增加发动机的输出功率。一般而言，加装废气涡轮增压器后的发动机功率及扭矩要增大20%～30%。但是废气涡轮增压器技术也有其必须注意的地方，那就是泵轮和涡轮由一根轴相连，也就是转子；发动机排出的废气驱动涡轮，涡轮带动泵轮旋转，泵轮转动后给进气系统增压。增压器安装在发动机的排气一侧，所以增压器的工作温度很高，而且增压器在工作时转子的转速非常高，可达到每分钟十几万转，如此高的转速和温度使得常见的机械滚针或滚珠轴承无法为转子工作，因此涡轮增压器普遍采用全浮动轴承，由机油来进行润滑，还有冷却液为增压器进行冷却。

　　复合增压系统即废气涡轮增压和机械增压并用，机械增压有助于低转速时的扭力输出，但是高转速时功率输出有限；而废气涡轮增压在高转速时拥有强大的功率输出，但在低转速时则力不从心。发动机的设计师们于是就设想把机械增压和涡轮增压结合在一起来解决两种技术各自的不足，同时解决低速扭力输出和高速功率输出的问题。这种装置在大功率柴油机上采用得比较多，汽油机上采用双增压系统（复合增压系统）的车型还比较少，大众的1.4 TSI发动机采用了这一系统。这款发动机兼顾了低速扭力输出和高速功率输出。

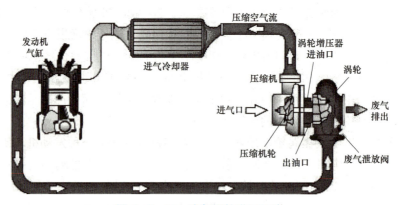

图2-2-12　废气涡轮增压系统

　　在低转速时，由机械增压提供大部分的增压压力，在1 500 r/min时，两个增压器同时提供增压压力。随着转速的提高，涡轮增压器能使发动机获得更大的功率，与此同时，机械增压器的增压压力逐渐减少。机械增压通过电磁离合器控制，它与水泵集合在一起。在转速超过3 500 r/min时，由涡轮增压器提供所有的增压压力，此时机械增压器在电磁离合器的作用下完全与发动机分离，防止消耗发动机功率。该发动机输出功率大、燃油消耗率低、噪声小，只是结构太复杂、技术含量高、维修保养不容易，因此很难普及。

任务 2.3 　曲柄连杆机构认知与拆装

任务描述

　　曲柄连杆机构是内燃机完成工作循环、实现能量转换的主要传动机构。其功用是将燃料燃烧时产生的热能转变为活塞往复运动的机械能，再通过连杆将活塞的往复运动变为曲轴的旋转运动而对外输出动力。本任务主要让学生掌握曲柄连杆机构各组件的结构及工作原理，学会主要零部件的拆装。根据环保要求，妥善处理辅料、废弃液体和损坏的零部件。

任务目标

　　1. 能掌握曲柄连杆机构的组成结构；
　　2. 能分析发动机做功的顺序；
　　3. 能依据维修手册的技术要求完成曲柄连杆机构的拆装。

任务实施

教学目标	教学活动	内容及要求	
知识	活动1	 	（1）什么是曲柄连杆机构？ （2）机体组的作用是什么？ （3）左图中编号的名称是什么？

续表

教学目标	教学活动	内容及要求
知识	活动2	（1）活塞连杆组的作用是什么？ （2）左图中编号的名称是什么？
	活动3	油孔和油道　主轴颈　曲柄销 （1）曲轴的作用是什么？ （2）左图中编号的名称是什么？
能力	活动4	（1）依据维修手册的技术要求完成活塞连杆组和曲轴飞轮组的拆装？ （2）查找维修手册，记录与操作相关的操作要点和技术参数。
素质	活动5	什么是发动机曲轴偏置技术？

任务学习

◎ 知识链接

一、曲柄连杆机构的结构是怎样的？

　　曲柄连杆机构是内燃机完成工作循环、实现能量转换的主要传动机构。它在做功冲程中把活塞的往复运动转变成曲轴的旋转运动；而在进气、压缩、排气冲程中又把曲轴的旋转运动转变为活塞的往复直线运动。曲柄连杆机构的功用是将燃料燃烧时产生的热能转变为活塞往复运动的机械能，再通过连杆将活塞的往复运动变为曲轴的旋转运动而对外输出动力。

　　曲柄连杆机构由以下三部分组成：

① 机体组：主要包括气缸盖、气缸垫、气缸体、气缸套和油底壳等不动件。

② 活塞连杆组：主要包括活塞、活塞环、活塞销和连杆等运动件。

③ 曲轴飞轮组：主要包括曲轴、飞轮和扭转减振器等机构。

曲柄连杆机构将活塞的往复运动转变为曲轴的旋转运动，如图2-3-1所示；同时，将作用于活塞上的力转变为曲轴对外输出的扭矩，以驱动车轮转动。曲柄连杆机构由机体组、活塞连杆组和曲轴飞轮组三部分组成，主要包括活塞、连杆、曲轴、飞轮和扭转减振器等部件，如图2-3-2所示。

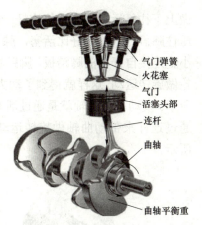

图2-3-1　发动机内部运动示意图

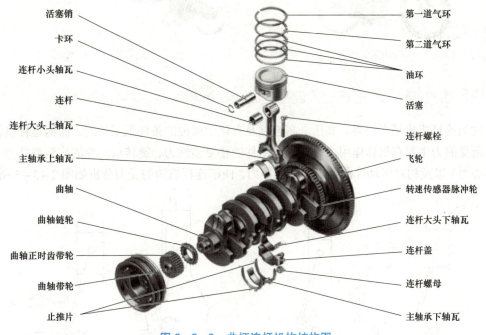

图2-3-2　曲柄连杆机构结构图

曲柄连杆机构是在高温、高压、高速以及有化学腐蚀的条件下工作的。在发动机做功时，气缸内的最高温度可达2 500 K以上，最高压力可达5～9 MPa，现代汽车发动机最高转速可达3 000～6 000 r/min，活塞每秒钟要行经100～200个冲程，可见其线速度是很大的。此外，与可燃混合气和燃烧废气接触的机件（如气缸、气缸盖、活塞等）还将受到化学腐蚀。

二、曲轴是怎样完成旋转运动的？

曲轴是发动机曲柄连杆机构的一个部件。我们在骑自行车的时候，会感觉到两小腿在

做上下往复运动，就好比连杆一样，小腿上下运动的动力来源于大腿给的力，大腿给的力压住膝盖，膝盖就好比活塞，膝盖传力给小腿，迫使小腿做上下往复运动，小腿连接自行车的脚踏板，脚踏板曲拐就好比是发动机的曲轴，来带动驱动轮做旋转运动。这样就得到了动力使自行车能够在陆地上行驶，如图2-3-3所示。发动机的曲轴就是通过活塞在缸体里的往复运动（转子发动机除外），通过连杆来带动曲轴做旋转运动，完成发动机的动力输出，如图2-3-4所示。

曲轴飞轮组的认知

图2-3-3　由直线运动变为旋转运动示意图　　图2-3-4　直线运动转变为旋转运动构造图

三、曲柄连杆机构工作时受到哪些力的影响？

曲柄连杆机构是在高温、高压、高速以及有化学腐蚀的条件下工作的。曲柄连杆机构工作时所受的力主要有气体作用力、往复运动件的往复惯性力、旋转运动件的旋转惯性力（也称离心力）以及相对运动件接触表面的摩擦力。曲柄连杆机构的受力分析如图2-3-5所示。

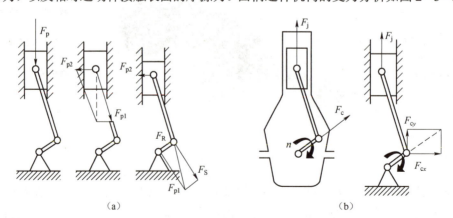

图2-3-5　曲柄连杆机构的受力分析图
（a）气体压力作用简图；（b）往复惯性力和离心力作用简图

（1）气体作用力

在发动机工作循环的每个冲程中，气体作用力始终存在且不断变化。做功冲程最高，压缩冲程次之，进气和排气冲程最小，对机件影响不大。在做功冲程中，气体压力是推动活塞向下运动的力，燃烧气体产生的高压直接作用在活塞顶部。活塞所受总压力为 F_p，它传到活塞销上可分解为 F_{p1} 和 F_{p2}。分力 F_{p1} 通过活塞传给连杆并沿连杆方向作用在连杆轴颈上。F_{p1} 还可分解为两个分力 F_R 和 F_S。沿曲柄方向的分力使曲轴主轴颈与主轴承之间产生压紧力；与曲柄垂直的分力除了使主轴颈和主轴承间产生压紧力外，还对曲轴形成转矩，推动曲轴旋转。F_{p2} 把活塞压向气缸壁，形成活塞与气缸壁间的侧压力，有使机体翻倒的趋势，故机体下部的两侧应支撑在车架上。在压缩冲程中气体压力是阻碍活塞向上运动的阻力。这时作用在活塞顶部的气体压力也可分解，其中一个使曲轴主轴颈与主轴承间产生压紧力，另一个造成旋转阻力矩，同时活塞也被压向气缸的另一侧壁。

在发动机工作循环的任何冲程中气体作用力的大小都是随活塞的位移而变化的，再加上连杆的左右摇晃，因而作用在活塞销和曲轴轴颈的表面及二者支撑表面上的压力和作用点不断变化，造成各处磨损不均匀。

（2）往复惯性力

往复运动的物体当运动速度变化时将产生往复惯性力。曲柄连杆机构中的活塞组件或连杆小头在气缸中做往复直线运动，其速度很高且数值变化，活塞从上止点向下止点运动的变化规律是：从零开始，逐渐增大，临近中间达最大值，然后又逐渐减小到零。即前半冲程是加速运动，惯性力 F_j 向上，后半冲程是减速运动，惯性力向下。惯性力使曲柄连杆机构的各零件和所有轴颈承受周期性附加载荷，加快轴承磨损；未被平衡的变换的惯性力传到气缸体后，还会引起发动机振动。

（3）离心力

物体绕某一中心做旋转运动时就会产生离心力。在曲柄连杆机构中，偏离曲轴轴线的曲柄、连杆轴颈、连杆大头在绕曲轴轴线旋转时将产生离心力 F_c，其方向沿曲柄向外。离心力在垂直方向上的分力 F_{cy} 与惯性力 F_j 的方向总是一致的，因而加剧了发动机的上下振动，水平方向的分力 F_{cx} 则使发动机产生水平方向的振动。此外，离心力使连杆大头的轴承和轴颈受到又一附加载荷，增加了变形和磨损。

（4）摩擦力

任何一对相互压紧并做相对运动的零件表面之间都存在摩擦力，在曲柄连杆机构中，活塞、活塞环、气缸壁之间以及曲轴、连杆轴承与轴颈之间都存在摩擦力，它是造成零件配合表面磨损的根源。

上述各种力作用在曲柄连杆机构和机体的各有关零件上，使其受到压缩、拉伸、弯曲和扭转等不同形式的载荷。为保证发动机工作可靠，减少磨损，在构造上应采取相应措施。

四、机体组包括什么？

发动机机体组是发动机的骨架，是曲柄连杆机构、配气机构和发动机各系统主要零部件的装配基体。它主要由气门室罩、气缸盖、气缸垫、气缸体及油底壳等组成，如图 2-3-6 所示。

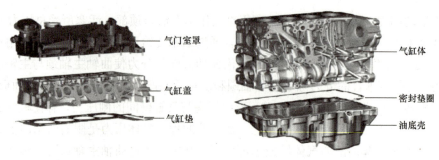

气门室罩

气缸盖

气缸垫

气缸体

密封垫圈

油底壳

图2-3-6　机体组组成

（1）气门室罩

在气缸盖上部有起到封闭和密封作用的气门室罩，气门室罩结构比较简单，一般用薄钢板冲压（或铸铝）而成，上面设有加注机油用的注油孔。气门室罩与气缸盖之间设有一密封垫。

（2）气缸盖

气缸盖用来密封气缸的上部，与活塞、气缸等共同构成燃烧室。

气缸盖安装在气缸体的上面，其上装有进、排气门座以及气门导管孔，用于安装进、排气门，还有进气通道和排气通道等。汽油机的气缸盖上加工有安装火花塞的孔，而柴油机的气缸盖上加工有安装喷油器的孔。顶置凸轮轴式发动机的气缸盖上还加工有凸轮轴轴承孔，用以安装凸轮轴。气缸盖实物如图2-3-7所示。由于气缸盖形状复杂，一般都采用灰铸铁或合金铸铁铸成。

气缸盖

图2-3-7　气缸盖

目前，铝合金铸造的缸盖，有取代铸铁气缸盖的趋势，如桑塔纳、捷达等轿车发动机均采用铝合金材料铸造而成的整体式气缸盖。铝的导热性比铸铁好，有利于提高压缩比，可适应高速高负荷强化汽油机散热及提高压缩比的需要。铝合金气缸盖的缺点是刚度低，使用中容易变形。

汽油机的燃烧室由活塞顶部及缸盖上相应的凹部空间组成。对燃烧室有如下基本要求：一是结构尽可能紧凑，充气效率要高，以减小热量损失及缩短火焰行程；二是使混合气在压缩终了时具有一定的涡流运动，以提高混合气燃烧速度，保证混合气得到及时和充分燃烧；三是表面要光滑，不易积碳。燃烧室的形状对发动机的工作影响很大，汽油机常见的燃烧室形状有半球形、楔形与盆形，如表 2-3-1 所示。

表 2-3-1　汽油机的燃烧室形状

半球形燃烧室	楔形燃烧室	盆形燃烧室
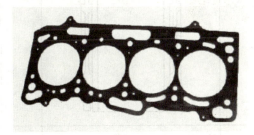		
结构紧凑，火花塞布置在燃烧室顶部中央，火焰行程短而均匀，故燃烧速率高，散热少，热效率高。排气净化好，在轿车发动机上被广泛应用	结构简单、紧凑，散热面积小，热损失也小，能保证混合气在压缩冲程中形成良好的涡流运动，有利于提高混合气的混合质量，进气阻力小，提高了充气效率	结构简单，成本低，但不够紧凑，热损失大

（3）气缸垫

气缸垫是安装于气缸盖与气缸体结合面之间的密封部件，它的主要作用是实现对燃气的密封，同时可防止冷却液和机油的泄漏。气缸垫实物如图 2-3-8 所示。气缸垫受到缸盖螺栓预紧力的压紧和高温燃气的作用，因此气缸垫必须具有一定的强度和良好的弹性，以补偿气缸盖与气缸体结合面的不平度。在安装气缸垫时气缸垫上的孔要和气缸体上的孔对齐，一般是衬垫卷边的一面朝气缸盖，光滑面朝气缸体安装，也可根据标记或文字要求进行安装，如衬垫上的文字标记 TOP 表示朝上。

图 2-3-8　气缸垫

（4）气缸体

气缸体是气缸的壳体，曲轴箱是支承曲轴做旋转运动的壳体，二者组成了发动机的机体。水冷式发动机的气缸体和曲轴箱常铸成一体，称为缸体。缸体上半部有若干个为活塞在其中运动导向的圆柱形空腔，称为气缸。下半部为支承曲轴的曲轴箱，其内腔为曲轴运动的空间。气缸体作为发动机各个

气缸体的认知

机构和系统的装配基体，还要承受高温高压气体作用力，活塞在其中做高速往复运动，因而要求气缸体应具有足够的刚度和强度。

气缸体由灰铸铁或铝合金铸成。其上部有气缸，下部是供安装曲轴用的曲轴箱，在气缸体内部铸有冷却水套（水冷式）和润滑油道等，如图2-3-9所示。

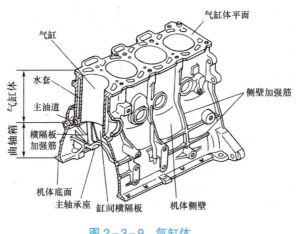

图2-3-9　气缸体

气缸体按气缸结构来分有整体式、湿气缸套式、干气缸套式等三类，如表2-3-2所示。

表2-3-2　不同气缸结构型式的缸体

整体式（无气缸套式）	湿气缸套式	干气缸套式
整体式的缸筒与缸体制成一体，即缸筒是在机体上直接加工出来的	湿式气缸套外壁与冷却液直接接触	干式气缸套不与冷却液接触

气缸体按气缸排列形式分有直列式（单列式）、水平对置式和V形等，如表2-3-3所示。

表 2-3-3　不同排列形式的气缸体

直列式	水平对置式	V 形
各气缸排成一列，一般只用于六缸以下的发动机	两列气缸水平相对排列	两列气缸成 V 形排列。多用于六缸（特别是八缸）以上的发动机

气缸排列

缸套

按冷却方式来分，如表 2-3-4 所示。汽车发动机上采用较多的是水冷式。

表 2-3-4　不同冷却方式的气缸体

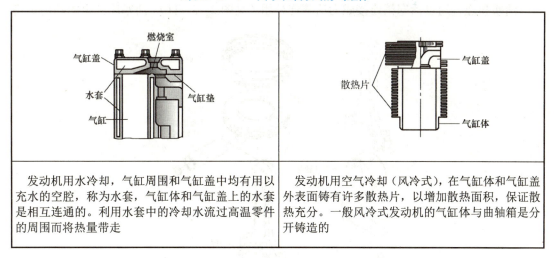

发动机用水冷却，气缸周围和气缸盖中均有用以充水的空腔，称为水套，气缸体和气缸盖上的水套是相互连通的。利用水套中的冷却水流过高温零件的周围而将热量带走	发动机用空气冷却（风冷式），在气缸体和气缸盖外表面铸有许多散热片，以增加散热面积，保证散热充分。一般风冷式发动机的气缸体与曲轴箱是分开铸造的

按曲轴箱的形式来分有一般式、龙门式和隧道式，如表 2-3-5 所示。

表 2-3-5　不同形式曲轴箱的气缸体

一般式	龙门式	隧道式
油底壳安装平面和曲轴旋转中心在同一高度。便于加工，但刚度和强度较差，一般多用于中小型发动机。如 BJ492QA 型发动机	油底壳安装平面低于曲轴的旋转中心。这种结构强度和刚度都好，但工艺性较差，加工较困难，一般在大中型发动机中被广泛采用。如解放 CA6102、桑塔纳 JV、捷达 EA827 型发动机	这种型式的气缸体曲轴的主轴承孔为整体式，其结构紧凑，刚度和强度好；但加工精度要求高，工艺性较差，曲轴拆装不方便。如 6135Q 型发动机

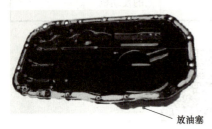

放油塞

图 2-3-10　油底壳

（5）油底壳

　　油底壳的主要功用是储存机油并密封曲轴箱。为防止汽车行驶时油面波动过大，油底壳内设有稳油挡板。为保证发动机在纵向倾斜时机油泵能吸到机油，油底壳后部一般做得较深。油底壳底部装有放油塞，有的放油塞是磁性的，能吸附机油中的金属屑，起到清洁机油的作用，如图 2-3-10 所示。

四、活塞连杆组的活塞、活塞销有何作用？

　　活塞和连杆通过活塞销连接成为活塞连杆组（见图 2-3-11）。活塞连杆组的功用是将

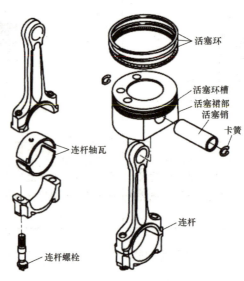

活塞环

活塞环槽
活塞裙部
活塞销
卡簧

连杆轴瓦

连杆

连杆螺栓

图 2-3-11　活塞连杆组

活塞的往复运动转变为曲轴旋转运动，同时将作用于活塞上的力转变为曲轴对外输出的转矩，以驱动汽车车轮转动。活塞连杆组包括活塞组件（活塞、活塞环、活塞销）和连杆组件（连杆、连杆轴承、轴承盖）。

活塞组件（见图2-3-12）的主要作用是与气缸盖、气缸体共同组成燃烧室，承受高温高压燃气作用并将热能传递给连杆，推动曲轴旋转，同时将活塞顶所受的热量传递给气缸体。

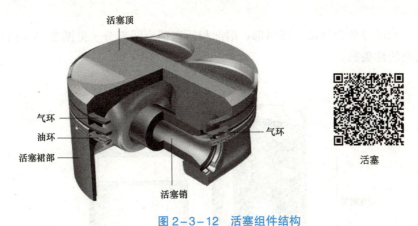

图2-3-12 活塞组件结构

（1）活塞

活塞是在高温、高压、高速、润滑不良和散热困难的条件下工作的，其工作条件如下：由于活塞顶部直接与高温燃气接触，燃气的最高温度可达 2 500 K 以上。因此，活塞的温度也很高，其顶部的温度通常高达 600~700 K。高温一方面使活塞材料的机械强度显著下降，另一方面会使活塞的热膨胀量增大，容易破坏活塞与其相关零件的配合。

活塞顶部在做功冲程中，承受着带有冲击性的高压气体冲击力。对于汽油机活塞，瞬时的压力最大值可达 5 MPa。对于柴油机活塞，其最大值可达 9 MPa。增压发动机的最高燃烧压力可达 14~16 MPa，这样大的机械负荷突然作用到活塞顶上，高速时每秒钟要发生 20~40 次，这导致活塞的侧压力大，加速了活塞外表面的磨损，也容易引起活塞的变形。

活塞在气缸内做高速运动，一般汽车用汽油机转速为 4 000~6 000 r/min，活塞的平均速度为 8~12 m/s，其瞬间速度会更高。由受力分析可知，活塞运动速度的大小和方向在不断地变化，故可引起大的惯性力，它将使曲柄连杆机构的各零件和轴承承受附加载荷。

由于活塞直接与高温燃气接触，同时还受周期性变化的气体压力和惯性力的作用，要求活塞要有足够的强度和刚度；质量要尽量小，以保持最小的惯性力；导热性要好，有充分的散热能力；要有足够的耐热性；活塞与气缸壁间应有较小的摩擦系数；温度变化时，尺寸和形状变化要小；与气缸壁间要保持最小的间隙。

汽车发动机目前广泛采用的活塞材料是铝合金。铝合金活塞具有质量小（为同样结构的铸铁活塞的 50%~70%）、导热性好（约为铸铁的三倍）的优点。因此铝合金活塞工作温度低，温度分布均匀，对减小热应力、改善工作条件和延缓机油变质都十分有利。铝合金的缺点是热膨胀系数大，另外当温度升高时，其机械强度和硬度下降较快。通过结构设计和调整材料配方等措施可以弥补这些缺陷。

目前铝合金活塞多用含硅 12%左右的共晶铝硅合金和含硅 18%～23%的过共晶铝硅合金制造，外加镍和铜，以提高热稳定性和高温机械性能。在铝合金中增加硅的含量，可以提高活塞表面的耐磨性。铝合金活塞毛坯可用铸造、锻造和液态模锻等方法制造。用后一种方法制得的毛坯组织细密，无铸造缺陷，可以实现少切削或无切削加工，使金属利用率大为提高。

活塞的基本构造可分为顶部、环槽部、裙部和活塞销座四部分（见图 2-3-13），其中顶部和环槽部也统称头部。

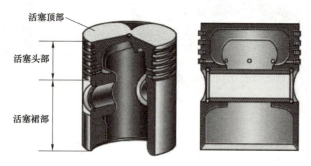

图 2-3-13　活塞的结构

① 活塞顶部。

活塞顶部是燃烧室的组成部分，用来承受气体压力。为了提高刚度和强度，并加强散热能力，背面多有加强筋。根据不同的目的和要求，活塞顶部可制成各种不同的形状，汽油机活塞顶部的几种常见形状如图 2-3-14 所示。平顶活塞结构简单，且受热面积小温度低，在汽油机上被广泛采用；凸顶活塞是为了组成半球形燃烧室和增强挤气涡流；凹顶活塞主要是高压缩比发动机为了防止碰气门，也可用凹坑的深度来调整发动机压缩比。有些发动机在活塞顶上设置形状不规则的浅碗形凹坑，是为了与气缸盖上的凹坑组成结构紧凑的多球形燃烧室。

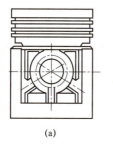 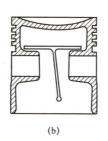 

(a)　　　　　　　　　(b)　　　　　　　　　(c)

图 2-3-14　活塞顶部形状
（a）平顶式；（b）凹顶式；（c）凸顶式

② 环槽部。

活塞的环槽部切有若干环槽，用以安装活塞环（见图2-3-15）。它是活塞的防漏部分，两环槽之间称为环岸。环槽的形状与活塞环断面形状相适应，通常为矩形或梯形。靠顶部的环槽装压缩环（气环），一般为2~3道，下面的环槽装油环，一般为1~2道，油环槽的槽底圆周上制有若干贯通的泄油孔或泄油槽，以便油环从缸壁上刮下的多余润滑油经此流回油底壳。第一道环槽工作条件最恶劣，一般应离顶部较远些。为了减少摩擦损失，在竞赛汽车发动机的活塞上只安装一道气环和一道油环。活塞顶部吸收的热量有70%~80%经过环槽部通过活塞环传给气缸壁，再由冷却水传出去。

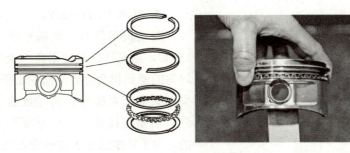

图2-3-15　环槽部

活塞环槽的磨损是影响活塞使用寿命的重要因素。在强化程度较高的发动机中，第一道环槽温度较高，磨损严重。为了增强环槽的耐磨性，通常在第一环槽或第一、二环槽处镶嵌耐热护圈。

③ 活塞裙部。

活塞的裙部指从油环下端面起至活塞最下端的部分。裙部的形状应该保证活塞在气缸内得到良好的导向，气缸与活塞之间在任何工况下都应保持均匀的、适宜的间隙。此外，裙部应有足够的实际承压面积，以承受侧向力。因而裙部要有一定的长度，以保证可靠的导向；又要有足够的面积，以防止活塞对气缸壁的单位面积压力过大，破坏润滑油膜，加大磨损。

裙部的基本形状为一薄壁圆筒，完整的称为全裙式。高速发动机趋于大缸径短行程，并降低发动机的高度，为了避免活塞与曲轴平衡重块相碰，有时也为了减少质量，在保证有足够承压面积的情况下，在活塞不受作用力的两侧，将沿销座孔轴线方向的裙部去掉一部分，形成拖板式裙部，拖板式裙部弹性较大（见图2-3-16），可以减小活塞与气缸壁间的装配间隙。

④ 活塞销座。

活塞销座是活塞通过活塞销与连杆的连接部分，位于活塞裙部的上部，为厚壁圆筒结构，用以安装活塞销。活塞所受的气体压力、惯性力都是通过销座传给活塞销的。为了限制活塞销的

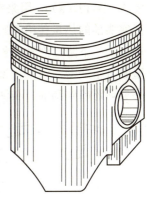

图2-3-16　拖板式活塞

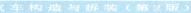

轴向窜动，大部分活塞在销座孔内接近外端面处设有卡环槽来装卡环，两卡环之间的距离大于活塞销的长度，使卡环与活塞销端面之间留有足够的间隙，以防冷却过程中活塞的收缩大于活塞销的收缩而将卡环顶出。

销座孔有很高的加工精度，并且与活塞销分组选配，以达到更高精度的配合，销座孔的尺寸分组通常用色漆标于销座下方的外表面。为了销座孔的润滑，有些销座上钻有收集润滑油的小孔。为了保证活塞的正常工作，活塞各部与气缸壁之间必须保持一定的间隙，其中起导向作用的裙部与气缸壁之间的间隙尤为重要，若间隙过小，将因活塞膨胀而出现拉缸、卡死等故障；间隙过大，又将出现敲缸、窜气、上机油等故障。

⑤ 活塞上的热负载。

发动机运转时，活塞裙部的温度可达到150℃，活塞顶的温度则高达350 ℃。这种不均匀的受热也会导致活塞热膨胀的不均匀，如果不采取应对措施，将导致活塞在气缸中卡滞。活塞是按正常工作温度下为圆柱形设计的。为了补偿活塞各点热膨胀的差异，常温下活塞的截面被设计成椭圆形，与活塞销轴线垂直的直径较大（见图 2-3-17）。活塞头部由于需要安装活塞销，而活塞销安装孔周围的材料比头部的其他区域更厚，因此更容易受到热膨胀的影响。另外，由于工作时活塞头部直接接触高温燃气，活塞头部可比活塞裙部达到更高的温度，热膨胀效果更加明显，所以冷态时活塞头部直径比裙部更小，略成锥形。

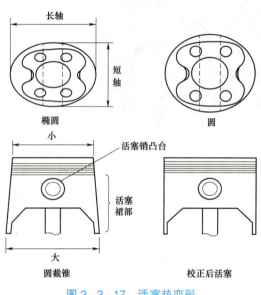

图 2-3-17　活塞热变形

（2）活塞环

按照功用，活塞环可分为气环和油环两类（见图 2-3-18）。气环也叫压缩环［见图 2-3-17 (a)］，用来密封活塞与气缸壁的间隙，防止气缸内的气体窜入油底壳，以及将活塞头部的热量传给气缸壁，再由冷却水或空气带走。如果密封不良，不但发动机起动困难、功率下降，燃油和机油的消耗量增加，机油老化变质，而且还由于活塞环外圆与气缸壁贴合不严密，活塞顶部接收的热传不出去，活塞及活塞环温度升高，甚至会被烧坏。另外气环还起到刮油、布油的辅助作用。一般发动机的每个活塞装有 2～3 道气环。

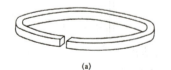

活塞环

图 2-3-18　活塞环类型
（a）气环；（b）油环

油环［见图 2-3-16（b）］用来刮走气缸壁上多余的机油，并在气缸壁上涂一层均匀的机油膜，这样可以防止机油窜入燃烧室燃烧，又可以减小活塞、活塞环与气缸的磨损和摩擦阻力。此外，油环也起到密封的辅助作用。通常发动机的每个活塞上有 1~2 道油环。

近年来随发动机转速的提高，活塞环的数目日趋减少，多为两道气环、一道油环。这样不仅减少了摩擦损失，还缩短了活塞高度，进而降低了发动机高度。活塞环是在高温、高压、高速和润滑困难的条件下工作的，它的运动情况很复杂，活塞环不仅与缸壁间有相对高速的滑动摩擦，还有与环槽侧面的上下撞击，以及由于其径向胀缩而产生的与环槽侧面相对的摩擦，因此，活塞环是发动机中磨损最快的零件之一。另外，高温热负荷不仅使环的耐磨性能下降，而且能使环的弹性下降。尤其是第一道气环的工作条件最为恶劣，因而其弹力下降和磨损速度最快。

根据活塞环的功用和工作条件，要求活塞环的材料应具有好的耐磨性、导热性、耐热性、磨合性、冲击韧性和足够的弹性等。一般活塞环多用优质灰铸铁、球墨铸铁或合金铸铁制造，这是因为它们能够基本满足上述要求，且含有固体润滑剂石墨，可改善其润滑条件。也有一些发动机的组合油环采用弹簧钢片制作。不少发动机的第一道活塞环，甚至所有的环，其外表面进行多孔镀铬或喷钼，以减缓活塞环和气缸的磨损。这是因为多孔铬硬度高且能储存少量润滑油；钼熔点高，且具有多孔性，能存油，所以抗拉磨能力强。除第一道环外，其他活塞环一般采用镀锡、磷化或硫化处理，以改善其磨合性能。

因为活塞环槽侧面的磨损往往是活塞早期损坏的主要原因，所以新的趋向是对活塞环槽三面镀铬，这样使气缸、活塞，特别是活塞环的寿命大为提高。

① 活塞环的作用。活塞环主要有密封、控油（调节机油）、导热（散热）和支承（导向）四个作用（见图 2-3-19）。

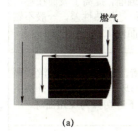  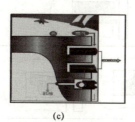 

（a）　　　　　　　　　（b）　　　　　　　　　（c）　　　　　　　　　（d）

图 2-3-19　活塞环的作用
（a）密封作用；（b）控油作用；（c）导热作用；（d）支承作用

密封：指密封燃气，不让燃烧室的气体漏到曲轴箱，把气体的泄漏量控制在最低限度，提高热效率。漏气不仅会使发动机的动力下降，而且会使机油变质，因此密封是气环的主要任务。

控油（调节机油）：把气缸壁上多余的润滑油刮下，同时又使缸壁上布有薄薄的油膜，保证气缸和活塞及环的正常润滑，这是油环的主要任务。在现代高速发动机上，特别重视活塞环控制油膜的作用。

导热：通过活塞环将活塞的热量传导给缸套，即起冷却作用。活塞顶所受热量中有70%～80%是通过活塞环传给缸壁而散掉的。

支承：活塞环将活塞保持在气缸中，防止活塞与气缸壁直接接触，保证活塞平顺运动，降低摩擦阻力，而且防止活塞敲缸。

一般汽油发动机的活塞采用两道气环、一道油环，而柴油发动机通常采用两道油环、一道气环。活塞环提供活塞与气缸壁之间的密封。它们必须具有弹性，而且安装时形状不得改变。由于燃烧压力作用于活塞环的后面，所以在做功冲程中活塞环对气缸壁的接触压力会增加。

② 活塞环的类型。根据作用的不同，活塞环分为气环和油环（见图2-3-17）。气环的作用是保证活塞与气缸间的密封，防止气缸中的高温、高压燃气大量漏入曲轴箱，同时还将活塞顶部的大部分热量传导到气缸壁，再由冷却水或空气带走。油环用来刮除气缸壁上多余的机油，并在气缸壁上涂一层均匀的机油膜，这样既可以防止机油窜入气缸燃烧，又可以减小活塞、活塞环与气缸的磨损，减轻摩擦阻力。常见的气环的形式有矩形环、锥形环、扭曲环、梯形环和桶面环等，如表2-3-6所示。

表2-3-6　常见活塞环形式及特点

名称	示意图	特点
矩形环		结构简单，制造方便，易于生产，应用面广，磨合性差，有"泵油作用"
锥形环		减少了环与气缸壁的接触面，提高了表面接触压力，有利于磨合和密封，但是传热性差，一般不做第一道环，安装时有记号面向上
扭曲环		断面不对称，受力不平衡，活塞环扭曲，消除"泵油作用"，做功冲程同矩形环。内圆上边或外圆下边切掉为正扭曲环；内圆下边切掉为反扭曲环
梯形环		抗黏结性好，经常用作柴油机第一道气环
桶面环		外圆不凸圆弧形，密封性、磨合性、适应性好，减轻磨损

目前汽车发动机采用的油环有整体式和组合式两种，如图2-3-20所示。

图 2-3-20 油环

（a）整体油环；（b）组合式油环

③ 活塞环的"三隙"。活塞环的"三隙"（见图 2-3-21）是指：端隙、侧隙、背隙。

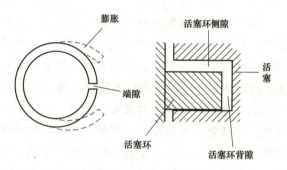

图 2-3-21 活塞环的"三隙"

端隙：端隙又称为开口间隙，是活塞环安装时必需的开口，指活塞环在冷态下装入气缸后，该环在上止点时环的两端头的间隙，一般为 0.25～0.80 mm。第一道气环温度高，其端隙也最大。端隙过大漏气严重；端隙过小，活塞环受热膨胀后可能卡死甚至折断。

侧隙：活塞环装入活塞后，其侧面与活塞环槽之间的间隙。第一环因工作温度高，间隙较大，一般为 0.04～0.10 mm，其他环一般为 0.03～0.07 mm。油环侧隙较气环小，为 0.025～0.070 mm。

背隙：背隙是活塞及活塞环装入气缸后，活塞环内圆柱面与活塞环槽底部的间隙。活塞环在工作时靠燃烧时的高压气体进入背隙对活塞环产生压力来加强活塞环与气缸工作面的密封作用，一般为 0.50～1.00 mm。油环背隙较气环大，以增大存油间隙，利于减压泄油。

④ 气环的密封原理。

气环可能有三条漏气的通道：环面与气缸壁间；环与环槽的侧面间；开口间隙处。前两处是能够密封的，其密封原理如图 2-3-22 所示。

第一密封面的建立。活塞环在自由状态下，其外圆直径略大于缸径，所以装入气缸后，环就产生一定的弹力，与缸壁压紧，形成了第一密封面。

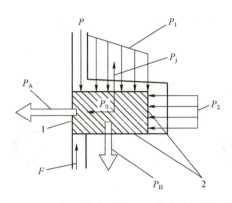

图 2-3-22　气环的密封原理（做功的前半行程）

1—第一密封面；2—第二密封面；P_A—第一密封面的压紧力；P_B—第二密封面的压紧力；
P—气缸内气体压力；P_1—环侧气体压力；P_2—背压力；P_0—环的弹力；P_j—环的惯性力；
F—环与缸壁的摩擦力

第二密封面的建立。由于活塞头部与缸壁有间隙，活塞环还有侧隙和背隙，气缸内未被密封的气体不能通过第一密封面下窜，便窜入侧隙和背隙。侧隙的阻力及背隙内空腔较大，气体压力降为 P 和 P_2（背压力）。另外，如前所述，活塞环在运动时产生惯性力，并与缸壁间产生摩擦力 F。因而环与环槽侧面密封的压紧力是 P_1、P_j 和 F 三个沿气缸轴线方向力的代数和。做功与压缩冲程，对密封的要求高，此时气体压力一般起主导作用，使活塞环紧推压在环槽的下侧，形成第二密封面。一般情况下，排气冲程第二密封面也在环的下侧，而进气冲程在环槽的上侧，另外，在某临界转速和一定的工作状态下，三个力可能互相平衡，即合力为零，环暂时在槽内浮动而跳上跳下，并可引起环的径向振动，使一个或两个密封面都失去密封作用，漏气量大增，此即为环的颤振。如果通过端隙的气流大于环和缸壁的摩擦力，环就会转动而对口漏气。可见环在气缸中有三种运动状态，即跳动浮起、径向颤振、旋转对口，这使其密封性能恶化。

气环的第二次密封。窜入活塞环背隙和侧隙的气体，产生背压力 P_2 和侧压力，使环对缸壁和环槽进一步压紧，显著加强了第一、二密封面的密封，此即为气环的第二次密封。做功冲程中，环的背压力远大于环的弹力，所以此时第一密封面的密封主要是靠第二次密封。但是，如果环的弹力不好或接触面贴合不良，而在环面和缸壁间出现了缝隙，此缝隙就要首先漏窜气体，且其单位压力大于单位背压力，就将削弱或形不成第二密封面。因此，靠活塞环弹力产生的密封，是第一密封面第二次密封的前提。

不难看出，两个密封面密封都必须在其密封面有良好贴合的情况下才能实现。因此，环与环槽侧面都必须加工平整，并且粗糙度应较低。然而对于环面来说，新环形状复杂，难以与缸壁相适应，因而环面一般设有细微纹路，以及进行镀锡等表面处理，以加速磨合。有了两个密封面的密封，理论上只有开口处是唯一的漏气通道。由于开口很小，并且相互按一定位置错开，形成迷宫式封气路线，气体通过各道环口以后，压力显著下降（见图 2-3-23），其漏气量在高速发动机上是很微小的，一般仅为进气量的 0.2%～1.0%。这也是往复活塞式发动机至今有巨大生命力的原因之一。

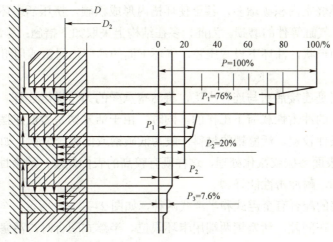

图2-3-23 环槽中气体压力的下降

⑤ 活塞环的泵油作用及危害。

由于侧隙和背隙的存在,当发动机工作时,活塞环便产生了泵油作用(见图2-3-24)。环在气压力、惯性力和摩擦力的作用下,反复地靠在环槽的上、下沿,其过程是:当活塞带着活塞环下行(进气行程)时,环靠在环槽的上方,环从缸壁上刮下来的润滑油充入环槽下方 [见图2-3-24 (a)];当活塞又带动活塞环上行(压缩行程)时,环又靠在环槽的下方,同时将油挤压到环槽的上方 [见图2-3-24 (b)],如此反复运动,就将润滑油泵到活塞顶。

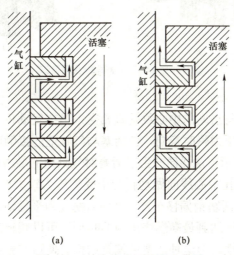

图2-3-24 活塞环的泵油作用
(a)活塞下行;(b)活塞上行

活塞环的泵油作用，一方面对润滑困难的气缸壁是有利的，另一方面随发动机转速的日益提高，泵油作用加剧，不仅增加了润滑油的消耗，而且可能使火花塞因沾油而不能产生电火花，并使燃烧室内积碳增多，甚至使环槽内形成积碳，挤压活塞环而使其失去密封性，另外还加剧了气缸等件的磨损。为此，多在结构上采取如下措施：尽量减小环的质量，气环采用特殊断面形状，油环下设减压腔，气环下面的油环加衬簧或用组合式油环等。

（3）活塞销

活塞销的功用是连接活塞与连杆小头，将活塞承受的力传递给连杆。活塞销是在大小和方向都不断变化的冲击性载荷下工作的。同时，由于活塞销是做低速摆转运动，不易建立油膜，故润滑条件较差。活塞销的材料一般为低碳钢或低碳合金钢，如 20 钢或 20Cr、20MnV 等，再经表面渗碳或氰化处理，这样既有较高的表面硬度，耐磨性好，刚度、强度高，又有软的芯部，耐冲击性能好。

活塞销与活塞的配合有全浮式和半浮式两种，如图 2-3-25 所示。全浮式配合时，活塞销与活塞之间存在间隙，活塞销两端用卡环限位。半浮式配合时，活塞销与活塞之间为过盈配合关系，拆装时一般需使用专用工具并有加热需求。半浮式活塞销可以降低发动机噪声并消除卡环可能引起的事故，多用于轻型高速发动机。

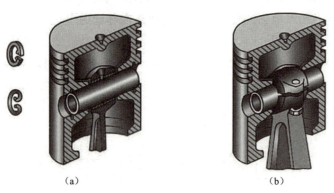

图 2-3-25　活塞销的连接方式

（a）全浮式；（b）半浮式

发动机活塞销座轴线与活塞的中心线垂直相交，当在发动机工作过程中活塞由上止点改变运动方向时，由于侧压力瞬时换向，使活塞与气缸壁的接触面突然由一侧平移至另一侧，如图 2-3-26（a）所示，这样便产生了活塞对气缸壁的敲击，称为活塞敲缸。所以一些高速发动机的活塞销座孔中心线向做功行程中受侧压力较大的一侧偏移 1～2 mm，如图 2-3-26（b）所示。把活塞销偏移布置，可使活塞较为平稳地从压向气缸的一侧过渡到另一侧，而且过渡时刻早于达到最高燃烧压力的时刻，可以减轻活塞的敲缸，减小噪声，以改变发动机工作的平顺性。但这种活塞销偏置结构会使活塞裙部两端的尖角负荷增大，即接触面积小、单位压力大，容易导致油膜破坏，从而加剧这些部位的磨损或变形。

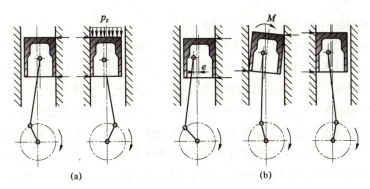

图2-3-26 活塞销偏置时的工作情况
（a）活塞销对中位置；（b）活塞销偏移布置

五、连杆的结构是什么？

连杆的作用是连接活塞和曲轴，并将活塞所受的作用力传递给曲轴，将活塞的往复运动转变为旋转运动。连杆与连杆盖用螺栓紧固为一体，在工作时承受气体压力和往复惯性力所产生的冲击性拉压交变负荷，并且连杆摆动时产生的横向惯性力使连杆承受弯曲交变载荷，因而连杆应有足够的刚度和强度。为了满足上述要求，连杆体和盖一般用45钢、40Cr等中碳钢或中碳合金钢制成，也有少数的用球墨铸铁制造。为了提高强度，通常再进行表面喷丸处理。

连杆的认知

连杆（见图2-3-27）由连杆体、连杆盖、连杆螺栓和连杆轴瓦等零件组成，可分为小头、杆身和大头三部分。

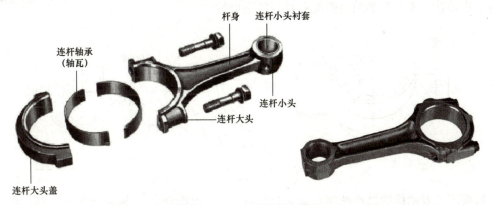

图2-3-27 连杆的组成

① 小头。连杆小头用来安装活塞销，以连接活塞。活塞销为全浮式的连杆小头孔内，压有青铜衬套或铁基粉末冶金衬套。为了润滑活塞销和衬套，小头和衬套上设有集油孔或铣出集油槽用来收集发动机运转时飞溅上来的机油，以便润滑。有的发动机连杆小头采用压力润滑，在连杆杆身内钻有纵向的压力油道。半浮式活塞销与连杆小头是紧配合，所以小头孔内不需要衬套，也不需要润滑。全浮式活塞销与衬套之间是间隙配合，配合精度较

高，是在装配前通过对衬套内孔加工来达到的。

② 杆身。杆身通常做成"工"字形断面，以求在强度和刚度足够的前提下减小质量。

③ 大头。连杆大头与曲轴的连杆轴颈相连，为便于安装，连杆大头一般做成剖分式的，被分开的部分称为连杆盖，用连杆螺栓紧固在连杆大头上。连杆盖与连杆大头是组合加工的，为了防止装配时配对错误，在同一侧刻有配对记号。大头孔表面有很高的光洁度，以便其与连杆轴瓦（或滚动轴承）紧密贴合。连杆大头上还铣有连杆轴瓦的定位凹坑。

连杆轴承上有机油孔，将从曲轴油道输送过来的机油分布在连杆轴承与轴颈之间，并将机油通过连杆体中间的油道输送到活塞销区域。发动机运转时，连杆轴承与曲轴连杆轴颈之间形成一层油膜，即连杆轴承与轴颈之间不是直接接触运行的。如果机油润滑不足，则可能会导致轴承和连杆轴颈磨损，严重时造成发动机咬死。

连杆螺栓是一个经常承受交变载荷的重要零件，一般采用韧性较高的优质合金钢或优质碳素钢锻制或冷镦成型。连杆大头的两部分用连杆螺栓紧固在一起，连杆大头安装时，必须紧固可靠。连杆螺栓必须以原厂规定的拧紧力矩，分2~3次均匀地拧紧。为防止工作时连杆大头自动松动，必须用其他锁紧装置紧固。常采用的锁紧装置有开口销、双螺母、自锁螺母、防松胶等。

现代发动机用连杆轴承（连杆轴瓦或小瓦）是由钢背和减摩层组成的分开式薄壁轴承，如图 2-3-28 所示。钢背由厚 1~3 mm 的低碳钢制成，是轴承的基体，减摩层由浇铸在钢背内圆上厚为 0.3~0.7 mm 的薄层减摩合金制成，减摩合金具有保持油膜、减少摩擦阻力和易于磨合的作用。为适应连杆轴承的工作条件，要求减摩合金有足够的疲劳强度，有良好的抗咬性、顺应性、嵌藏性，有足够的结合强度和良好的耐磨性。

连杆轴承

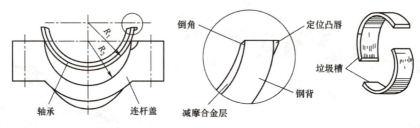

图 2-3-28 连杆轴承

目前汽车发动机的轴承减摩合金主要有白合金（巴氏合金）、铜铅合金和铝基合金，其中巴氏合金轴承的疲劳强度较低，只能用于负荷不大的汽油机，而铜铅合金或高锡铝合金轴承均具有较高的承载能力与耐疲劳性。含锡量在 20% 以上的高锡铝合金轴承，在汽油机和柴油机上均得到广泛应用。

连杆轴承的背面应有很高的光洁度。半个轴承在自由状态下并不是半圆形，即 $R_1 > R_2$。当它们装入连杆大头孔内时，又有过盈，故连杆轴承能均匀地紧贴在大头孔壁上及连杆盖上，具有很好的承受载荷和导热的能力。这样可以提高其工作可靠性和延长使用寿命。为了防止连杆轴承在工作中发生转动或轴向移动，在两个连杆轴承的剖分面上，分别冲压出高于钢背面的两个定位凸唇。装配时，这两个凸唇分别嵌入在连杆大头和连杆盖上的相应凹槽中。连杆轴承内表面上还加工有油槽，用以储油，保证可靠润滑。当薄壁轴承在使用中性能变坏、间隙过大时，应直接更换为新轴承。

六、曲轴的作用是什么？

曲轴飞轮组主要由曲轴、飞轮、扭转减振器、带轮、正时齿轮（或链条）等组成。图 2-3-29 所示为曲轴飞轮组的总体结构。

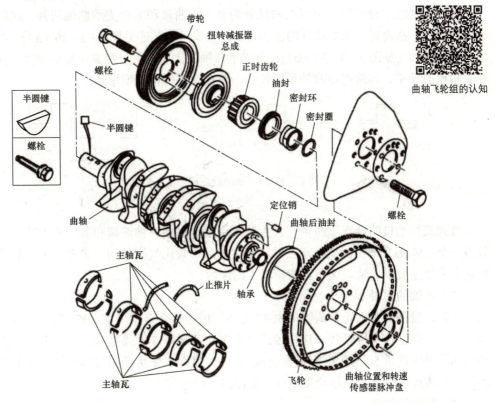

曲轴飞轮组的认知

图 2-3-29　曲轴飞轮组

曲轴是发动机中最重要的部件之一，如图 2-3-30 所示。它安装于气缸体的曲轴箱中，承受连杆传来的力，并将其转变为扭矩向车辆提供动力。曲轴的功用是承受连杆传来的力，并将其转变为转矩，然后通过飞轮输出，另外，还用来驱动发动机的配气机构及其他辅助装置（如发电机、风扇、水泵、转向油泵、平衡轴机构等）。在发动机工作中，曲轴承受周期性变化的气体压力、旋转质量的

图 2-3-30　曲轴外观

离心力和往复惯性力以及它们的力矩的共同作用，承受弯曲与扭转载荷，产生疲劳应力状态。为了保证工作可靠，因此要求曲轴具有足够的刚度和强度，各工作表面要耐磨而且润滑良好，还必须有很高的动平衡要求。

（1）曲轴的结构

曲轴一般由前端（自由端）、主轴颈、曲柄、平衡重、连杆轴颈（曲柄销）和后端（动力输出）组成。一个连杆轴颈和它左右主轴颈组成一个曲拐。曲轴的曲拐数取决于气缸的数目和排列方式。直列式发动机曲轴的曲拐数等于气缸数；V 形发动机曲轴的曲拐数等于气缸数的一半。

曲轴

按照曲轴的主轴颈数，可以把曲轴分为全支承曲轴和非全支承曲轴两种。在相邻的两个曲拐之间，都设置一个主轴颈的曲轴，称为全支承曲轴［见图 2-3-29（a）］，否则称为非全支承曲轴［见图 2-3-31（b）］。全支承曲轴的优点是可以提高曲轴的刚度，并且可减轻主轴承的载荷。其缺点是曲轴长度较长，使发动机机体长度增加。

（a）　　　　　　　　　　　　　　　　（b）

图 2-3-31　曲轴的支承形式示意图
（a）全支承式；（b）非全支承式

直列式发动机的全支承曲轴，其主轴颈总数（包括曲轴前端和后端的主轴颈）比气缸数多一个；V 形发动机的全支承曲轴，其主轴颈总数比气缸数的一半多一个。柴油发动机机也多采用全支承曲轴，这是其载荷较大的缘故。

（2）曲轴的材料

曲轴一般都采用优质中碳钢（如 45 号钢）或中碳合金钢（如 40Cr 等）模锻。为了提高曲轴的耐磨性，其主轴颈和连杆轴颈表面上均需高频淬火或氮化。例如，上海桑塔纳发动机曲轴采用优质 50 号中碳钢模锻而成。有部分发动机采用了高强度的稀土球墨铸铁铸造曲轴，但这种曲轴必须采用全支承以保证刚度。

（3）曲轴的构造

多缸发动机的曲轴一般被做成整体式的。有些曲轴的曲柄销和主轴颈被做成空心的，其目的是减小质量和离心力。主轴颈、曲柄销和轴瓦上都钻有径向油孔，这些油孔由斜向的油道相连。这样机油就可以进入主轴颈和曲柄销的工作表面进行润滑。当曲柄销上的油孔与连杆大头上的油孔对准时，机油可以从中喷出，对配气机构和气缸壁进行飞溅润滑。

平衡重的作用是平衡连杆大头、连杆轴颈和曲柄等产生的离心惯性力及其力矩，有时也平衡活塞连杆组的往复惯性力及其力矩，以使发动机运转平稳，并且还可减小曲轴轴承的负荷。

曲轴前端为了减小扭振而装有减振器，在发动机工作过程中，连杆作用在曲轴上的力呈周期性变化。这样就会使质量较小的曲拐相对于质量较大的飞轮有扭转摆（曲拐转速较飞轮转速忽快忽慢），这就是曲轴的扭转振动。

当这种扭转振动的自振频率与连杆传来的呈周期性变化的激振频率成整数倍关系时，曲轴便会产生共振。这种现象既损失发动机的功率，也会破坏曲轴和装在上面的驱动齿轮、链轮和链条等附件，严重时甚至将曲轴扭断。为消除这种现象，曲轴前端装有扭转减振器。汽车发动机最常用的曲轴扭转减振器是橡胶摩擦式扭转减振器（见图2-3-32）。

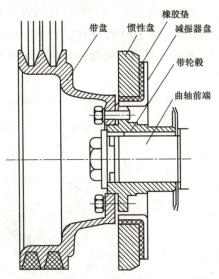

图2-3-32　橡胶摩擦式曲轴扭转减振器结构示意图

橡胶减振器结构简单，工作可靠，可选择获得最大减振效果的固有频率，也可系列化。此外，还有干摩擦式扭转减振器和黏液式减振器。扭转减振器常放在扭转振幅最大的曲轴自由端。为节省空间或传动上的方便，很多小轿车内燃机上常利用带轮作为减振体。在一些高级轿车内燃机上，还采用双重减振器，它是在带轮的外圆柱面和内侧端面分别用橡胶与一个扭转减振体和一个弯曲减振体硫化成整体，它可抑制曲轴的扭转振动和弯曲振动。

七、曲轴有轴承吗？

曲轴的主轴承（又称大瓦）的基本结构与连杆轴承相同。不同之处在于主轴承一般开有周向油槽和主油孔，对于负荷不太大的发动机，为了通用化，上下两片轴瓦都加工有油槽，而有些负荷大的发动机只在上瓦开油槽或油孔，这种瓦上下不能装反。在拆装时，使用过的主轴承不能互换。

主轴承盖通过螺栓与主轴承座相连。为了保证孔形，主轴承盖与主轴承座实行配对加工，为了防止装配错误，在主轴承盖上标有记号。现代发动机为了增大曲轴的支承刚度和气缸体刚度，尤其是铝合金气缸体，将各个主轴承盖制成一体，形成主轴承盖梁，这有利于改善气缸体刚度，并加强了曲轴抗弯强度。

曲轴的轴承有连杆轴承、主轴承与止推轴承三种。连杆轴承支撑和导向连杆的运行，主轴承支撑和导向曲轴旋转，止推轴承用于调整曲轴的轴向间隙。曲轴在运转时摩擦力必须尽可能小，以减少主轴颈与连杆轴颈的磨损。因此，当曲轴旋转时需要在轴颈四周（与轴承内表面之间）形成润滑油膜。另外，油膜还可吸收做功冲程中曲轴转动时所产生的重荷和振动。曲轴必须有足够的间隙供给润滑油。然而，如果间隙过大，润滑油容易从轴承处逸出，导致润滑不足和轴承严重损坏。主轴承与连杆轴承一般都设计有定位唇，组装时轴承的定位唇与轴承盖（轴承安装孔）配合，这样即可确保曲轴旋转时轴承不会移动。

现在的发动机轴承一般都不设计定位唇，它们是靠轴承本身的张力与轴承座压紧配合的，组装时需要确保轴承放置在轴承座的中间位置。止推轴承用于调整曲轴的轴向间隙，既要确保曲轴的旋转自由，又要防止曲轴轴向移动。止推轴承与曲轴之间的间隙正确与否将直接影响到它们的寿命长短。

安装止推轴承时，需要确保轴承的油槽朝向外侧。曲轴轴承的结构如图2-3-33所示。

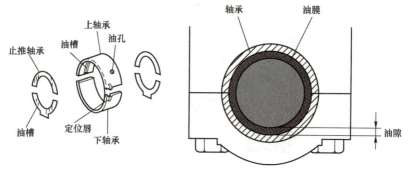

图2-3-33 曲轴轴承

车辆行驶时，离合器接合与分离，及锥齿轮驱动，车辆在上、下坡行驶或突然加速、减速都会产生轴向力，使曲轴有轴向窜动的趋势，因此曲轴必须有轴向定位，以保证曲柄连杆机构的正常工作，但也应允许曲轴受热后能自由膨胀。曲轴作为转动件，必须与其固定件之间有一定的轴向间隙。曲轴轴向定位是通过止推装置实现的，只能有一处设置轴向定位装置。

八、飞轮为什么很重?

飞轮安装在曲轴后端法兰上，是一个转动惯量很大的圆盘，其主要功用是将在做功冲程中输入于曲轴的动能的一部分储存起来，用以在其他行程中克服阻力，带动曲柄连杆机构越过上、下止点，保证曲轴的旋转角速度和输出转矩尽可能均匀，并使发动机有可能克服短时间的超载荷。此外，飞轮又往往用作摩擦式离合器的驱动件。

飞轮

为了在保证有足够的转动惯量的前提下，尽可能减小飞轮的质量，应使飞轮的大部分质量都集中在轮缘上，因而轮缘通常做得宽而厚。

飞轮多采用灰铸铁制造，当轮缘的圆周速度超过50 m/s时，要采用强度较高的球墨铸铁或铸钢制造。飞轮上还装有齿圈，以备起动机驱动并起动发动机。在自动变速器车辆上，飞轮与液力变矩器直接连接，它将曲轴的能量传递给变矩器。在手动变速器车辆上，飞轮也是发动机动力输出的摩擦部件，它为离合器盖提供了安装面，也为离合器从动盘提供了均匀的摩擦工作面。离合器结合后，飞轮将动力通过摩擦的效果传递给离合器总成。

九、曲拐布置是怎样的?

曲轴的形状和各曲拐的相对位置取决于缸数、气缸排列方式和发火次序。在安排多缸发动机的发火次序时，应使连续做功的两缸相距尽可能远，以减轻主轴承的载荷，同时避免可能发生的进气重叠现象（即相邻两缸进气门同时开启）以免影响充气；发火间隔应力求均匀，在发动机完成一个工作循环的曲轴转角内，每个气缸应做功一次，而且各缸发火的间隔角（以曲轴转角表示，称为发火间隔角）应力求均匀。对缸数为 i 的四冲程发动机而言，发火间角为 $720°/i$ 时，即曲轴每转 $720°/i$，就应有一缸做功，以保证发动机运转平稳。常用的多缸发动机曲拐布置和发火次序如下：四冲程直列四缸发动机发火次序——发火间隔角应 $720°/4＝180°$。发火次序为 1－3－4－2，它们的工作循环如表 2－3－7 所示。

表 2－3－7 四缸发动机点火顺序

曲轴转角/(°)	第一缸	第二缸	第三缸	第四缸
0~180	做功	排气	压缩	进气
180~360	排气	进气	做功	压缩
360~540	进气	压缩	排气	做功
540~720	压缩	做功	进气	排气

四冲程直列六缸发动机发火次序——发火间隔角应为 $720°/6＝120°$。六个曲拐分别布置在三个平面内，各平面夹角为 120%曲拐的发火次序有两种方案：一种发火次序是 1－5－3－6－2－4，这种方案应用较普遍，它们的工作循环如表 2－3－8 所示。

表 2－3－8 直列六缸发动机点火顺序

曲轴转角/(°)		第一缸	第二缸	第三缸	第四缸	第五缸	第六缸
0~180	0~60		排气	进气	做功	压缩	进气
	60~120	做功					
	120~180			压缩	排气		
180~360	180~240		进气			做功	
	240~300	排气					压缩
	300~360			做功	进气		
360~540	360~420		压缩			排气	
	420~480	进气					做功
	480~540			排气	压缩		
540~720	540~600		做功			进气	
	600~660	压缩					排气
	660~720		排气	进气	做功	压缩	

 技能链接

1. 进入 VR 汽车教育实训平台，完成活塞连杆组的拆装。

VR 操作说明	
（1）登录 VR 汽车教育实训平台； （2）按操作提示完成活塞连杆组的拆装	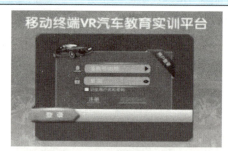

2. 实践操作视频资源

气缸盖拆卸

气缸盖安装

活塞环拆卸

活塞环安装

活塞连杆组拆卸

活塞连杆组安装

曲轴拆卸

曲轴安装

飞轮拆卸

飞轮安装

24ʰ 任务评价

一、判断题

1. 柴油机一般采用干式缸套。　　　　　　　　　　　　　（　　）

2. 当湿式缸套装入气缸体时，一般缸套顶面应与气缸体上面平齐。　　　　（　　）

3. 在柴油机的气缸盖上，除设有进排气门座外，还设有火花塞座孔。　　　　（　　）

4. 有正反面的气缸垫在安装时应把光滑的一面朝向气缸盖。　　　　　　　　（　　）

5. 为了使铝合金活塞在工作状态下接近一个圆柱形，冷态下必须把它做成上大下小的截锥体。　　　　　　　　　　　　　　　　　　　　　　　　　　　　　　（　　）

6. 活塞环在自然状态下是一个封闭的圆环形。　　　　　　　　　　　　　（　　）

7. 扭曲环是在矩形环的基础上，内圈上边缘切槽或外圈下边缘切槽，不能装反。
　　　　　　　　　　　　　　　　　　　　　　　　　　　　　　　　　（　　）

8. 按 1−5−3−6−2−4 顺序工作的发动机，当一缸压缩到上止点时，五缸处于进气行程中。　　　　　　　　　　　　　　　　　　　　　　　　　　　　　　（　　）

二、选择题

1. 曲柄连杆机构工作条件的特点是（　　）。

　　A. 高温　　　　　　　B. 高压　　　　　　　C. 高速　　　　　　　D. 化学腐蚀

2. 曲柄连杆机构在运动过程中受（　　）的作用。

　　A. 气体作用力　　　　　　　　　　　B. 摩擦力

　　C. 运动质量惯性力　　　　　　　　　D. 离心力

3. 与发动机发火次序有关的是（　　）。

　　A. 曲轴旋向　　　　　　　　　　　　B. 曲拐的布置

　　C. 曲轴的支承形式　　　　　　　　　D. A、B、C

4. 在做功冲程时，面对发动机，气缸的（　　）磨损严重。

　　A. 左侧　　　　　　　B. 右侧　　　　　　　C. 前部　　　　　　　D. 后部

5. 在压缩冲程时，面对发动机，气缸的（　　）磨损严重。

　　A. 左侧　　　　　　　B. 右侧　　　　　　　C. 前部　　　　　　　D. 后部

6. 在将气缸盖用螺栓固定在气缸体上，拧紧螺栓时，应采取下列方法（　　）。

　　A. 由中央对称地向四周分几次拧紧　　　B. 由中央对称地向四周分一次拧紧

　　C. 由四周向中央分几次拧紧　　　　　　D. 由四周向中央分一次拧紧

7. 对于铝合金气缸盖，为了保证它的密封性能，在装配时，必须在（　　）状态下拧紧。

　　A. 热状态　　　　　　B. 冷状态　　　　　　C. A，B 均可　　　　　D. A，B 均不可

8. 一般柴油机活塞顶部多采用（　　）。

　　A. 平顶　　　　　　　B. 凹顶　　　　　　　C. 凸顶　　　　　　　D. A，B，C 均可

9. 为了保证活塞能正常工作，冷态下常将其沿径向做成（　　）的椭圆形。

　　A. 长轴在活塞销方向　　　　　　　　B. 长轴垂直于活塞销方向

　　C. A，B 均可　　　　　　　　　　　D. A，B 均不可

10. 在装配开有 Ⅱ 形或 T 形槽的活塞时，应将纵槽位于从发动机前面向后看的（　　）。

　　A. 左面　　　　　　　B. 右面　　　　　　　C. 前面　　　　　　　D. 后面

11. 在负荷较高的柴油机上，第一环常采用（　　）。

    A. 矩形环　　　　　B. 扭曲环　　　　　C. 锥面环　　　　　D. 梯形环

12. V 形发动机曲轴的曲拐数等于（　　）。

    A. 气缸数　　　　　　　　　　　B. 气缸数的一半

    C. 气缸数的一半加 1　　　　　　D. 气缸数加 1

13. 直列式发动机的全支承曲轴的主轴径数等于（　　）。

    A. 气缸数　　　　　　　　　　　B. 气缸数的一半

    C. 气缸数的一半加 1　　　　　　D. 气缸数加 1

14. 按 1-2-4-3 顺序工作的发动机，当一缸压缩到上止点时，二缸活塞处于（　　）冲程结束的下止点位置。

    A. 进气　　　　　　B. 压缩　　　　　　C. 做功　　　　　　D. 排气

15. 四冲程六缸发动机曲轴各曲拐之间的夹角是（　　）。

    A. 60°　　　　　　B. 90°　　　　　　C. 120°　　　　　　D. 180°

三、简答题

1. 曲柄连杆机构的组成及功用是什么？

2. 什么是干式缸套？什么是湿式缸套？湿式缸套如何防止漏水？

3. 曲轴箱有几种结构形式？各有何特点？

4. 气缸盖的拆装应注意什么？

5. 气缸垫有何功用？安装气缸垫时应注意什么？

6. 活塞的拆装应注意什么？

7. 活塞销与活塞销座孔和连杆小头衬套的连接方式有几种？

8. 曲轴扭转减振器的作用是什么？

9. 如何检查和调整曲轴的轴向间隙？

 任务拓展

平衡轴

    现代轿车特别重视乘坐的舒适性和噪声水平，为此必须将引起汽车振动和噪声的发动机不平衡力及不平衡力矩减小到最低限度。在曲轴的曲柄臂上设置的平衡重只能平衡旋转惯性力及其力矩，而往复惯性力及其力矩的平衡则需采用专门的平衡机构。图 2-3-34 所示为两根平衡轴一高一低在气缸中心线左右等距布置，上方的平衡轴与曲轴旋转方向相同，下方的平衡轴与曲轴旋向相反，上下平衡轴的垂直距离等于连杆长度的 70%。这种平衡机构可以显著地降低由二阶往复惯性力和气体力所造成的振动和噪声。

    四冲程直列三缸发动机的曲轴为 3 个曲拐互成 120° 夹角的空间曲轴，其一阶和二阶往复惯性力矩不平衡。可采用单轴平衡机构（见图 2-3-35）使一阶往复惯性力矩平衡。

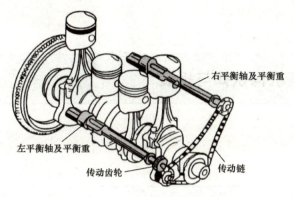

图2-3-34　链传动双轴平衡机构

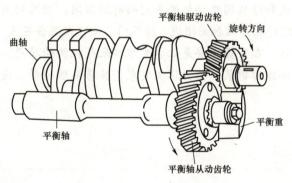

图2-3-35　单轴平衡机构

平衡轴与曲轴转速相同，旋向相反。二级往复惯性力矩没有平衡，可通过合理设计发动机悬置系统将其产生的振动吸收。为了保证平衡效果，安装在曲轴上的平衡轴驱动齿轮和安装在平衡轴上的从动齿轮均刻有对正记号，装配平衡轴时，必须将对正记号对齐。

任务 2.4 配气机构认知与拆装

 任务描述

　　配气机构的组成和结构因发动机的不同而有所不同，但其功用是按照发动机各缸工作过程的需要，定时地开启和关闭进、排气门，使可燃混合气或空气及时进入气缸，将废气及时排出气缸。本任务主要是让学生掌握配气机构的功用、分类、组成和工作原理，学会主要零部件的拆装。根据环保要求，妥善处理辅料、废弃液体和损坏的零部件。

 任务目标

1. 能掌握配气机构的组成及各部分的作用；
2. 能分析配气相位；
3. 能依据维修手册的技术标准完成配气机构的拆装。

 任务实施

教学目标	教学活动	内容及要求	
知识	活动1	 1 5 6 7 活塞 曲轴 2 3 4 曲轴平衡块	（1）配气机构的作用是什么？ （2）左图中编号的名称是什么？

续表

教学目标	教学活动	内容及要求	
知识	活动2	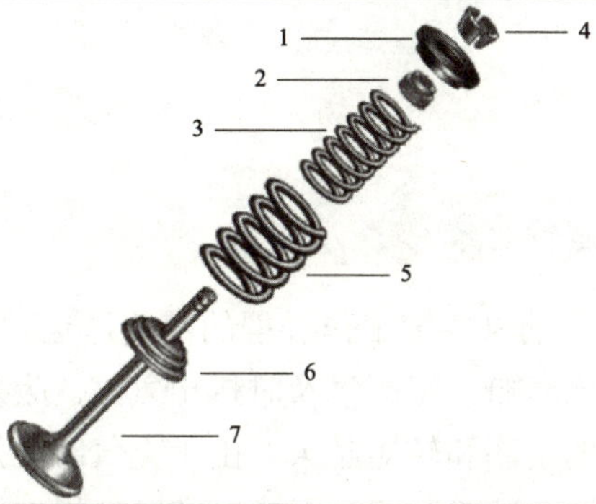	（1）气门的作用是什么？ （2）左图中编号的名称是什么？
	活动3	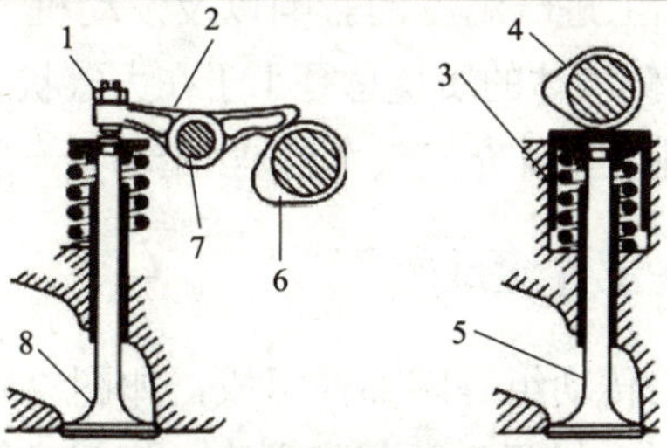	（1）气门传动组的作用是什么？ （2）左图中的字母表示什么？
	活动4	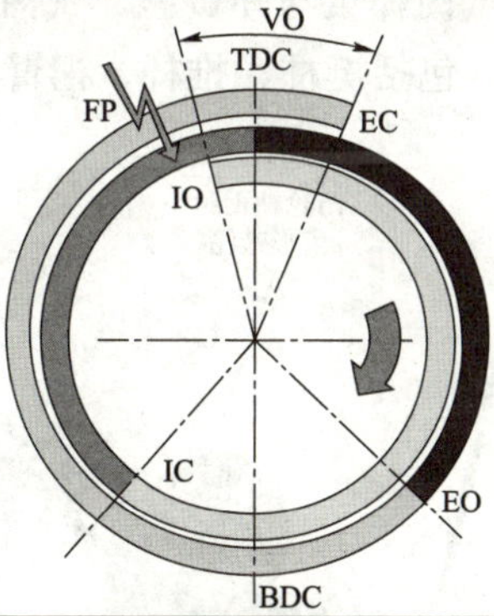	（1）什么是配气相位？ （2）左图中的字母表示什么？
能力	活动5	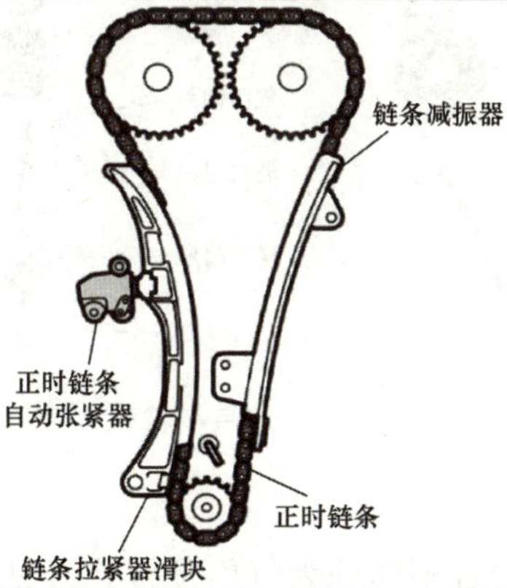	（1）依据维修手册的技术要求，完成正时链条的拆装。 （2）查找维修手册，记录与操作相关的操作要点和技术参数
素质	活动6	可变配气正时控制系统对发动机的性能有何影响？	

任务学习

◎ 知识链接

一、配气机构的作用是什么？

配气机构的功用是按照发动机各缸工作过程的需要，定时地开启和关闭进、排气门，使可燃混合气或空气及时进入气缸，将废气及时排出气缸。吸入的可燃混合气或空气越多，发动机发出的功率和转矩越大。由于充气时间短促，且进气系统对气流有一定阻力，再加上进气温度的影响以及发动机气缸与燃烧室的结构影响，实际充入气缸的新鲜气体的质量总是小于在大气状态下充满气缸工作容积的新鲜气体的质量。也就是说，充气效率总是小于1，一般为0.80～0.90。

配气机构

二、配气机构是由哪些部件组成的？

配气机构由气门组、气门传动组等零部件组成，如图2-4-1所示。气门组由气门、气门座、气门导管与气门油封、气门弹簧与弹簧座、气门弹簧锁片等组成。气门传动组的主要机件有凸轮轴及其驱动装置，包括挺柱、推杆、摇臂及摇臂轴等。

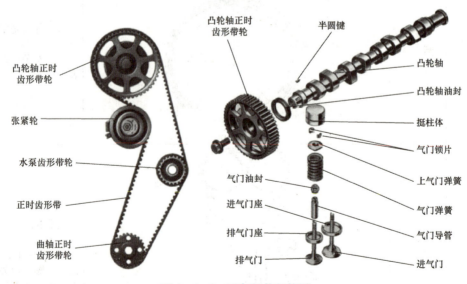

图2-4-1　配气机构机构图

配气机构的类型：

① 配气机构按气门安装位置不同分为气门顶置式（见图2-4-2）、气门侧置式（见图2-4-3）。

图2-4-2　气门顶置式　　　　图2-4-3　气门侧置式

② 配气机构按凸轮轴安装位置不同分为凸轮轴下置式（见图2-4-4）、凸轮轴中置式（见图2-4-5）、凸轮轴上置式（见图2-4-6）。

图2-4-4　凸轮轴下置式　　图2-4-5　凸轮轴中置式　　图2-4-6　凸轮轴上置式

③ 配气机构按曲轴和凸轮轴的传动方式不同分为齿轮传动（见图2-4-7）、链条传动（见图2-4-8）、齿带传动（见图2-4-9）。

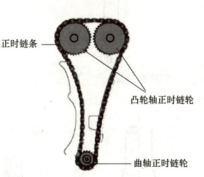
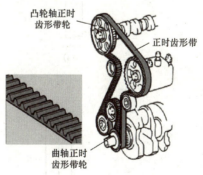

图2-4-7　齿轮传动　　　　图2-4-8　链条传动　　　　图2-4-9　齿带传动

三、气门组的结构是怎样的？

气门组由气门、气门座、气门导管与气门油封、气门弹簧与弹簧座、气门弹簧锁片等组成。气门组结构如图2-4-10所示。

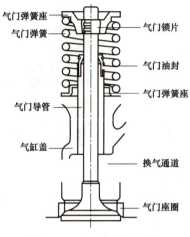

气门弹簧座　气门锁片　气门油封　气门弹簧座　气门导管　气缸盖　换气通道　气门座圈　气门弹簧

图 2-4-10　气门组结构

气门组的认知

（1）气门

气门（见图 2-4-11）头部是一个具有圆锥斜面的圆盘，气门锥角一般为 45°，也有 30°的，气门头边缘应保持一定厚度，一般为 1~3 mm，用以防止在工作中被冲击损坏和被高温烧蚀。气门密封锥面与气门座配对研磨。气门头顶部形状（见图 2-4-12）有平顶、球面顶和喇叭形顶等。

平顶：结构简单，制造方便，吸热面积小，质量小，进、排气门均可采用。

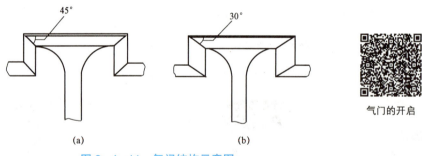

45°　　　　30°

（a）　　　　　　　（b）

气门的开启

图 2-4-11　气门结构示意图

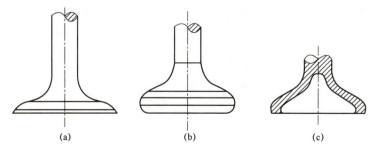

（a）　　　（b）　　　（c）

图 2-4-12　气门头顶部形状示意图

（a）平顶；（b）球面顶；（c）喇叭形顶

球面顶：适用于排气门，强度大，排气阻力小，废气的清除效果好，但受热面积大，质量和惯性力大，加工较复杂。

喇叭形顶：适用于进气门，进气阻力小，但受热面积大。

对于两气门或者四气门发动机，进气门一般设计得比排气门大，以保证进气量的充足（见图 2-4-13）。而对于三气门或者五气门发动机，进气门的数量比排气门多，同样是为了增加进气量。

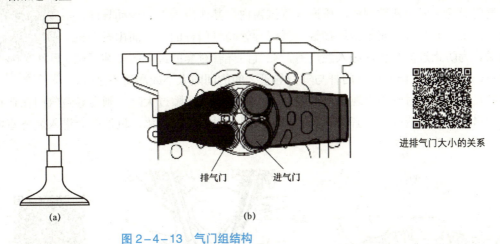

(a)　　　　(b)

排气门　　　进气门

进排气门大小的关系

图 2-4-13　气门组结构

在发动机工作过程中，气门需经受极度高温。虽然进气门受到流入气缸的新鲜气体的冷却，但它的温度仍高达 500 ℃。排气门因正处于炽热燃烧气体的通道上，温度能高达 800 ℃（气门头处）。由于排气门温度太高，故通常会在排气门内填充钠。发动机运行时钠填充物会熔化。移动的熔化物质能将热从气门头带到气门杆，从而传给气缸盖。这可将气门头处的温度降低 100 ℃左右。由于气门会受到极大的机械应力，所以在气门锥面和气门杆的末端镀有高强度合金。气门杆末端的锁止槽能夹住支撑气门弹簧座的气门锁止器。

（2）气门座

气门座是压嵌入气缸盖的。当气门关闭时，气门工作面与气门座紧密地接触（见图 2-4-14），使燃烧室保持气密。气门座也将热量从气门传到气缸盖，使气门冷却。由于气门座暴露在高温燃烧气体中，而且连续重复地与气门接触，所以制造气门座的材料必

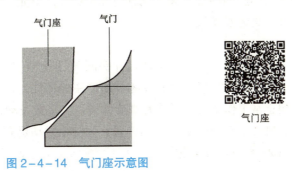

气门座　　气门

气门座

图 2-4-14　气门座示意图

须具有极好的耐高温和耐磨损性能。气门座磨损，可用硬质合金刀具研磨或更换。有些发动机上气门座与气缸盖成为一体，这种类型的气门座无法单独更换。通常，气门座做成像45°的锥面，以便与气门工作面配合。

气门座接触面宽度一般应为1.5～2.0 mm。气门座的接触面越宽，冷却效果越明显，但容易产生积碳，使气密性降低。相反，气门座接触面越窄，冷却效果越差，但积碳可能性越小。

（3）气门导管和气门油封

气门导管一般由铸铁制成，压嵌入气缸盖内。其作用为气门运动导向，以使气门工作面与气门座紧密地接触。气门导管与气门杆的接触面由发动机油润滑。为防止过多的机油进入燃烧室，在气门导管衬套的最上端安装了橡胶油封（见图2-4-15）。当气门杆与气门导管之间的间隙太小或润滑不足时，气门杆在气门导管衬套中出现不平衡运动或发涩。当此间隙过大时，则会导致气门在运行过程中出现偏摆而造成气门密封不严。如果气门油封破损或硬化，机油就会进入燃烧室内燃烧，使机油消耗增加。

气门间隙的认知

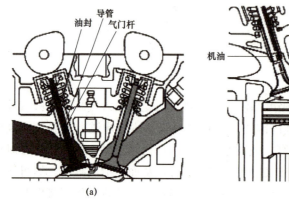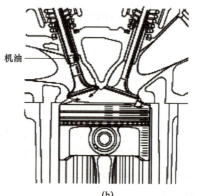
气门油封

图2-4-15 气门导管和油封

（4）气门弹簧锁片

气门弹簧锁片（见图2-4-16）的作用是将气门与弹簧座互相固定。气门弹簧锁片有非夹紧式和夹紧式两种。非夹紧式气门弹簧锁片：锁片与气门杆间有间隙，从而允许气门做旋转运动，以保证气门座的清洁。夹紧式气门弹簧锁片：不允许气门做旋转运动，此类锁片的固定方式适合于高速发动机。

（5）气门弹簧

气门弹簧的作用是使气门自动回位关闭，并保证气门与气门座的座合压力；另外，还用于吸收气门在开启和关闭过程中各种传动零件所产生的惯性力，以防止各种传动件彼此分离而破坏配气机构正常工作。气门弹簧是螺旋弹簧，大多数发动机的每个气门用1个气门弹簧，但有的发动机每个气门用2个气门弹簧。为防止发动机高速运转时气门振动，用不等节距弹簧（见图2-4-17）或双弹簧。

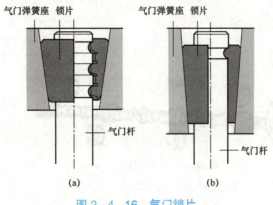

图2-4-16 气门锁片

（a）非夹紧式；（b）夹紧式

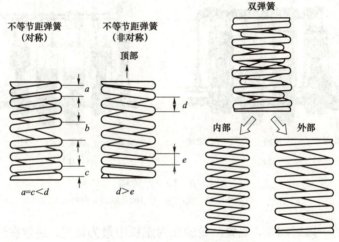

图2-4-17 气门弹簧

气门弹簧有固有频率，当气门的开关频率与其固有频率一致时，则发生波浪形振动，导致凸轮轴不能正常运转。此时发动机会出现不正常噪声，造成气门弹簧的损坏和气门与活塞之间的干扰。

四、凸轮轴有什么作用？

凸轮轴（见图2-4-18）用于操纵气门的打开或关闭，它由曲轴通过正时链条或正时皮带驱动，并以曲轴一半的速度转动。凸轮轴或者用钢锻造而成，或者用黑色回火铸铁或球墨铸铁制成。凸轮的形状决定气门启闭时间的长短、启闭程度的大小和启闭速度的快慢。凸轮的形状对发动机的工作特性有重要影响。

按凸轮轴和气门的相互安装位置不同，发动机配气机构（见图2-4-19）主要有两种形式：底置凸轮轴（OHV）式和顶置凸轮轴（OHC）式。顶置凸轮轴式配气机构按凸轮轴的数量不同又可分为双顶置凸轮轴（DOHC）式和单顶置凸轮轴（SOHC）式两种。

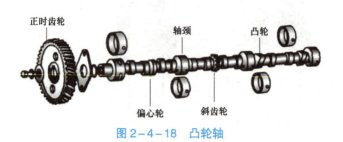

图 2-4-18 凸轮轴

凸轮轴的认知

凸轮的升程

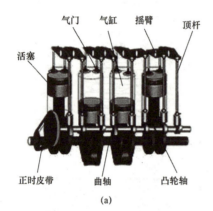

(a)

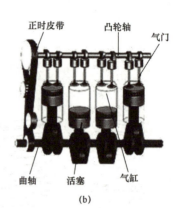

(b)

顶置凸轮轴

图 2-4-19 凸轮轴

（a）OHV（底置凸轮轴）式；（b）SOHC（单顶置凸轮轴）式

在以前很长的一段时间里，底置凸轮轴在内燃机中最为常见。通常在这样的发动机中，气门位于发动机凸轮轴的底部，即所谓的 OHV 式发动机（见图 2-4-20）。此种凸轮轴通

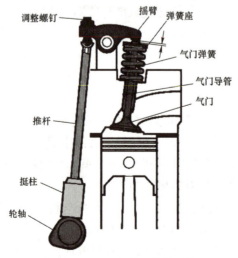

凸轮轴

图 2-4-20 底置凸轮轴结构

常位于曲轴箱的侧面，通过配气机构（如挺杆、推杆、摇臂等）对气门进行控制。因此底置凸轮轴一般也叫侧置式凸轮轴。由于在这样的发动机中凸轮轴距离气门较远，而且每个气缸通常只有两个气门，因此转速通常较慢，平顺性不佳，输出功率也比较低。不过这种结构的发动机输出扭矩和低速性能比较出色，结构也比较简单，易于维修。

大多数车的发动机配备的是顶置凸轮轴。顶置凸轮轴结构使凸轮轴更加接近气门，减少了底置凸轮轴由于凸轮轴和气门之间较大的距离而造成的往返动能的浪费。顶置凸轮轴式发动机由于气门开闭动作比较迅速，因而转速更高，运行的平稳度也比较好。较早出现的顶置凸轮轴式发动机是 SOHC 式发动机。这种发动机在顶部只安装了一根凸轮轴，因此一般每个气缸只有两到三个气门（进气门一到两个，排气门一个），高速性能受到了限制。而技术更新一些的则是 DOHC 式发动机，这种发动机由于配备了两根凸轮轴，每个气缸可以安装 4～5 个气门（进气门 2～3 个，排气门 2 个），高速性能得到了显著的提升，不过与此同时低速性能会受到一定的影响，结构也会变得复杂，不易维修。

五、气门挺柱有什么作用？

挺柱的功用是将凸轮的推力传给推杆或气门，并承受凸轮轴旋转时所施加的侧向力。气门顶置式配气机构的挺柱一般制成筒式（见图 2-4-21（a）），以减轻质量。图 2-4-21（b）所示为滚轮式挺柱，其优点是可以减小摩擦所造成的对挺柱的侧向力。这种挺柱结构复杂，重量较大，一般多用于大缸径柴油机上。挺柱常用镍铬合金铸铁或冷激合金铸铁制造。其摩擦表面应经热处理后精磨。有的发动机的挺柱直接装在气缸体上相应处镗出的导向孔中，也有的发动机的挺柱装在可拆式的挺柱导向体中。

发动机在工作时，由于热膨胀造成的气门关闭不严的问题用预留气门间隙的方法来解决。气门间隙（图 2-4-22）是指气门完全关闭时，气门杆尾端与摇臂或挺柱之间的间隙。作用是给热膨胀留有余地，保证气门密封。

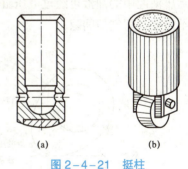

(a)　　　　　　(b)

图 2-4-21　挺柱
(a) 筒式；(b) 滚轮式

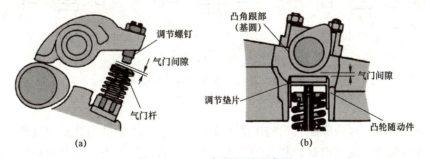

(a)　　　　　　(b)

图 2-4-22　气门间隙示意图

有气门间隙的配气机构，解决了材料热膨胀对气门工作的影响，但在发动机工作时发生撞击而产生噪声。为了解决这一问题，有些发动机采用了液力挺柱。其结构特点是采用倒置的液力挺柱，直接推动气门的开启；挺柱体是由上盖和圆筒，经加工后再用激光焊接成一体的薄壁零件；单向阀采用钢球、弹簧式结构。

液压挺柱的工作原理如图 2-4-23 所示。如图 2-4-23（a）所示，在气门打开的过程中，当凸轮转动、挺柱体和柱塞向下移动时，高压油腔中的润滑油被压缩，油压升高，加上补偿弹簧的作用，使球阀紧压在柱塞的下端阀座上，这时高压油腔与低压油腔被分隔开。由于液体具有不可压缩性，故整个挺柱如同一个刚体一样下移而推开气门，并保证了气门应到达的升程。此时，挺柱环形油槽已离开进油的位置，停止进油。

在气门的关闭过程中，如图 2-4-23（b）所示，当挺柱到达下止点开始上行时，在气门弹簧上顶和凸轮下压的作用下，高压油腔陆续封闭，球阀也不会打开，液压挺柱仍可认为是一个刚性挺柱，直至上升到凸轮处于基圆，使气门关闭时为止。

液力挺柱

气门关闭以后，如图 2-4-23（c）所示。此时，气缸盖主油道中的润滑油经量油孔、挺柱环形油槽进入挺柱的低压油腔，同时高压油腔内油压下降，补偿弹簧推动柱塞上行。从低压油腔来的润滑油推开球阀而进入高压油腔，使两腔连通并充满润滑油。这时，挺柱顶面仍和凸轮紧密贴合。在气门受热膨胀时，柱塞和液压缸做轴向相对运动，高压油腔中的油液可经过液压缸与柱塞间的缝隙挤入低压油腔。因此，使用液压挺柱时，不需要预留气门间隙。

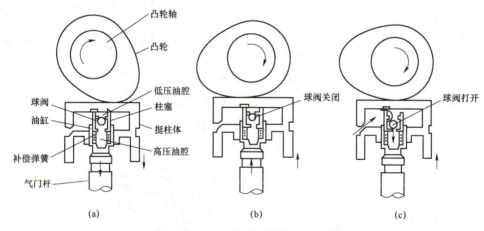

图2-4-23　液压挺柱的工作原理
（a）气门打开过程；（b）气门关闭过程；（c）气门关闭以后

采用液力挺柱，可消除配气机构中的间隙，减小各零件的冲击载荷和噪声，同时凸轮轮廓可设计得陡些，使气门开启和关闭更快，以减小进排气阻力，改善发动机的换气，提高发动机的性能，特别是高速性能。液压挺柱经长时间使用磨损后，无法进行调整或修理，只能更换。

六、配气机构的传动是怎样的?

发动机工作时,曲轴正时齿轮通过正时链条(见图2-4-24(a))和正时皮带(见图2-4-24(b))驱动凸轮轴正时齿轮旋转。四冲程发动机每完成一个工作循环,曲轴旋转两周,凸轮轴只旋转一周。各缸的进、排气门各开启一次,因此,曲轴与凸轮轴的转速之比为2∶1。

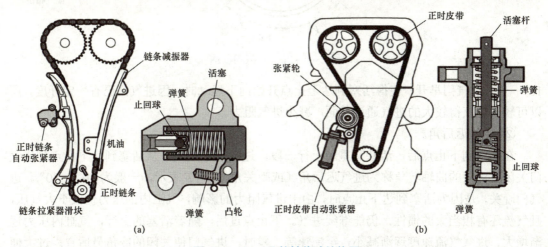

图2-4-24　凸轮轴传动结构图
(a)正时链条传动;(b)正时皮带传动

七、什么是配气相位?

配气相位就是用曲轴转角表示进、排气门的实际开启时刻和开启持续时间。在四冲程发动机的简单工作循环中,为了方便,曾把进、排气过程都看作是在活塞的一个冲程内(即曲轴转180°内)完成的,即气门开关时刻是在活塞的上下止点处,但实际情况并非如此。由于发动机转速很高,一个冲程的时间极短,如四冲程发动机转速为3 000 r/min 时,一个冲程时间只有0.01 s,再加上用凸轮驱动气门开启需要一个过程,气门全开的时间就更短了,这样短的时间难以做到进气充分、排气彻底。为了改善换气过程,提高发动机性能,实际中发动机的气门开启和关闭并不恰好在活塞的上下止点,而是适当地提前和迟后,以延长进排气时间。也就是说,气门开启和关闭过程中曲轴转角都大于180%用曲轴转角表示的进、排气门开闭时刻和开启持续时间,称为配气相位。配气相位的各个角度可用配气相位图表示(见图2-4-25)。

(1)进气门的配气相位

① 进气提前角。

在排气冲程接近终了,活塞到达上止点之前,进气门便开始开启。从进气门开始开启到活塞到达上止点间所对应的曲轴转角称为进气提前角(或早开角),用 α 表示。α 一般为

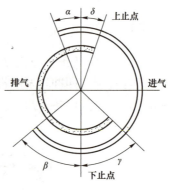

配气相位

图 2-4-25　配气相位图

10°～30° 进气门早开，使得活塞到达上止点开始向下运动时，因进气门已有一定开度，所以可较快地获得较大的进气通道截面，减少进气阻力。

② 进气迟后角。

在活塞到下止点后，活塞又重新上行一段，进气门才关闭。从活塞到达下止点到进气门关闭所对应的曲轴转角称为进气迟后角（或晚关角），用 β 表示，一般为 40°～80°。进气门晚关，是因为活塞到达下止点时，由于进气阻力的影响，气缸内的压力仍低于大气压，且气流还有相当大的惯性，仍能继续进气。下止点过后，随着活塞的上行，气缸内压力逐渐增大，进气气流速度逐渐减小，至流速等于零时，进气门便关闭的冷角最适宜。过大便会将进入气缸内的气体重新压回进气管。由此可见，进气门开启持续时间内的曲轴转角，即进气持续角为 $\alpha + 180° + \beta$。

（2）排气门的配气相位

① 排气提前角。

在做功冲程的后期，活塞到达下止点前，排气门便开始开启。从排气门开始开启到活塞到达下止点所对应的曲轴转角称为排气提前角（或早开角），用 γ 表示，一般为 40°～80°。

排气门恰当地早开，气缸内还有 300～500 kPa 的压力，做功作用已经不大，可利用此压力使气缸内的废气迅速地自由排出，等活塞到达下止点时，气缸内只剩 110～120 kPa 的压力，使排气冲程所消耗的功率大为减小。此外，高温废气的早排，还可以防止发动机过热。但角若过大，则将得不偿失。

② 排气迟后角。

在活塞越过上止点后，排气门才关闭。从活塞到达上止点到排气门关闭所对应的曲轴转角称为排气迟后角（或晚关角），用 δ 表示，一般为 10°～30°。由于活塞到达上止点时，气缸内的压力仍高于大气压，且废气气流有一定的惯性，因此排气门适当晚关可使废气排得较干净。由此可见，排气门开启持续时间内的曲轴转角，即排气持续角为 $180° + \gamma + \delta$。

由于进气门关闭时，活塞上行距下止点已较远，其速度已相当大，因而进气迟后角的变化对气缸内的容积及充气量的影响较大。所以，在配气相位的四个角中，进气迟后角的大小对发动机性能的影响最大。

（3）气门的叠开

由于进气门早开和排气门晚关，就出现了一段进排气门同时开启的现象，称为气门叠开。进、排气门同时开启的角度，即进气门早开角与排气门晚关角的和（$\alpha + \delta$），称为气门叠开角。

由于气门叠开时开度较小，且新鲜气体和废气流的惯性要保持原来的流动方向，因此只要叠开角适当，就不会产生废气倒排回进气管和新鲜气体随废气排出的问题。发动机的结构不同、转速不同，配气相位也就不同。有些增压柴油机的配气相位，其叠开角度较一般柴油机要大得多。这是因为进气压力高，一方面不会发生废气倒流进入进气管的现象，另一方面除可使充气量更大外，新鲜空气可将气缸内的废气扫除干净。虽有一部分新鲜空气会从排气门排出，但并不消耗燃油。同一台发动机转速不同也应有不同的配气相位，转速越高，提前角和迟后角也应越大，然而这在结构上很难满足。现在都是按发动机的性能要求，通过试验来确定某一常用转速下较合适的配气相位，自然它也只能对这一转速最为有利。

随着电子技术的发展，一些可变配气相位和可变气门升程的控制机构已在轿车发动机上得到应用。

八、什么是可变气门正时?

发动机进气和排气时间太短，为了能延长进、排气时间，气门需要提前开启和延迟关闭。所谓配气正时，可以简单地理解为气门开启和关闭的时刻。为了安装的方便，在曲轴皮带轮和凸轮轴皮带轮等处有正时记号。

可变配气正时控制系统（见图 2-4-26）主要包括 VVT 控制器、机油压力控制阀等元件。该系统通过机油压力调节凸轮轴的转角，从而实现气门正时的变化。

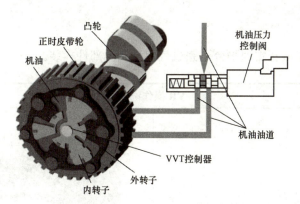

图 2-4-26　可变配气正时控制系统

可变配气正时控制系统可以采用正时皮带或正时链条驱动凸轮轴。可变配气正时控制系统类型很多，有的只能调节进气凸轮的角度，有些能同时调节进气和排气凸轮轴的角度。可变正时系统不仅可以使燃油经济性得到改善、废气排放量减少，还可以代替废气再循环系统。

丰田可变配气正时系统（见图2-4-27）简称VVT-i。

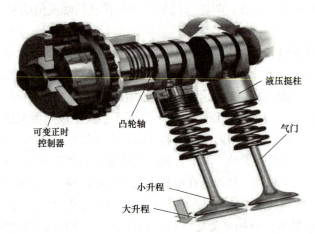

图2-4-27 丰田可变配气正时系统

随着技术发展，可变配气正时逐渐代替固定不变的配气正时。可变配气正时系统在低转速时，让进气门打开的提前量小，以避免吸入废气；在高转速时，让进气门打开的提前量大，以增大进气量。

有些可变配气正时系统，不仅能调节凸轮轴的转动角度，还可以调节气门的打开程度，即调节气门的升程。这种系统除了有可变配气正时控制器以外，还在凸轮轴上设有两组不同夹角和升程的凸轮，发动机电控单元根据转速，利用油压使不同的凸轮驱动气门，从而实现气门升程的变化。

 技能链接

1. 进入 VR 汽车教育实训平台，完成气门传动组部件拆装。

VR 操作说明	
（1）登录 VR 汽车教育实训平台； （2）按操作提示完成气门传动组部件拆装。	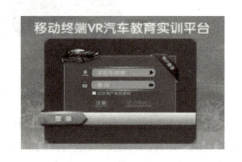

续表

VR 操作说明
 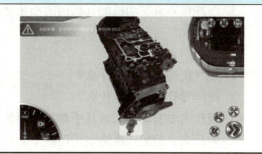

2. 实践操作视频资源

凸轮轴拆卸　　　　　　凸轮轴安装　　　　　　气门组拆卸　　　　　　气门组安装

 任务评价

一、判断题

1. 气门组由气门、气门座、气门导管与气门油封、气门弹簧与弹簧座、气门弹簧锁片等组成。　　　　　　　　　　　　　　　　　　　　　　　　　　　（　　）

2. 夹紧式气门锁片，锁片与气门杆间有间隙，从而允许气门能做旋转运动，以保证气门座的清洁。　　　　　　　　　　　　　　　　　　　　　　　（　　）

3. 为防止发动机高速运转时气门振动，用不等节距弹簧或双弹簧。　（　　）

4. 配气相位就是用曲轴转角表示进、排气门的实际开启时刻和开启持续时间。（　　）

5. 曲轴正时齿轮是由凸轮轴正时齿轮驱动的。　　　　　　　　　　（　　）

二、选择题

1. 曲轴与凸轮轴之间的传动比为（　　）。

　　A. 2∶1　　　　　　B. 1∶2　　　　　　C. 1∶1　　　　　　D. 4∶1

2. 设某发动机的进气提前角为 α，进气迟关角为 β，排气提前角为 γ，排气迟关角为 δ，则该发动机的进排、气门重叠角为（　　）。

　　A. $\alpha + \delta$　　　　　B. $\beta + \gamma$　　　　　C. $\alpha + \gamma$　　　　　D. $\beta + \delta$

3. 当采用双弹簧气门时，两弹簧的旋向（　　）。

　　A. 相同　　　　　　B. 相反　　　　　　C. 无所谓　　　　　　D. 不一定

4. 现代汽车发动机普遍采用多气门结构，其作用是（　　）。

A. 提高点火性能　　　　　　　　　B. 提高喷油性能

C. 减少爆燃　　　　　　　　　　　D. 提高充气效率

5. 四冲程四缸发动机配气机构的凸轮轴上同名凸轮中线间的夹角为（　　　）。

A. 180°　　　　　B. 60°　　　　　C. 90°　　　　　D. 120°

三、简答题

1. 配气机构的作用是什么？

2. 气门导管的作用是什么？

3. 现代汽车发动机为何几乎都采用顶置式气门配气机构？

4. 为什么有的配气机构中采用两个套装的气门弹簧？

5. 为什么要预留气门间隙？气门间隙过大、过小为什么都不好？

6. 气门为什么要早开迟闭？

BMW 的 Valvetronic 电子气门技术

BMW 的 Valvetronic 系统（见图 2-4-28）在传统的配气相位机构上增加了一根偏心轴、一个步进电动机和中间推杆等部件，该系统借由步进电动机的旋转，在一系列机械传动后很巧妙地改变了进气门升程的大小。

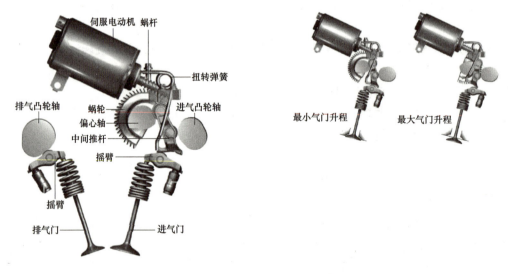

图 2-4-28　Valvetronic 系统

当凸轮轴运转时，凸轮会驱动中间推杆和摇臂来完成气门的开启和关闭。当电动机工作时，蜗轮蜗杆机构会首先驱动偏心轴发生旋转，然后中间推杆和摇臂会产生联动，偏心轴旋转的角度不同，最终凸轮轴通过中间推杆和摇臂顶动气门产生的升程也会不同。在电动机的驱动下，进气门的升程可以实现 0.18～9.9 mm 的无级变化。该技术能够让发动机对驾驶员的意图做出更迅捷的反馈，同时通过发动机管理系统对气门升程进行精确控制，实现车辆在各种工况和负荷下的最佳动力匹配。

| 任务 2.5 | 冷却系统认知与拆装 |

任务描述

　　汽车发动机广泛采用水冷式发动机，本任务介绍了冷却系统的功用、组成，介绍了冷却液的作用、组成和选择方法，重点讲述冷却系统的主要机件的结构和工作原理。本任务是使学生掌握冷却系统的基本组成与结构原理、冷却系统主要部件的作用，学会冷却系统的使用与主要零部件的拆装。根据环保要求，妥善处理辅料、废弃液体和损坏的零部件。

任务目标

1. 能掌握发动机冷却系统的结构、作用；
2. 能掌握节温器的功用、结构和工作原理；
3. 能依据维修手册的技术标准完成水泵的拆装。

任务实施

教学目标	教学活动	内容及要求	
知识	活动1	2　1　气缸体水套　3　4　接热交换器　5　接暖风装置　发动机水套排气管	（1）冷却系统的作用是什么？ （2）左图中编号的名称是什么？

续表

教学目标	教学活动	内容及要求	
知识	活动2	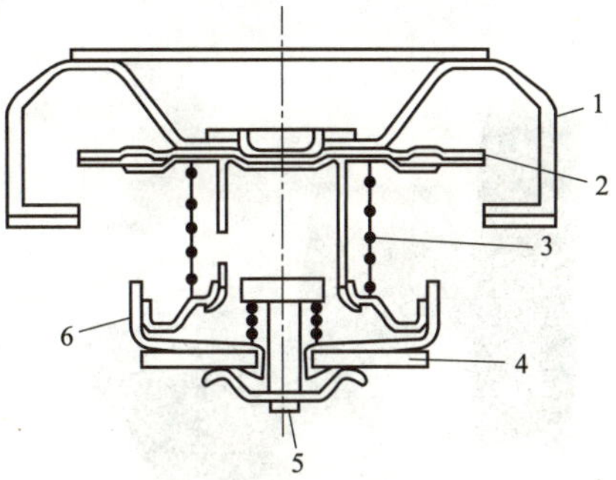	（1）散热器盖有哪些功用？ （2）左图中编号的名称是什么？
	活动3	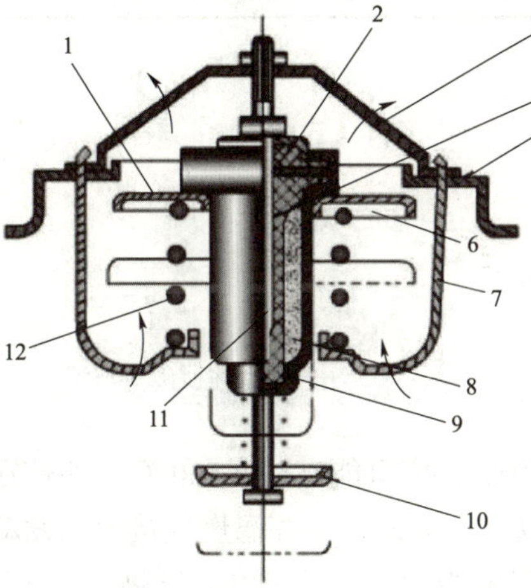	（1）节温器是怎样工作的？ （2）左图中编号的名称是什么？
	活动4	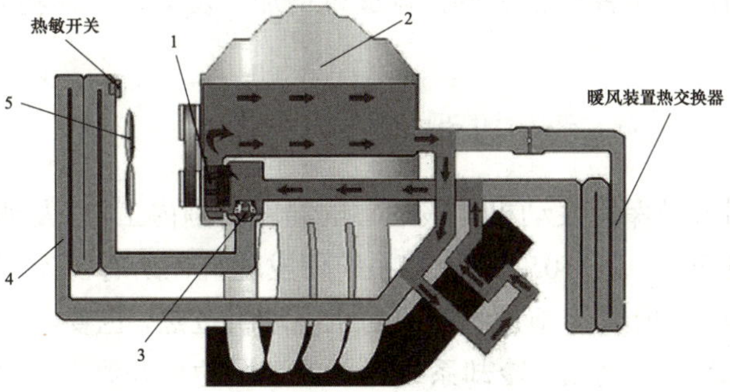	（1）冷却水是怎样进行循环的？ （2）左图中编号的名称是什么？

续表

教学目标	教学活动	内容及要求	
能力	活动5		（1）依据维修手册的技术要求，完成水泵的拆装。 （2）查找维修手册记录，记录与操作相关的操作要点和技术要求
素质	活动6	现在有的发动机为什么采用电子节温器？	

任务学习

◎ 知识链接

一、发动机温度过高或过低对发动机有哪些影响？

发动机工作期间，最高燃烧温度可能高达 2 500 ℃，即使在怠速或中等转速下，燃烧室的平均温度也在 1 000 ℃以上。因此，与高温燃气接触的发动机零件受到强烈的加热。在这种情况下，若不进行适当的冷却，发动机将会过热，工作过程恶化、零件强度降低、机油变质、零件磨损加剧，最终导致发动机动力性、经济性、可靠性及耐久性全面降低。但是，冷却过度也是有害的。不论是过度冷却还是发动机长时间在低温下工作，均会使散热损失及摩擦损失增加，零件磨损加剧，排放量增加，发动机工作粗暴，发动机功率下降及燃油消耗率增加。

二、发动机冷却系统有哪些功用？

冷却系统的功用就是保持发动机在最适宜的温度范围内工作。发动机正常工作时冷却液温度应在 95～105 ℃。冷却系统使发动机在所有工况下都保持在适当的温度范围内。所以冷却系统既要防止发动机过热，也要防止冬季发动机过冷。在冷发动机起动后，冷却系统还要保证发动机升温，尽快达到正常工作温度。发动机冷却系统结构如图 2-5-1 所示。

冷却系统结构

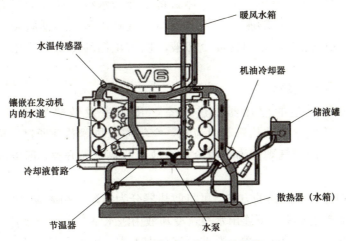

图2-5-1　发动机冷却系统结构

三、冷却系统组成有哪些介质和部件?

汽车发动机的冷却系统为强制循环水冷系统,即利用水泵提高冷却液的压力,强制冷却液在发动机中循环流动,如图2-5-2所示。强制循环水冷系统由水泵、散热器、电动风扇、节温器、气缸体水套以及其他附属装置组成。

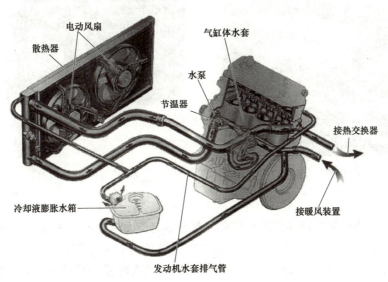

图2-5-2　发动机冷却系统循环图

（1）冷却液

冷却液是水与防冻剂的混合物,如图2-5-3所示。冷却液用水最好是软水,否则将在发动机水套中产生水垢,使传热受阻,易造成发动机过热。纯净水在0℃时结冰。如果发动机冷却系统中的水结冰，那么将使冷却水终止循环而引起发动机过热；尤其严重的是水结冰时体积膨胀，可能将机体、气缸盖和散热器胀裂。为了适应冬季行车的需要，在水中加入防冻剂制成冷却液，以防止循环冷却水冻结，最常用的防冻剂是乙二醇。

（2）散热器（又称水箱）

发动机水冷系统中的散热器由进水室、出水室及散热器芯三部分构成，如图 2-5-4 所示。冷却液在散热器芯内流动，空气在散热器芯外通过。热的冷却液由于向空气散热而变冷，冷空气则因为吸收冷却液散出的热量而升温，所以散热器是一个热交换器。

按照散热器中冷却液流动的方向，可将散热器分为纵流式和横流式两种。纵流式散热器芯竖直布置，上接进水室，下连出水室，冷却液由进水室自上而下地流过散热器芯进入出水室。横流式散热器芯横向布置，左右两端分别为进、出水室，冷却液自进水室经散热器芯到出水室横向流过散热器。大多数新型轿车均采用横流式散热器，这可以使发动机罩的外廓较低，有利于改善车身前端的空气动力性。

图 2-5-3　冷却液储存罐内的冷却液

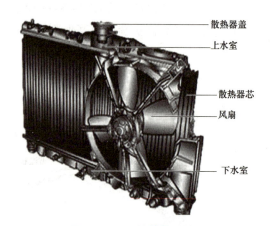

散热器盖
上水室
散热器芯
风扇
下水室

图 2-5-4　散热器结构

（3）散热器盖

现代汽车发动机强制循环水冷系统都将散热器盖（如图 2-5-5 所示）严密地盖在散热器添加冷却液的口上，使水冷系统成为封闭系统，通常称这种水冷系统为闭式水冷系统。其优点是：① 闭式水冷系统可使系统内的压力提高 98～196 kPa，冷却液的沸点相应地提高到 120 ℃左右，从而扩大了散热器与周围空气的温差，提高了散热器的换热效率。由于散热器散热能力增强，因此可以相应地减小散热器尺寸。② 闭式水冷系统可减少冷却液外溢及蒸发损失。

散热器盖

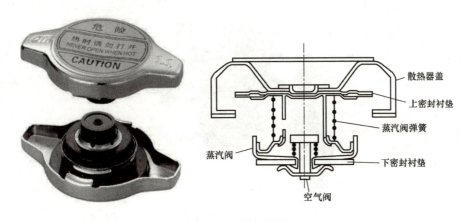

散热器盖
上密封衬垫
蒸汽阀弹簧
蒸汽阀
下密封衬垫
空气阀

图 2-5-5 散热器盖

散热器盖的作用是密封水冷系统并调节系统的工作压力。其工作原理是：当发动机工作时，冷却液的温度逐渐升高；由于冷却液容积膨胀，使冷却系统内的压力增高；当压力超过预定值时，压力阀开启，一部分冷却液经溢流管流入补偿水桶，以防止冷却液胀裂散热器；当发动机停机后，冷却液的温度下降，冷却系统内的压力也随之降低；当压力降低至大气压力以下出现真空时，真空阀开启，补偿水桶内的冷却液部分地流回散热器，可以避免散热器被大气压力压坏。当发动机工作时，冷却液因温度升高而容积膨胀，一般在散热器内压力达到 126～137 kPa 时，蒸汽阀开启，一部分冷却液经溢流管流入补偿水箱，以防止冷却液胀裂散热器。发动机停机后，冷却液因温度下降而压力降低。当压力降到 87～99 kPa 时，空气阀开启，补偿水箱内的冷却液部分流回散热器，可以避免散热器被大气压力压坏。轿车的散热器盖的蒸汽阀开启压力可达 0.1 MPa，而冷却液的沸点可升高至 120 ℃。

（4）膨胀水箱

在现代汽车特别是轿车的冷却系统中，都设有用塑料制成的膨胀水箱，如图 2-5-6 所示。该水箱用橡胶软管与散热器上面的溢流管连接。补偿水桶可以减少冷却液的溢损并消除水冷系统中产生的气泡。当冷却液受热膨胀后，散热器内多余的冷却液流入补偿水桶，温度降低后散热器内产生一定的真空度，补偿水桶中的冷却液又被吸回散热器内，使散热器始终被冷却液充

膨胀水箱

满。采用该方式，冷却液损失很少。驾驶员不必经常加注冷却液，补充冷却液时可从补偿水桶口加入，液面以保持在两条液面高度标记线之间为宜。

（5）电动风扇

很多轿车发动机的水冷系统采用电动风扇，尤其横置发动机前轮驱动的汽车更是如此。电动风扇由风扇电动机驱动并由蓄电池供电，所以风扇转速与发动机转速无关。电动风扇的装配位置如图 2-5-7 所示。电动风扇的优点是结构简单，布置方便，不消耗发动机功率，使燃油经济性得到改善。此外，由于不需要检查、调整或更换风扇传动带而减少了维修保养工作量。

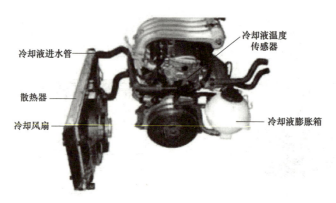

冷却液进水管

冷却液温度
传感器

散热器

冷却风扇

冷却液膨胀箱

图 2-5-6　膨胀水箱

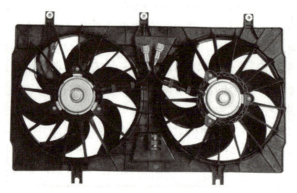

风扇

图 2-5-7　电动风扇

（6）水泵

　　水泵的功用是对冷却液加压，保证其在冷却系统中循环流动。汽车发动机广泛采用离心式水泵，如图 2-5-8 所示。泵体中包含一个叶轮，此叶轮连接到轴承总成中所支撑的轴。叶轮由压在轴前端的带轮驱动，而轴由附件传动带驱动。

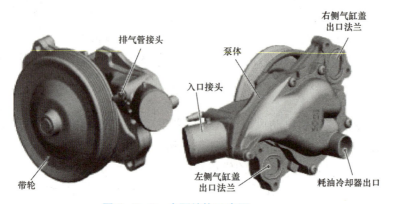

排气管接头

右侧气缸盖
出口法兰

泵体

入口接头

带轮

左侧气缸盖
出口法兰

耗油冷却器出口

水泵

图 2-5-8　水泵结构示意图

离心式水泵的工作原理：当水泵叶轮按逆时针方向旋转时，水泵中的冷却液被叶轮带动一起旋转，并在离心力的作用下被甩向水泵壳体的边缘，同时产生一定的压力，然后从水管中流出。在叶轮的中心处，由于冷却液被甩出而压力下降。散热器中的冷却液在水泵进口与叶轮中心的压差作用下，经进水管流入叶轮中心，如图2-5-9所示。

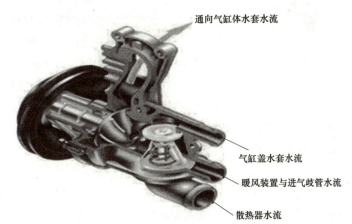

通向气缸体水套水流
气缸盖水套水流
暖风装置与进气歧管水流
散热器水流

图2-5-9　水泵工作原理示意图

四、节温器是怎样进行工作的？

节温器（见图2-5-10）是一个多级设备，位于水（冷却液）泵入口中，用于对发动机出口温度提供快速响应和控制。主要的节温器为蜡式节温器，当冷却液温度低于规定值时，节温器感温体内的精致石蜡呈固态，节温器阀在弹簧的作用下关闭发动机与散热器之间的通道，冷却液经水泵返回发动机，进行发动机内的小循环［见图2-5-11（a）］。当冷却液温度达到规定

节温器的认知

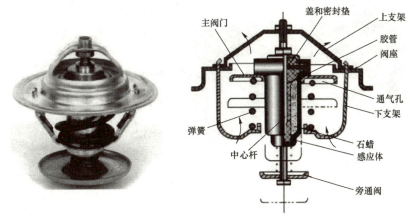

盖和密封垫
主阀门
上支架
胶管
阀座
通气孔
下支架
弹簧
中心杆
石蜡感应体
旁通阀

图2-5-10　蜡式节温器结构

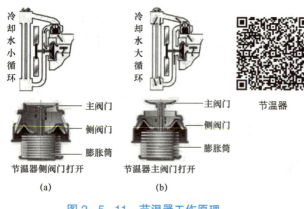

图 2-5-11　节温器工作原理

值后，石蜡开始熔化，逐渐变为液体，体积随之增大并压迫橡胶管使其收缩。在橡胶管收缩的同时给推杆以向上的推力，推杆对阀门有向下的反推力，使阀门开启。这时冷却液经由散热器和节温器阀，再经水泵流回发动机，进行大循环［见图 2-5-11（b）］。节温器在发动机处于冷机状态时阻止冷却液流过散热器，并限制通过气缸体的冷却液流量，从而帮助发动机快速预热。在自然进气型和机械增压型车辆中，节温器在 88～90 ℃时开始打开，在 102 ℃时完全打开。

五、冷却系统冷却液的循环路径是怎样的?

冷却液在水泵中增压后，经分水管进入发动机的机体水套。冷却液从水套壁周围流过并从水套壁吸热之后经节温器及散热器进水软管流入散热器，在散热器中，冷却液向流过散热器周围的空气散热而降温，最后冷却液经散热器出水软管返回水泵，如此循环不已，如图 2-5-12 所示。在汽车行驶时或冷却风扇工作时，空气从散热器周围高速流过，以增强对冷却液的冷却。分水管或分水道的作用是使多缸发动机各气缸的冷却强度均匀一致。

冷却系统大小循环

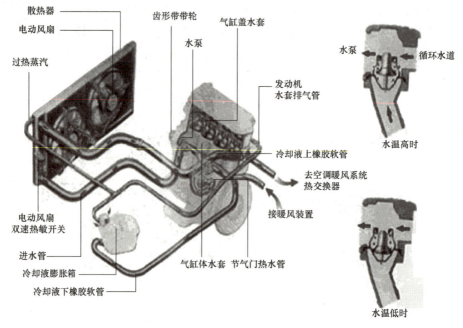

图 2-5-12　发动机冷却系统工作原理示意图

　　有些发动机水冷系统冷却液的循环流动方向与上述相反，可称其为逆流式水冷系统。在这种水冷系统中，温度较低的冷却液首先被引入气缸盖水套，然后才流过机体水套。由于它改善了燃烧室的冷却而允许发动机有较高的压缩比，因此可以提高发动机的热效率和功率。其实冷却系统除了对发动机有冷却作用外，还有"保温"的作用，因为"过冷"或"过热"都会影响发动机的正常工作。这个过程主要是通过节温器实现发动机冷却系统"大小循环"的切换。什么是冷却系统的大小循环？可以简单理解为，小循环的冷却液是不通过散热器的（见图2-5-13），而大循环的冷却液是通过散热器的（见图2-5-14）。

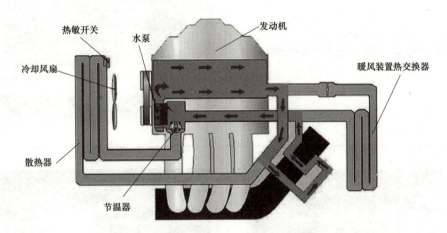

图2-5-13　冷却系统大循环示意图

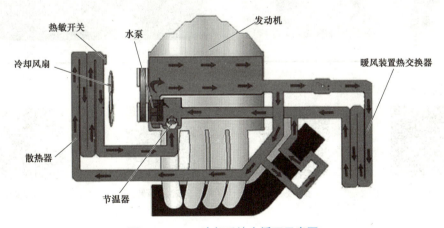

图2-5-14　冷却系统小循环示意图

　　当发动机温度过高时，冷却液在机体内进行大循环：水泵—水套—节温器（主阀门）—散热器—水泵。当发动机温度过低时，冷却液在机体内进行小循环：水泵—水套—节温器（副阀门）—水泵。

 技能链接

1. 进入 VR 汽车教育实训平台，完成发动机冷却系统部件拆装。

VR 操作说明	
（1）登录 VR 汽车教育实训平台； （2）按操作提示完成发动机冷却系统部件拆装	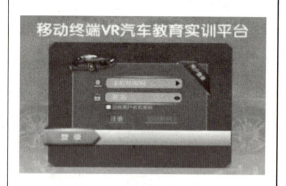

2. 实践操作视频资源

水泵拆卸　　　　　　水泵安装　　　　　　节温器拆卸　　　　　　节温器安装

 任务评价

一、判断题

1. 冷却系统使发动机在所有工况下都保持在 80～90 ℃的温度范围内。　　（　　）

2. 强制循环水冷系统由水泵、散热器、冷却风扇、节温器、补偿水桶、发动机机体、气缸盖中的水套以及其他附属装置等组成。（　　）

3. 闭式水冷系统可使系统内的压力提高 98～196 kPa，冷却液的沸点相应地提高到120 ℃左右。（　　）

4. 补偿水桶可以减少冷却液的溢损并消除水冷系统中产生的气泡。（　　）

5. 大循环的冷却液是不通过散热器。（　　）

6. 按冷却介质不同，发动机冷却方式有风冷和水冷两种。（　　）

7. 强制冷却水在发动机内进行循环的装置是水泵。（　　）

二、选择题

1. 发动机的正常工作温度应在水温表上指示（　　）。

    A. 30～40 ℃　　　　　　　　　　B. 60～70 ℃

    C. 80～90 ℃　　　　　　　　　　D. 高于 100 ℃

2. 当发动机机体的温度超过 90 ℃时，冷却水（　　）。

    A. 全部进行小循环　　　　　　　B. 全部进行大循环

    C. 大、小循环同时进行　　　　　D. 不一定

3. 节温器通过改变流经散热器的（　　）来调节发动机的冷却强度。

    A. 冷却水的流量　　　　　　　　B. 冷却水的流速

    C. 冷却水的流向　　　　　　　　D. 冷却水的温度

三、简答题

1. 节温器的作用是什么？

2. 发动机温度过高过低有哪些危害？

3. 分别写出汽车发动机冷却液大小循环时冷却液的流经路线。

任务拓展

发动机过热故障的原因

当汽车的仪表显示发动机水温过高的时候，汽车是不能继续行驶的。因为高温会导致发动机零部件损毁，甚至造成更大的损失。最常见的发动机温度过高原因是发动机冷却系统缺少冷却液，使发动机热量不能被冷却液带走，冷却效率降低。如果冷却系统密封不好，造成泄漏，则易在行车中造成缺水，导致发动机产生高温。泄漏分以下几种情况：

① 散热器泄漏。

② 管路系统泄漏。

③ 管路系统连接处泄漏。

如果发动机在冷却液充足的情况下产生高温，就需对散热器进行检查：

① 散热器芯表面是否被杂物堵塞？

② 散热片是否变形粘连？

③ 散热器芯管是否堵塞？

还有对风扇的检查，电动风扇熔丝是否烧坏；电动风扇继电器是否工作正常。水温传感器工作不正常、水泵密封件老化、壳体受腐蚀导致冷却液泄漏、冷却液减少，都是导致发动机过热的主要因素。

任务 2.6　润滑系统认知与拆装

任务描述

　　为了减小相互接触的摩擦表面产生的磨损，发动机上有润滑系统。本任务主要讲解润滑系统的功用、润滑系统组成、润滑油路以及润滑方式，简单介绍了汽车发动机润滑系统所用的润滑剂，详细讲述了润滑系统主要机件结构、原理。本任务是使学生掌握润滑系统的功用、基本组成，掌握润滑油路、机油泵，及机油滤清器等结构及工作原理，学会润滑系统主要部件的拆装。根据环保要求，妥善处理辅料、废弃液体和损坏的零部件。

任务目标

　　1. 能掌握润滑系统的功用、结构和循环原理；
　　2. 能分析机油泵的结构和工作原理；
　　3. 能依据维修手册的技术标准完成机油泵的拆装。

任务实施

教学目标	教学活动	内容及要求	
知识	活动1	正时链条　凸轮轴　5　1　4　3　2　放油螺栓　发动机润滑油　曲轴	（1）润滑系统的作用是什么？ （2）左图中编号的名称是什么？

续表

教学目标	教学活动	内容及要求	
知识	活动2	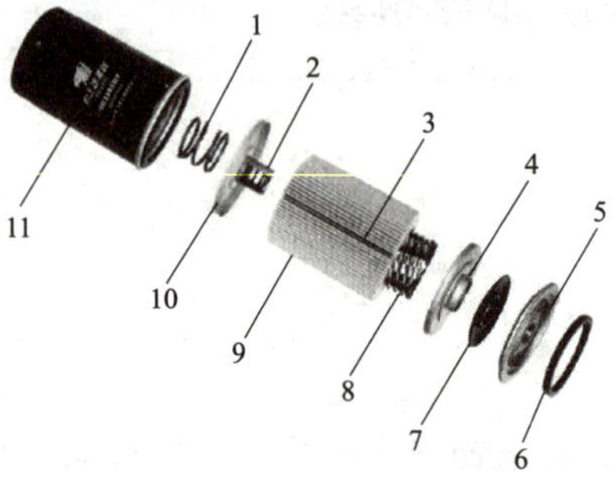	（1）机油滤清器旁通阀的作用是什么？ （2）左图中编号的名称是什么？
	活动3	进油 压油 出油	（1）机油泵的作用是什么？ （2）左图中编号的名称是什么？
能力	活动4	凸轮轴　警报指示灯 驱动轴　油压传感器 曲轴 主油道　机油滤清器 旁通阀　限压阀 机油泵 集滤器　油底壳	（1）用框图描述左图中机油的循环路径。 （2）在实习的发动机上查找润滑油路
素质	活动5	怎样给不同类型的发动机选择合适的机油？	

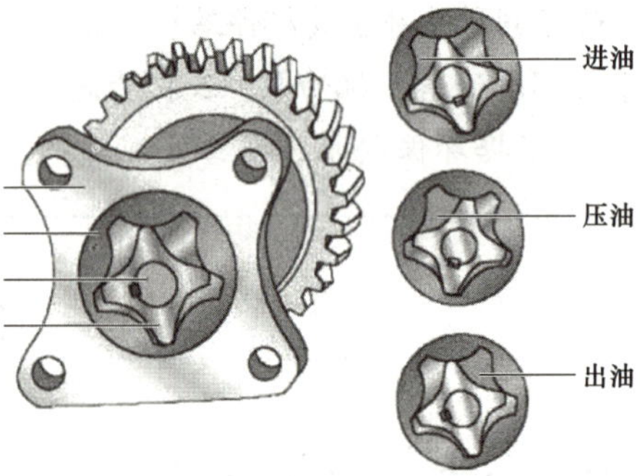

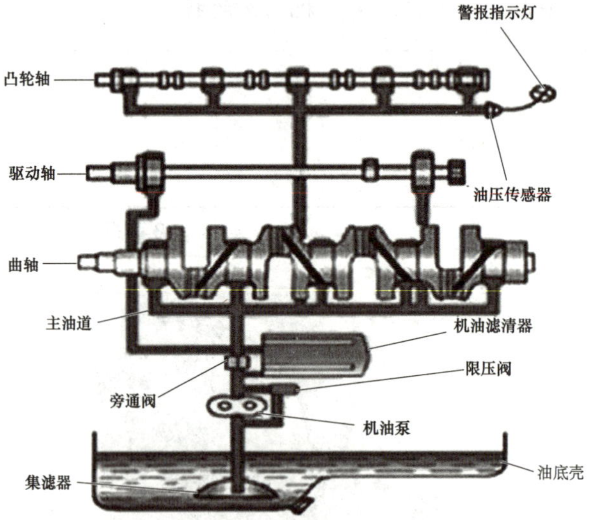

◎ 知识链接

一、润滑系统有哪些功用？

润滑系统（见图 2-6-1）的作用就是在发动机工作时连续不断地把数量足够、温度适当的洁净机油输送到全部传动件的摩擦表面，并在摩擦表面之间形成油膜，实现液体摩擦，从而减小摩擦阻力，降低功率消耗，减轻机件磨损，以达到提高发动机工作可靠性和耐久性的目的。具体有以下几大作用（见图 2-6-2）。

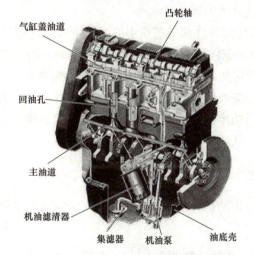

润滑系统结构

图 2-6-1　润滑系统结构图

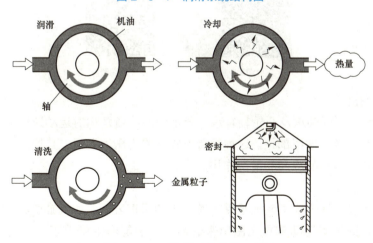

图 2-6-2　润滑系统作用示意图

133

润滑作用：减少零件的摩擦和磨损，减少功率损失。

冷却作用：通过机油带走零件所吸收的部分热量，保持零件温度不致过高。

清洗作用：利用循环的机油冲洗零件表面，清除摩擦表面上的磨屑。

密封作用：气缸壁和活塞环上的油膜能提高气缸的密封性。

防锈作用：机油附着于零件表面可防止零件表面与水、空气及燃气接触而发生氧化和腐蚀。

润滑的作用

二、发动机润滑系统将对哪些部件进行润滑？

任何接触相互运动的摩擦表面都存在磨损，都需要进行润滑。即在两零件的工作表面之间加入一层润滑油使其形成油膜，将零件完全隔开，使零件处于完全的液体摩擦状态。这样，功率消耗和磨损就会大为减少。

发动机工作时，很多传动零件都是在很小的间隙下做高速相对运动的。如曲轴主轴承、曲柄销与连杆轴承，凸轮轴颈与凸轮轴轴承，活塞、活塞环与气缸壁面，配气机构各运动副及传动齿轮副等。尽管这些零件的工作表面都经过精细的加工，但放大来看这些表面却是凹凸不平的。若不对这些表面进行润滑，它们之间将发生强烈的摩擦。金属表面之间的干摩擦不仅增加发动机的功率消耗，加速零件工作表面的磨损，而且还可能使摩擦产生的热将零件工作表面烧损，从而导致发动机无法运转。

三、发动机的润滑方式有哪些？

发动机工作时由于各运动部件的工作条件不同，所需要的润滑强度也不同，因而也要相应地采取不同的润滑方式。

压力润滑　　　　　　　飞溅润滑

（1）压力润滑

曲轴主轴承、连杆轴承及凸轮轴轴承等所承受的载荷及相对运动速度较大，需要以一定的压力将机油输送到摩擦部位，这种润滑方式被称为压力润滑。其特点是工作可靠、润滑效果好，还具有强烈的冷却和清洗作用。

（2）飞溅润滑

对于机油难以用压力输送到或承受负荷不大的摩擦表面，如气缸壁、正时齿轮、凸轮表面等的润滑，则利用运动部件飞溅出来的油滴或油雾润滑摩擦表面，我们称之为飞溅润滑。

（3）润滑脂润滑

润滑脂润滑是通过润滑脂嘴定期加注润滑脂来润滑零件的工作表面，一般包括水泵、发电机轴承、底盘零部件工作表面的润滑等。

四、润滑系统由哪些零部件组成？

为了实现润滑系统的功用，汽车发动机润滑系统由机油泵、机油滤清器、机油冷却器、油底壳、集滤器、机油压力表、温度表、润滑油道等组成。润滑流程如图2-6-3所示。

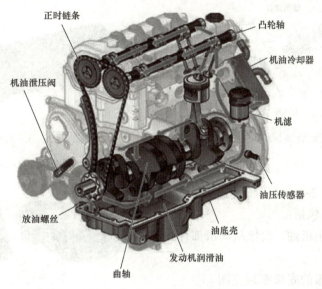

图2-6-3　润滑流程示意图

（1）机油滤清器

机油滤清器从发动机油中清除污染物，例如金属颗粒等，并保持发动机油洁净。轿车发动机的滤清器和货车的粗滤器都是全流式滤清器。全流式滤清器的构造如图2-6-4所示，滤芯由经过树脂处理的多孔滤纸制成，滤纸被折成扇形或波纹形。滤芯内装有金属丝网或带有网眼的薄铁皮作为滤芯的骨架。滤芯的下部装有旁通阀。一旦滤芯堵塞，进出油口的压差达150～180 kPa时，机油便从旁通阀直接流入主油道，以防供油中断。

机油滤清器的认知

有些发动机的机油滤清器除设置旁通阀之外，还加装止回阀。当发动机停机后，止回阀将滤清器的进油口关闭，防止润滑油从滤清器流回油底壳。在这种情况下，当重新起动发动机时，润滑系统能迅速建立起油压，从而可以减轻由于起动时供油不足而引起的零件磨损。

机油滤清器的滤芯有褶纸滤芯和纤维滤清材料滤芯等。褶纸滤芯由微孔滤纸制造。微孔滤纸经酚醛树脂处理后，具有较高的强度、抗腐蚀性和抗水湿性。褶纸滤芯有质量轻和体积小、结构简单、滤清效果好、阻力小和成本低等优点，因此得到了广泛的应用。对于全流式滤清器，通常汽车行驶 5 000～15 000 km，要定期更换滤清器。

（2）机油冷却器

在高性能大功率的强化发动机上，由于热负荷大，因此必须装设机油冷却器（见图2-6-5）。通过对高温的机油进行冷却来确保机油对高温部件的冷却性能。机油冷却器被布置在润滑油路中，一般使用水冷的方式，其工作原理与散热器相同。

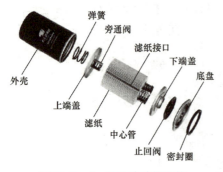

图 2-6-4　机油滤清器结构

图 2-6-5　机油冷却器

（3）油底壳

油底壳（见图2-6-6）被安装在气缸体的底部，其作用主要包括：

① 存储发动机机油，收集从润滑部件回流的机油。

② 形成曲轴箱的底部密封空间。

③ 加固发动机和变速箱。

④ 固定机油尺导管。

⑤ 安装放油螺塞，用于排放机油。

图 2-6-6　油底壳

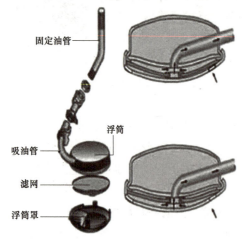

图 2-6-7　浮筒式集滤器构造图

（4）集滤器

集滤器一般为滤网式，装在机油泵之前。目前，汽车发动机所用的集滤器分为浮筒式（见图2-6-7）和固定式两种。当机油泵工作时，润滑油从油底壳经进油狭缝、滤网、吸油管进入机油泵。润滑油流过滤网时，其中的粗大杂质被滤除。当滤网被杂质堵塞之后，滤网上方的真空度增大，于是克服滤网的弹力，使滤网上升，环口离开浮筒罩，这时润滑油经进油狭缝和环口进入吸油管和机油泵，以保证润滑油的供给不致中断。

（5）机油压力警告灯

该指示灯用来显示发动机内机油的压力状

况。打开钥匙门，车辆开始自检时，指示灯点亮，起动后熄灭。该指示灯常亮，说明该车发动机机油压力低于规定标准，需要维修。

五、机油泵是怎么进行分类的，其功用及原理如何？

机油泵根据结构形式可分为齿轮式和转子式两类。齿轮式机油泵又分为内啮合齿轮式和外啮合齿轮式，一般把后者称为齿轮式机油泵。齿轮式机油泵装配位置如图 2-6-8 所示。

（1）齿轮式机油泵

齿轮式机油泵的工作原理如下：在机油泵体内装有一对外啮合齿轮，齿轮的端面由机油泵盖封闭。泵体、泵盖和齿轮的各个齿槽组成工作腔，如图 2-6-9 所示。当齿轮按顺时针、逆时针方向旋转时，进油腔的容积由于轮齿逐渐脱离啮合而增大，腔内产生一定的真空，润滑油从油底壳经进油口被吸入进油腔，随后又被轮齿带到出油腔。出油腔的容积由于轮齿逐渐进入啮合而减小，使润滑油压力升高，润滑油经出油口被压入发动机机体上的润滑油道。在发动机工作时，机油泵齿轮不停地旋转，润滑油便连续不断地流入润滑油道，经过滤清之后被送到各润滑部位。

机油泵的认知

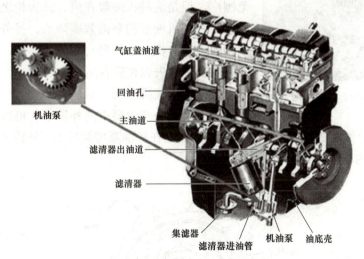

气缸盖油道
回油孔
主油道
滤清器出油道
滤清器
机油泵
集滤器
滤清器进油管
机油泵
油底壳

图 2-6-8　齿轮式机油泵装配位置

当轮齿进入啮合时，封闭在轮齿径向间隙内的润滑油压力急剧升高，使齿轮受到很大的推力，并使机油泵轴衬套的磨损加剧。如能将径向间隙内的润滑油及时引出，油压自然降低。为此，特在泵盖上加工一道卸压槽，使轮齿径向间隙内被挤压的润滑油通过卸压槽流入出油腔。齿轮式机油泵由曲轴或凸轮轴经中间传动机构驱动。汽油机的齿轮式机油泵典型的传动方式是机油泵与分电器由凸轮轴或中间轴上的曲线齿轮经同一个传动轴驱

齿轮式机油泵结构

动。齿轮式机油泵的优点是效率高，功率损失小，工作可靠；缺点是需要中间传动机构，制造成本相应较高。

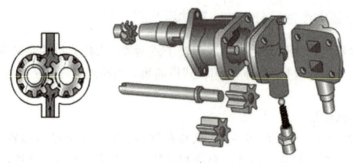

图2-6-9　齿轮式机油泵结构图

（2）内啮合齿轮式机油泵

内啮合齿轮式机油泵（见图2-6-10）也称内接齿轮泵，其工作原理与外啮合齿轮式机油泵（齿轮式机油泵）相同。

图2-6-10　内啮合齿轮式机油泵

因为内接齿轮泵由曲轴直接驱动，无须中间传动机构，所以零件数量少、制造成本低、占用空间小、使用范围广。但是这种机油泵在内、外齿轮之间有一处无用的空间，使机油泵的泵油效率降低。另外，如果曲轴前端轴颈太粗，机油泵外形尺寸随之增大，发动机驱动机油泵的功率损失也相应有所增加。

（3）转子式机油泵

转子式机油泵主要由内外转子、机油泵体及机油泵盖等零件组成，如图2-6-11所示。内转子固定在机油泵传动轴上，外转子自由地安装在泵体内，并与内转子啮合转动。

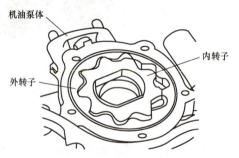

机油泵体　内转子　外转子

机油泵原理

图2-6-11　转子式机油泵结构图

（4）安全阀

机油泵必须在发动机各种转速下都能供给足够数量的润滑油，以维持足够的润滑油压力，保证发动机的润滑。机油泵的供油量与其转速有关，而机油泵的转速又与发动机转速成正比。因此，在设计机油泵时，都是使其在低速时有足够大的供油量。但是，在高速时机油泵的供油量明显偏大，润滑油压力也显著偏高。另外，在发动机冷起动时，润滑油黏度大、流动性差，润滑油压力也会大幅度升高。为了防止油压过高，在润滑油路中要设置安全阀或限压阀。一般安全阀装在机油泵或机体的气缸体油道上。如果将安全阀安装在机油泵上，则当油压达到规定值时，安全阀开启，多余的机油返回机油泵进口。如果将安全阀安装在主油道上，则当油压达到规定值时，多余的机油经过安全阀流回油底壳。

六、润滑油根据什么条件分类，有哪些用途？

国际上广泛采用美国 SAE（美国汽车工程师协会）黏度分类法和 API（美国石油协会）等级分类法对润滑油进行分类，而且它们已被国际标准化组织（ISO）确认。

（1）机油质量

API 等级代表发动机油质量的等级，它采用容易识别的代码来表示发动机机油质量的等级，如图 2−6−12 所示。"S" 开头系列代表汽油发动机用油，规格有：API SA、SB、SC、SD、SE、SF、SG、SH、SJ、SL。"C" 开头系列代表柴油发动机用油，规格有：API CA、CB、CC、CD、CE、CF、CF−2、CF−4、CG−4、CH−4、CI−4。当 "S" 和 "C" 两个字母同时存在时，则表示此机油为汽柴通用型，从 "SA" 到 "SL" 每递增一个字母，机油的功能都会优于前一种，机油中会有更多用来维护发动机的添加剂。字母越靠后，质量等级越高。

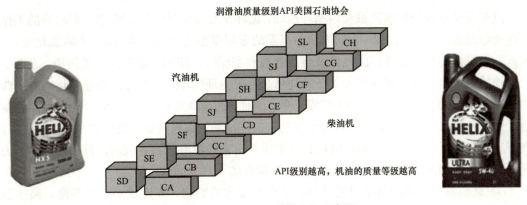

图 2−6−12 API 质量分级示意图

（2）机油黏度

机油的黏度多运用 SAE 等级标识，例如 SAE15W−40、SAE5W−40。"W" 表示 winter（冬季），"W" 前面的数字越小，表示机油的黏度越小，活动性越好，可供应用的环境温度越低，在冷起动时对发动机的维护性能越好。"W" 后面的数字表示机油的耐高温性，数值越大表示机油在高温下对发动机的维护性能越好。对 −18 ℃和 100 ℃所测得的黏度值能满足其中之一者，称为单级机油。−18 ℃（冬用）发动机机油可分为 0 W、5 W、10 W、

15 W、20 W、25 W 等六个级别；100 ℃（春、夏、秋用）发动机机油可分为 20、30、40 和 50 四个级别。

　　能同时满足 –18 ℃和 100 ℃两方面黏度要求的机油，称为多级机油。多级机油牌号标记为 5W–20、10W–30、15W–40、30W–40 等。这种机油，可以适应一定温度变化的区域，因此，可在某一地区范围的冬、夏季通用。例如：标号为 SAE10W–40 的机油，可以使用在 –25～40 ℃的温度范围（见图 2–6–13）。

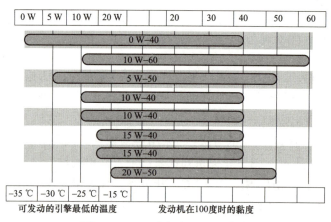

图 2–6–13　多级机油适应范围

七、润滑油有哪些使用特性？

　　汽车发动机机油在润滑系统内循环流动，循环次数每小时可达 100 次。润滑油的工作条件十分恶劣，在循环过程中，润滑油与高温的金属壁面及空气频频接触，不断氧化变质。窜入曲轴箱内的燃油蒸气、废气以及金属磨屑和积碳等，使润滑油受到严重污染。另外，润滑油的工作温度变化范围很大，在发动机起动时为环境温度；在发动机正常运转时，曲轴箱中润滑油的平均温度可达 95 ℃或更高。同时，润滑油还与 180～300 ℃的高温零件接触，受到强烈的加热。因此，作为汽车发动机的润滑油，必须具备优良的使用性能。目前，汽车发动机广泛使用的润滑油，以从石油中提炼出来的润滑油为基础油，再加入各种添加剂混合而成，如图 2–6–14 所示。其使用性能有如下几方面。

　　① 适当黏度。油的黏度对发动机的工作有很大的影响。黏度过小，在高温、高压下容易从摩擦表面流失，不能形成足够厚度的油膜；黏度过大，冷起动困难，润滑油不能被送到摩擦表面。润滑油的黏度随温度变化而变化。温度升高，黏度减小；温度降低，黏度增大。为了使润滑油在较宽的温度范围内都有适当的黏度，必须在基础油中加入增稠剂。

　　② 优异的氧化安定性。氧化安定性是指润滑油抵抗氧化作用不使其性质发生永久变化的能力。当润滑油在使用与储存过程中与空气中的氧气接触而发生氧化作用时，润滑油的颜色变暗，黏度增加，酸性增大，并产生胶状沉积物。氧化变质的润滑油将腐蚀发动机零件，甚至破坏发动机工作。

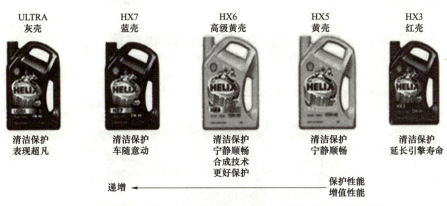

ULTRA 灰壳	HX7 蓝壳	HX6 高级黄壳	HX5 黄壳	HX3 红壳
清洁保护 表现超凡	清洁保护 车随意动	清洁保护 宁静顺畅 合成技术 更好保护	清洁保护 宁静顺畅	清洁保护 延长引擎寿命

递增 ←———————————————— 保护性能 增值性能

保护性能：清洁、抗磨、抗氧化；增值性能：环保、节油、长换油里程

图 2-6-14 机油品质排列示意图

③ 良好的防腐性。润滑油在使用过程中不可避免地被氧化而生成各种有机酸。这类酸性物质对金属零件有腐蚀作用，产生斑点、麻坑或使合金层剥落。

④ 较低的起泡性。由于润滑油在润滑系统中快速循环和飞溅，因此必然会产生泡沫。如果泡沫太多，或泡沫不能迅速消除，将造成摩擦表面供油不足。控制泡沫生成的方法是在润滑油中添加泡沫抑制剂。

⑤ 强烈的清净分散性。润滑油的清净分散性是指润滑油分散、疏松和移走附着在零件表面上的积碳和污垢的能力。为使润滑油具有清净分散性，必须加入清净分散添加剂。

⑥ 高度的极压性。在摩擦表面之间的油膜厚度小于 0.3～0.4 mm 的润滑状态称为边界润滑。习惯上把高温、高压下的边界润滑称为极压润滑。润滑油在极压条件下的抗磨性叫作极压性。现代汽车发动机的轴承及配气机构等零件的润滑即为极压润滑。为了提高润滑油的极压性，避免在极压润滑的条件下润滑油被挤出摩擦表面，必须在润滑油中加入极压添加剂。极压添加剂与金属表面起化学反应，形成强韧的油膜，以提供对零件的极压保护。

八、润滑系统的润滑油在油路中是怎样工作的?

现代汽车发动机的润滑系统油路大致相同。一般曲轴的主轴颈、曲柄销、凸轮轴颈及中间轴（分电器和机油泵的传动轴）颈均采用压力润滑，其余部分则采用飞溅润滑或润滑脂润滑。当发动机工作时，润滑油从油底壳经集滤器被机油泵送入机油滤清器，如图 2-6-15 所示。

润滑油循环

如果机油压力太高，则润滑油经机油泵上的安全阀返回机油泵入口。全部润滑油经滤清器滤清之后进入发动机主油道。滤清器盖上设有旁通阀，当滤清器堵塞时，润滑油不经过滤清器滤清，而由旁通阀直接进入主油道。润滑油经主油道进入 5 条分油道，分别润滑 5 个主轴承。然后，润滑油经曲轴上的斜油道，从主轴承流向连杆轴承润滑曲柄销。主油道中的部分润滑油经第 6 条分油道供入中间轴的后轴承。中间轴的前轴承由机油滤清器

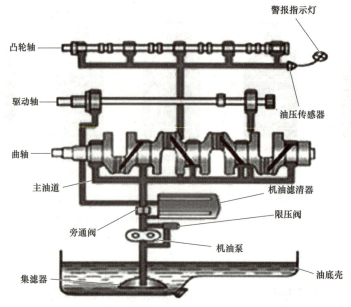

图2-6-15　上海桑塔纳轿车发动机润滑油示意图

出油口的一条油道供油润滑。主油道的另一条分油道直通凸轮轴轴承润滑油道，此油道也有5个分油道，分别向5个凸轮轴轴承供油。在凸轮轴轴承润滑油道的后端，也就是整个压力润滑油路的终端，装有最低润滑油压力报警开关。当发动机起动后，润滑油压力较低，最低油压报警开关触点闭合，油压指示灯亮。当润滑油压力超过31 kPa时，最低油压报警开关触点断开，指示灯熄灭。另外，在机油滤清器上装有润滑油压力开关。当发动机转速超过2 150 r/min时，润滑油压力若低于180 kPa，则开关触点闭合，报警灯闪亮，同时蜂鸣器也鸣响报警。发动机润滑油循环路径如图2-6-16所示。

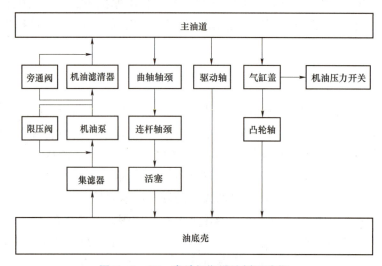

图2-6-16　发动机润滑油循环路径

 技能链接

1. 进入 VR 汽车教育实训平台，完成发动机润滑系统部件拆装。

VR 操作说明

（1）登录 VR 汽车教育实训平台；
（2）按操作提示完成发动机润滑系统部件拆装

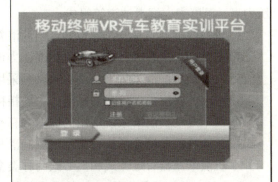

2. 实践操作视频资源

机油泵拆卸

机油泵安装

任务评价

一、判断题

1. 需要以一定的压力将机油输送到摩擦部位，这种润滑方式称为压力润滑。
（　　）

2. 汽车发动机润滑系统由机油泵、机油滤清器、机油冷却器、油底壳、集滤器、机油压力表、温度表、润滑油道等组成。（　　）

3. 机油滤清器中有一个释放阀，当滤清器堵塞时允许油输送到发动机。（　　）

4. 在发动机运行时，当发动机机油压力低时，机油压力指示灯会点亮。（　　）

5. 在发动机润滑系统中，凸轮轴轴颈采用压力润滑。（　　）

6. 机油的黏度是评价机油品质的主要指标，通常用黏度等级来表示。（　　）

7. 汽车发动机润滑系统所用的润滑剂有润滑油和润滑脂两种。（　　）

8. 发动机的曲柄连杆机构采用飞溅润滑和压力润滑相结合的润滑方式。（　　）

9. 机油细滤器有过滤式和离心式两种类型。（　　）

10. 10W-40就是它的SAE标准黏度值，这个黏度值首先表示这个机油是多级机油，W代表冬天，W前面的数字代表低温时的流动性能，数值越小低温时的起动性能越好。
（　　）

11. 润滑油路中的机油压力不能过高，所以润滑油路中用旁通阀来限制油压。
（　　）

12. SAE是美国汽车工程师学会的英文缩写，SAE等级代表油品的黏度等级。
（　　）

13. API是美国石油学会的英文缩写，API等级代表发动机油质量的分类。
（　　）

二、选择题

1. 活塞与气缸壁之间的润滑方式是（　　）。
　A. 压力润滑　　　　　　　　　B. 飞溅润滑
　C. 脂润滑　　　　　　　　　　D. 压力润滑和飞溅润滑同时进行

2. 发动机润滑系统中润滑油的平均油温为（　　）。
　A. 40~50 ℃　　　B. 50~70 ℃　　　C. 70~90 ℃　　　D. 95 ℃以上

三、简答题

1. 机油的作用是什么？
2. 润滑系统的作用是什么？车用发动机有哪几种润滑方式？
3. 机油SAE5W40和SAE10W30有什么不同？
4. 机油压力过低的主要原因是什么？

任务拓展

机油压力指示灯

（1）机油压力指示灯点亮状况

通常在发动机发动起来之前，仪表板上的所有警告灯都会亮起来，等到发动机起动后，这些警告红灯就会相继熄灭，而机油压力指示灯往往是最后一个熄灭。

机油压力指示灯（见图2-6-17）是以机油壶作为标志，假如发动机发动起来一段时间后，红色的机油指示灯还亮着，或者行车途中该灯突然亮起来，应立即将发动机熄火停车检查，待故障排除后才可行驶，否则，会损坏发动机。

图2-6-17　机油压力指示灯

（2）机油压力指示灯点亮的原因

机油压力指示灯点亮的主要原因是机油压力太低甚至根本没有压力。具体原因说明如下：

① 机油油量不足，使机油泵的泵油量减少或因进空气而泵不上油，致使机油压力下降。

② 发动机温度过高，容易使机油变稀，从配合间隙中大量流失而导致机油压力下降。

③ 当机油泵零部件损坏或因磨损、装配等问题出现间隙过大时，将会造成机油泵不出油或出油不足，导致机油压力下降。

④ 曲轴轴颈与轴瓦之间的配合间隙不当，过紧会使机油压力升高，过松会使机油压力降低。

⑤ 机油滤清器、吸油盘堵塞会使供油量减少，导致机油压力下降。

⑥ 回油阀损坏或失灵。若主油道回油阀弹簧疲劳软化或调整不当，阀座与钢珠的配合面磨损或被脏物卡住而关闭不严时，回油量便明显地增加，主油道的油压也随之下降。

⑦ 机油选用不当。如果用错机油或机油牌号选用不当，发动机运转时会因机油黏度太低而加大泄漏量，导致机油压力下降。

⑧ 机油管路中有漏油、堵塞现象。

⑨ 电路器件故障。如机油压力传感器失效，或油压报警控制电路及指示装置失效，导致错误报警。

（3）机油压力指示灯点亮后的应急处理

在行车过程中，一旦机油压力指示灯点亮，应及时采取以下措施。

① 首先打开紧急信号灯，换空挡，滑行到路边停车，发动机熄火。

② 打开发动机舱盖，抽出机油尺，检查发动机机油量。如果机油量不足，设法补充后再尽快到修理厂检修。

③ 如果机油量正常，则检查机油黏度是否过小。用拇指和食指沾少许机油，两指拉开，两指间应有 2~3 mm 的油丝，否则说明机油黏度过小。若机油黏度过小，可更换机油试车。

④ 如果机油量正常且机油黏度合适，但发动机起动后，机油压力指示灯仍然会一直点亮，则表示发动机内部出毛病了，如机油泵故障、机油油道堵塞、轴承磨损过度、机油滤清器堵塞、机油限压阀和机油压力指示灯控制电路故障等，应立即送修理厂检修。

任务 2.7 燃油供给系统认知与拆装

任务描述

　　电控汽油喷射的燃油供给系统的作用是完成汽油的抽吸、升压、滤清、喷油。电控汽油喷射的燃油供给系统由油箱、油泵、汽油滤清器、燃油分配管、回油管、油压调节器、喷油器等组成。本任务是让学生掌握电控汽油喷射的燃油供给系统结构、工作原理及其主要零部件的功用，学会燃油泵和燃油滤清器的拆装。根据环保要求，妥善处理辅料、废弃液体和损坏的零部件。

任务目标

1. 能掌握燃油供给系统的结构、作用；
2. 能分析燃油泵的结构和工作原理；
3. 能依据维修手册的技术标准完成燃油泵的拆装。

任务实施

教学目标	教学活动	内容及要求	
知识	活动1		（1）燃油供给系统的作用是什么？ （2）左图中编号的名称是什么？

教学目标	教学活动	内容及要求	
知识	活动2	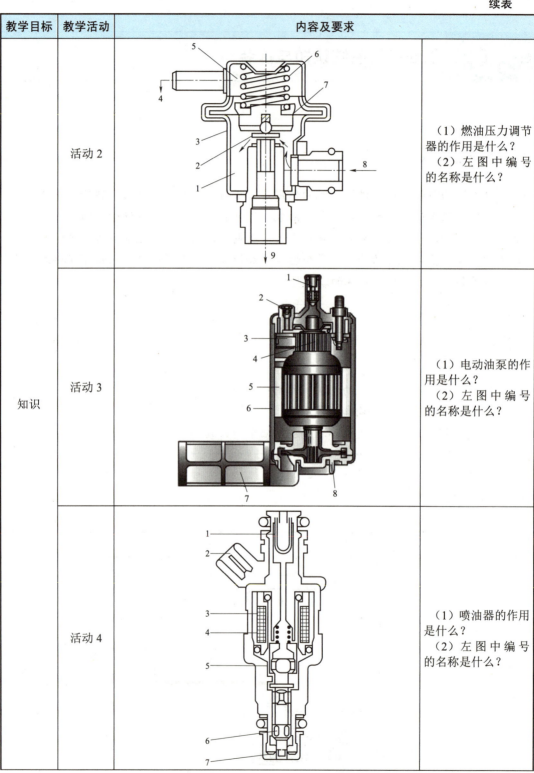	（1）燃油压力调节器的作用是什么？ （2）左图中编号的名称是什么？
	活动3		（1）电动油泵的作用是什么？ （2）左图中编号的名称是什么？
	活动4		（1）喷油器的作用是什么？ （2）左图中编号的名称是什么？

续表

教学目标	教学活动	内容及要求	
能力	活动5		（1）依据维修手册的技术要求，完成燃油泵的拆装； （2）查找维修手册，记录与操作相关的操作要点和技术参数
素质	活动6	比较汽油发动机和柴油发动机的燃油供给系统有何不同？	

任务学习

◎ **知识链接**

一、燃油供给系统的作用是怎样的？

汽油在气缸内燃烧，须先形成雾状，并进行适当蒸发，与适量空气均匀混合。这种按一定比例混合的汽油与空气的混合物，称为可燃混合气。可燃混合气中燃油含量的多少称为可燃混合气的浓度（成分）。汽油机燃料供给系统的作用是不断地输送滤清的燃油和清洁的空气，根据发动机各种不同工作情况的要求，配制出不同的可燃混合气，使其进入气缸燃烧，在活塞做功后将废气排入大气。

因为燃料不同，喷油控制方式不同，所以汽油机和柴油机的燃油供给系统区别较大。

（1）汽油机燃油供给系统

汽油的使用特性指标——蒸发性、热值和抗爆性，将对发动机起动、运行性能造成很大影响。要想使汽油在气缸内燃烧，必须经过雾化和汽化的过程，形成可以燃烧的混合气，并被电火花点燃，如图2-7-1所示，这种按一定比例混合的汽油空气混合物，称为可燃混合气。燃烧 1 kg 燃油实际供给的空气质量与理论上完全燃烧 1 kg 燃油所需空气质量之比为过量空气系数。可燃混合气中空气的质量与燃油质量之比为空燃比。理论上 1 kg 汽油完全燃烧需要空气 14.7 kg，故对于汽油机而言，空燃比为 14.7 的可燃混合气可称为理论混合气。若可燃混合气的空燃比小于 14.7，则意味着其中汽油含量有余（亦即空气含量不足），可称之为浓混合气；反之则亦然。应该注意的是：对于不同的燃料，其理论空

燃油供给系统结构

燃比数值是不同的。

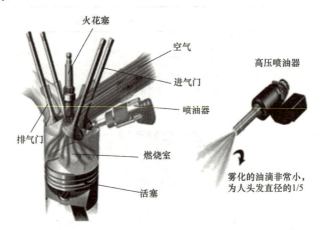

图 2-7-1　汽油机汽油喷射做功示意图

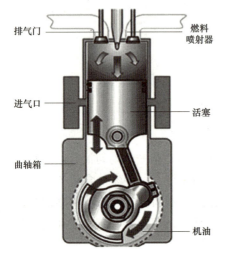

图 2-7-2　柴油机柴油喷射做功示意图

（2）柴油机燃油供给系统

柴油机以柴油为燃料。由于柴油的蒸发性和流动性都比汽油差，因此柴油机不能像汽油机那样在气缸外部形成可燃混合气。柴油机的混合气只能在气缸内部形成，即在接近压缩冲程终点时，通过喷油器（高压油泵）把柴油喷入气缸内，如图 2-7-2 所示。柴油油滴在炽热的空气中受热、蒸发、扩散，并与空气混合形成可燃混合气，最终自行发火燃烧。

二、汽油有什么重要特性？

汽油是原油精炼产生的碳氢化合物。汽油是高挥发性的，燃烧时能生成大量的热。因此汽油不含有害物质，并且抗爆性能高，所以它可以用作汽油发动机的燃料。汽油是高挥发性的，与空气接触后汽化并形成可燃气体，极小的火花都能轻易将其点燃，因此非常危险，必须小心处理。

（1）汽油的辛烷值

辛烷值是表示汽油特性的量度标准之一，并代表燃油的抗爆特性。辛烷值高的汽油比辛烷值低的汽油更少引起发动机爆燃。普通汽油的最低辛烷值为 91 ROZ/RON，高级汽油的最低辛烷值为 95 ROZ/RON，超级汽油的最低辛烷值为 98 ROZ/RON。

（2）无铅汽油

为了增加辛烷值，有些汽油添加了适量的铅，称为含铅汽油。然而，铅会破坏汽油汽车三元催化器的活性贵金属镀层，所以装有三元催化器的汽车需要使用无铅燃料。所谓"无铅汽油"，只是其铅含量被减少到最低限度，实际上不可能完全无铅。无铅汽油因为铅含量减少，其抗爆性也随之有所降低，所以汽油中必须用专用添加剂来纠正抗爆性。

三、缸内直喷式和顺序多点喷射式有什么区别?

汽油汽车的燃油供给系统，有顺序多点喷射式和缸内直喷式两种。顺序多点喷射式燃油供给系统的特点是将燃油按顺序喷到进气歧管中并被进气带到气缸中，与进气混合成可燃气体。顺序多点喷射式燃油供给系统的供油压力较低，一般为380 kPa 左右（因发动机类型而异）。缸内直喷式燃油供给系统的特点是将燃油按做功顺序直接喷到气缸中。缸内直喷式燃油供给系统的供油压力相对较大，一般在高负荷时能达到 150 bar（1 bar＝105 Pa）左右（因发动机类型而异）。

（1）顺序多点喷射式燃油供给系统

顺序多点喷射式燃油供给系统主要包括燃油箱、电动燃油泵、燃油滤清器、燃油压力调节器、燃油管、燃油轨道和喷油器等。顺序多点喷射式燃油供给系统的结构如图 2－7－3 所示。

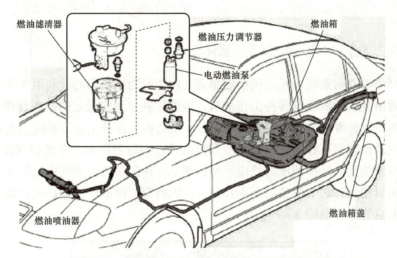

图 2－7－3 顺序多点喷射式燃油供给系统的结构

电动燃油泵由 ECM 控制，它将燃油从燃油箱中吸出并加压，通过燃油管输送到燃油轨道中，向喷油器提供发动机工作所需的燃油。喷油器由 ECM 根据气缸的做功顺序依次喷油，并根据进气压力传感器、曲轴位置传感器、进气温度传感器和氧传感器等输入信号精确检测发动机工况，并控制喷油脉宽，以达到合理的空燃比。顺序多点喷射式燃油供给系统的油压在正常情况下保持在 3.8 bar 左右，在发动机起动和冷车时会升高到 4.2 bar。

（2）缸内直喷式燃油供给系统

缸内直喷式燃油供给系统（见图 2－7－4 和图 2－7－5）的主要部件包括燃油箱、燃油输送模块、加油组件和两个燃油油位传感器。缸内直喷式燃油供给系统的优点主要包括：

① 高压喷射，喷油雾化优良。

② 精确控制各工况下的喷油量和喷油正时，保证最佳空燃比。

③ 动力性、燃油经济性、排放性等均得到极大改善。

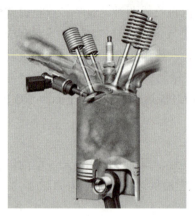

图2-7-4　缸内直喷式燃油系统示意图

图2-7-5　缸内直喷式燃油系统基本结构示意图

四、汽油机燃油供给系统由哪些部件组成？

电子控制燃油喷射系统以发动机控制单元（ECU）为控制中心，利用安装在发动机上的各种传感器所提供的发动机各种工作参数，根据控制单元中设定的控制程序，通过控制喷油器，精确地控制喷油量和喷油时间，从而使发动机在各种工况下都能获得最佳浓度的混合气，使发动机获得良好的燃料经济性和排放性，同时也提高汽车的使用性能。

燃油供给系统提供洁净和压力稳定不变的燃油，并在发动机控制单元的控制下适时适量地向各缸喷射燃油。它主要包括以下几部分：燃油泵、燃油滤清器、喷油器、燃油压力调节器及供油总管等（见图2-7-6）。

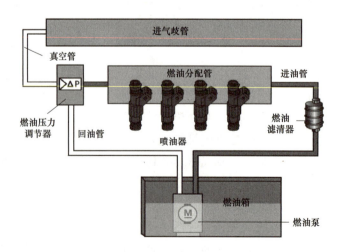

图2-7-6　电子控制燃油喷射系统结构图

（1）燃油箱

燃油箱（见图2-7-7）用于盛放足够多的燃油，一般安装在车辆底部位置，使用一个托架将整个燃油箱总成固定在车辆上。燃油箱采用HDPE（高密度聚乙烯）吹塑而成。

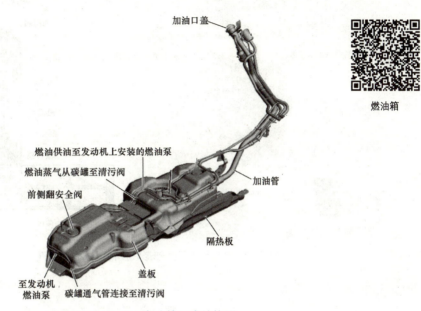

燃油箱

图2-7-7　汽油箱组成结构图

（2）燃油泵

燃油泵的作用是把汽油从燃油箱中吸出，并经管路和汽油滤清器压送到燃油轨道上，最终通过喷油器将燃油喷入进气管路中。正是由于有了燃油泵，燃油箱才能安放到远离发动机的汽车尾部，并低于发动机。燃油泵外部形状及内部结构如图2-7-8所示。燃油泵电动机通电时，燃油泵电动机驱动涡轮泵叶轮旋转，由于离心力的作用，叶轮周围小槽内的叶片贴紧泵壳，将燃油从进油室带往出油室。由于进油室的燃油不断被带走，因此形成一定的真空度，将燃油从进油口吸入；而出油室燃油不断增多，燃油压力升高，当达到一定值时，则顶开出油阀经出油口输出。卸压阀是在油泵油压过高时卸压，保护油泵。单向阀还可在油泵不工作时阻止燃油流回燃油箱，保持油路中有一定的残余压力，便于下次起动。

燃油泵的认知

（3）燃油滤清器

燃油滤清器（见图2-7-9）的作用是把含在燃油中的氧化铁、粉尘等固体杂物除去，防止燃油系统堵塞（特别是喷油器）。减少机械磨损，确保发动机稳定运行，提高可靠性。燃油滤清器的结构由一个铝壳和一个内有不锈钢的支架组成，在支架上装有高效滤纸片，滤纸片成菊花形，以增大流通面积。电喷滤清器不能与燃油滤清器通用。由于电喷滤清器经常承受 200～300 kPa 的燃油压力，因此该滤清器耐压强度一般要求达到 500 kPa 以上，而燃油滤清器则没有必要达到如此高的压力。

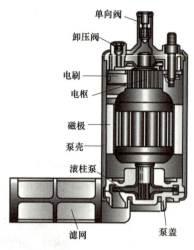

图2-7-8　汽油泵外部形状及内部结构示意图

单向阀
卸压阀
电刷
电枢
磁极
泵壳
滚柱泵
滤网
泵盖

图2-7-9　燃油滤清器

燃油滤清器的认知

（4）燃油轨道

燃油轨道简称共轨，用于共轨式的燃油系统。共轨的作用是为喷油器储存并提供高压燃油，并将燃油压力波动减至最小。燃油轨道如图2-7-10所示。有些燃油轨道上安装有一个压力传感器，其作用是检测燃油压力，并向 ECM 反馈压力信号，以调整油量计量阀的开度，使实际油压与目标油压保持一致。

（5）喷油器

喷油器是在 ECU 的控制下，将汽油

图2-7-10　燃油轨道示意图

呈雾状喷入进气总管或支管内，是电控汽油喷射系统中一个重要的执行元件。电控汽油喷射系统中都使用电磁式喷油器。其按用途可分为单点喷射系统用和多点喷射系统用；按燃料的进入位置可分为上方供油式和侧方供油式；按喷口形式可分为轴针式和孔式；按电磁线圈阻值可分为低阻式和高阻式；按驱动方式可分为电流驱动和电压驱动两种。单点喷射系统的喷油器位于节气门上方进气管处；多点喷射系统的喷油器安装在各进气歧管或进气道附近的缸盖上，并用分配管固定。

多点喷射系统采用的轴针式喷油器结构如图 2-7-11 所示。它的一端为进油口，与分配油管连接；另一端为喷油口，插入进气歧管中，两端分别用 O 形密封圈密封。喷油器由喷油器体、衔铁、针阀、电磁线圈、复位弹簧等组成。

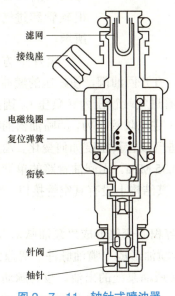

喷油器

图 2-7-11　轴针式喷油器

喷油器内部有一个电磁线圈，经线束与电控单元连接。喷油器头部的针阀与衔铁连接为一体。当电磁线圈有电流通过时，便产生吸力，将衔铁和针阀吸起，打开喷孔，燃油经针阀头部的轴针与喷孔之间的环形间隙高速喷出，并被粉碎成雾状，喷入进气歧管，与空气混合，在进气冲程中被吸入气缸。电磁线圈无电流通过时，磁力消失，弹簧将衔铁和针阀下压，关闭喷孔，停止喷油。ECU 利用脉冲的宽度来控制喷油器每次打开喷油的时间，从而控制喷油量。一般喷油器每次打开喷油的时间为 2～10 ms。时间越长，喷油量就越大。

（6）压力调节器

喷油器喷油量的大小取决于针阀开启时间的长短，对于采用有回油管的供油系统，其前提是喷油器喷孔内外的压力差保持不变。即喷油压力＝燃油压力－进气歧管压力。

实际上，进气歧管压力随节气门开度不同而改变，则造成喷油压力不断变化，导致 ECU

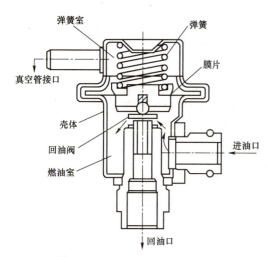

弹簧室　弹簧　膜片　真空管接口　壳体　回油阀　燃油室　进油口　回油口

图 2-7-12　燃油压力调节器

无法通过控制喷油时间的长短来精确地控制喷油量。油压调节器的作用就是根据进气歧管压力的变化来调节进入喷油器的燃油压力，使燃油压力与进气歧管压力之差保持不变，使喷油压力在不同的节气门开度下保持定值。

油压调节器一般安装在分配油管的一端。油压调节器壳体内腔被膜片分成两个小室。上方有一弹簧紧压在膜片上，使回油阀关闭。它的一个进油口和分配油管相通，下方的回油口接回油管，上方的接口通过一根软管和进气歧管相通，结构如图 2-7-12 所示。

膜片下方燃油压力超过膜片上方压力时，就推动膜片向上压缩弹簧，打开回油阀，使超压的燃油经回油管流回油箱。由于膜片上方除了弹簧压力之外还作用着进气歧管压力（负压），因此燃油向上推动膜片打开回油阀所需的燃油压力为弹簧压力＋进气歧管压力，即喷油器的喷油压力等于数值为定值的油压调节器弹簧预紧力。即不论进气歧管真空度如何变化，油压调节器都能使喷油压力保持恒定，喷油压力一般为 0.25～0.35 MPa。无回油管路的单管路供油系统压力调节器安装在汽油箱中模块式燃油泵总成上，其结构上没有真空管接口，燃油分配管内的压力是恒定的。

（7）燃油压力脉动阻尼器

由于汽油泵工作时油泵内容积的变化形成"泵油脉动"，回油时油压调节器阀门开闭形成"回油脉冲"，喷油器间歇喷油形成"喷油脉冲"等原因，汽油在分配管内呈脉动状态。为此，在燃油分配管进口处或油泵处的出油口设有脉动衰减器，利用其膜片和弹簧的变形使容积随压力的大小而变化，缓和衰减分配管内油压的脉动，使油压稳定，保证了燃油准确地计量，如图 2-7-13 所示。

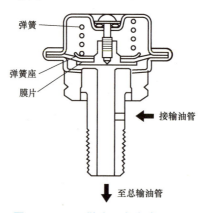

弹簧　弹簧座　膜片　接输油管　至总输油管

图 2-7-13　燃油压力脉动阻尼器

五、柴油发动机燃油供给系统由哪几部分组成？

柴油机燃油供给系统主要由燃油供给装置、空气供给装置、混合气形成装置和废气排出装置4部分组成。

① 燃油供给装置的主要功用是完成燃料的储存、滤清和输送工作，并以一定压力和喷油质量定时、定量地将燃料喷入燃烧室。其包括喷油泵、喷油器和调速器（它根据柴油机负荷的变化自动增减喷油泵的供油量，使柴油机能够以稳定的转速运行）。主要部件由燃油箱、输油泵、油水分离器、燃油滤清器、喷油提前器、高压和低压油管等辅助装置组成，如图2-7-14所示。

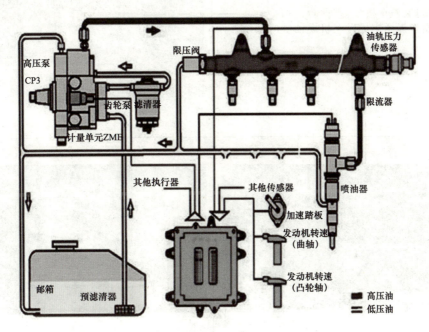

图2-7-14 柴油机燃料供给系统结构示意图

② 空气供给装置的主要功用是供给发动机清洁的空气。

③ 柴油机混合气形成装置就是燃烧室，使燃油与空气混合形成混合气。

④ 废气排出装置的主要功用是在发动机完成做功后排出气缸内的燃烧废气。

技能链接

1. 进入 VR 汽车教育实训平台，完成发动机燃油供给系统部件拆装。

VR 操作说明
（1）登录 VR 汽车教育实训平台； （2）按操作提示完成发动机燃油供给系统部件拆装 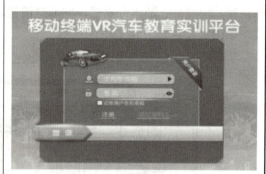

2. 实践操作视频资源

燃油泵拆卸

燃油滤清拆装

任务评价

一、判断题

1. 空燃比为 15.7 的可燃混合气可称为理论混合气。   （   ）

2. 柴油机的混合气只能在气缸内部形成，即在接近压缩冲程终点时，通过喷油器（高压油泵）把柴油喷入气缸内。   （   ）

3. 辛烷值是指示汽油特性的量度标准之一，并代表燃油的抗爆特性。辛烷值高的汽油比辛烷值低的汽油更少引起发动机爆震。   （   ）

4. 缸内直喷式燃油系统的主要部件包括燃油箱、燃油输送模块、加油组件和两个燃油油位传感器。   （   ）

5. 按一定比例混合的汽油空气混合物，称为可燃混合气。   （   ）

6. 顺序多点喷射式燃油系统主要包括：油箱、电动燃油泵、汽油滤清器、压力调节器、燃油管、燃油轨道和喷油器等。   （   ）

7. 燃油箱一般采用高密度聚乙烯吹塑而成。   （   ）

8. 汽油泵的作用是把汽油从油箱中吸出，并经管路和汽油滤清器压送到油轨上，最终通过喷油器将燃油喷入进气管路中。   （   ）

9. 燃油滤清器的作用，是把含在燃油中的氧化铁、粉尘等固体杂物除去，防止燃油系统堵塞。   （   ）

10. 燃油轨道简称共轨，用于共轨式的燃油系统。共轨的作用是为喷油嘴储存并提供高压燃油，并将燃油压力波动减至最小。   （   ）

二、简答题

1. 燃油供给系统的作用是什么？

2. 燃油供给系统由哪些部件组成？

3. 燃油压力调节器的作用及工作原理是什么？

任务拓展

供油系统控制逻辑

（1）油泵开逻辑：点火开关打开后，油泵将运转 1.5 s，如果没有检测到有效的 58X 信号，油泵停止运转；发动机开始转动，发动机电控单元（ECU）检测到 2 个有效的 58X 信号后，油泵开始运转。

（2）油泵关逻辑：失去转速信号后 0.8 s 或防盗器要求关闭油泵，油泵停止运转。

（3）起动预喷：起动预喷只在正常起动过程中喷一次。当发动机开始转动，ECM 至少检测到 2 个有效的 58 齿信号，所有气缸的喷油器会同时进行一次喷油。

（4）保护性断油：以下条件任何一个满足，系统将停止喷油。

① 当发动机转速高于 6 000 r/min 时断油，当转速低于 5 900 r/min 时恢复供油。

② 当系统检测到点火系统故障时断油。

③ 当系统电压＞18 V，且发动机转速＞1 100 r/min 时断油，电压＜18 V 时恢复供油。

任务 2.8　点火系统认知与拆装

任务描述

　　发动机点火系统的作用就是将低压电转变成高压电，并按照发动机的点火顺序，在规定时刻供给火花塞足够能量的高压电，使火花塞产生电火花，点燃可燃混合气，使发动机做功。本任务主要介绍点火系统的功用、结构和工作原理。让学生了解点火系统各个部件的功用，掌握火花塞的拆装。根据环保要求，妥善处理辅料、废弃液体和损坏的零部件。

任务目标

　　1. 能掌握点火系统的功用、结构和工作原理；
　　2. 能描述点火线圈的结构和工作原理；
　　3. 能依据维修手册的技术标准完成火花塞的拆装。

任务实施

教学目标	教学活动	内容及要求	
知识	活动1		（1）点火系统的作用是什么？ （2）左图中编号的名称是什么？

教学目标	教学活动	内容及要求
知识	活动2	（1）火花塞的作用是什么？ （2）左图中编号的名称是什么？
	活动3	（1）点火线圈的作用是什么？ （2）左图中编号的名称是什么？
能力	活动4	（1）依据维修手册的技术要求，完成火花塞的拆装； （2）查找维修手册，记录与操作相关的操作要点和技术参数
素质	活动5	比较汽油发动机和柴油发动机燃烧过程有何不同？

◎ 知识链接

一、汽油发动机点火系统是怎样工作的?

汽油发动机工作时,吸入气缸中的可燃混合气在压缩冲程终了时靠电火花点燃,使混合气燃烧产生强大动力,推动活塞向下运动使发动机做功,如图2-8-1所示。因此,在汽油发动机的燃烧室中装有火花塞。在火花塞的两个电极之间加上直流高电压时,电极之间的气体便发生电离现象。随着两电极间电压的升高,气体电离的程度也不断增强。当电压增长到一定值时,火花塞两极间的间隙被击穿而产生电火花。使火花塞两电极间隙击穿所需的电压,称为击穿电压。击穿电压的数值与电极间的距离(火花塞间隙)、气缸内的压力和温度有关。电极间隙越大,缸内压力越高,温度越低,则击穿电压越高。为了使发动机在各种工况下均能可靠地点火,作用在火花塞间隙的电压应能达到15～20 kV。能够按时在火花塞两电极之间产生电火花的全部装置,称为发动机点火系统。为了适应发动机的工作,要求点火系统能在规定的时刻,按发动机的点火次序供给火花塞以足够能量的高压电,使其两电极间产生电火花,点燃混合气,使发动机做功。

点火系统结构

图2-8-1 汽油在气缸内燃烧示意图

(1)点火系统的作用

发动机点火系统的作用就是将低压电(12 V)转变成高压电(15～25 kV),并按照发动机的点火顺序,在规定时刻供给火花塞足够能量的高压电,使火花塞产生电火花,点燃可燃混合气，使发动机做功。

（2）高压要求

即点火装置能够产生足以击穿火花塞电极间隙的高电压。影响击穿电压的因素：火花塞两电极间隙、电极的温度与极性、气缸内混合气的压力与温度和发动机的工作情况等。发动机正常工作时击穿电压一般均在 15 kV 以上；发动机在满载低速时击穿电压为 8～10 kV；起动时需要 19 kV 的电压。考虑各种不利因素的影响，通常点火系统的设计电压为 20～30 kV。

（3）高能要求

即电火花应具有足够的点火能量。发动机正常工作时，由于混合气压缩终了的温度很高，故此时所需的点火能量很小（1～5 mJ）。但在发动机起动、怠速运转以及急加速时，则需要较高的点火能量。因此，为了保证可靠点火，通常要求点火系统提供的火花能量不得低于 50 mJ。

（4）正时要求。

即点火时间应与发动机的工作情况相适应。一是点火系统应该按照发动机的做功顺序进行点火，即点火顺序和做功顺序一致；二是点火系统必须在对发动机工作最有利的时刻点火。一般我们用点火提前角来描述点火时刻。点火提前角是指从火花塞电极跳火开始到其运行至压缩上止点为止这一段时间内曲轴所转过的角度。通常把能够保证发动机输出功率最大、油耗最低的点火提前角称为最佳点火提前角。不同型号发动机的最佳点火提前角各不相同，并且同一台发动机在不同的工况和使用条件下最佳点火提前角也不相同。因此，点火系统必须能够随发动机工况的变化，自动调整点火提前角，以保证发动机的最佳性能。

二、点火系统是由哪些部分组成的?

点火系统根据产生高压电方式的不同，分为传统点火系统和微机控制点火系统。

（1）传统点火系统（见图2-8-2）

以蓄电池或发电机为电源，借点火线圈和断电器将低压电转变为高压电，再经过配电器分配到各缸火花塞，使火花塞两电极之间产生电火花，点燃混合气。

（2）微机控制点火系统（见图2-8-3）

现代发动机点火系统取消了分电器，由微机系统直接进行高压电的分配，是现代新型的无分电器点火系统。微机控制的点火系统已广泛应用于各种轿车上。

微机控制点火系统又称电子控制点火系统，主要由传感器、电控单元（ECU）和点火控制器三部分组成（见图2-8-4）。发动机 ECU 首先根据发动机转速和负荷信号确定基本点火提前角，再根据进气温度传感器、水温传感器、节气门位置传感器和爆燃传感器等的输入信号加以修正，计算出最佳点火提前角，然后向点火控制器发出点火命令，它可以使发动机在任何工况下均处于最佳点火提前角状态，并实现点火提前角控制、通电时间控制和爆燃控制三方面的功能。

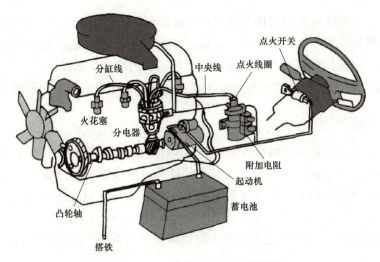

图2-8-2　传统点火系统结构图

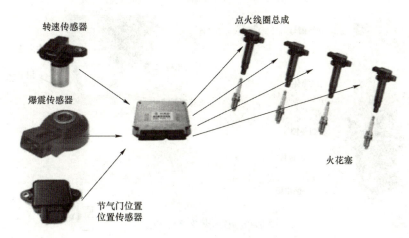

图2-8-3　微机控制点火系统结构图

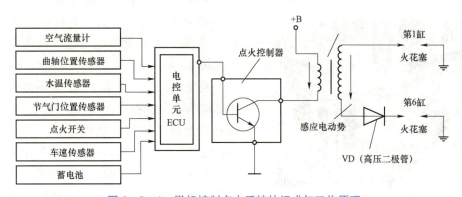

图2-8-4　微机控制点火系统的组成与工作原理

　　发动机控制模块（ECM）通过单独的点火线圈控制电路，控制每个气缸的点火。当发动机控制模块指令点火控制电路通电时，电流将流经点火线圈的初级绕组，形成一个磁场；

当点火被请求时，发动机控制模块指令控制电路断开，阻止电流流过初级绕组。此时由初级绕组形成的磁场穿过次级线圈绕组时减弱，产生一个穿过火花塞电极的高压。发动机控制模块使用来自曲轴位置传感器、凸轮轴位置传感器的信息，来控制点火的顺序及正时；发动机 ECU 能够根据发动机转速和负荷等传感器信号实现点火提前角的最佳控制。

三、火花塞怎样点火的？

汽油发动机混合气在压缩以后，需要点燃才能"引爆"。安装在气缸上的火花塞就是扮演"引爆"的角色。火花塞的结构由接线螺母、绝缘体、密封垫圈、中心电极、侧电极组成（见图 2-8-5）。火花塞点火的原理类似雷电，其头部有中心电极和侧电极，两个电极之间有 0.9～1.3 mm 的间隙，当通电时能产生高达 1 万多伏的电火花，可以瞬间"引爆"气缸内的混合气体。

火花塞的认知

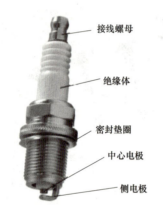

图 2-8-5　火花塞结构图

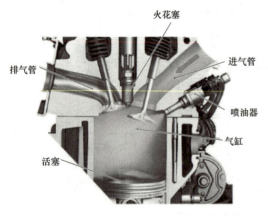

图 2-8-6　火花塞安装位置图

火花塞的作用是在电极间产生电火花，点燃混合气。火花塞属于易损件，使用正常的火花塞头部通常呈暗红色，火花塞安装位置如图 2-8-6 所示。

要使火花塞能正常工作，其下部绝缘体及裙部温度应保持在 500～700 ℃，这样才能使落在绝缘体上的油滴立即烧掉，不致形成积碳，通常这个温度称为火花塞的自净温度。如果低于此温度，就可能使油雾积成油层，引起积碳；如果温度过高，则会形成炽热点，发生表面点火。

火花塞裙部的工作温度取决于火花塞的热特性和气缸的工作温度。火花塞的热特性是指火花塞发火部位的热量向发动机冷却系统散发的性能。影响火花塞热特性的主要因素是火花塞裙部的长度。绝缘体裙部长的火花塞，受热面积大，传热距离长，散热困难，裙部温度高，称为热型火花塞；绝缘体裙部短的火花塞，受热面积小，传热距离短，容易散热，裙部温度低，称为冷型火花塞。热型火花塞适用于低速、低压缩比、小功率的发动机；冷型火花塞适用于高速、高压缩比、大功率的发动机。

火花塞的热特性常用热值表示。火花塞的热值通常用阿拉伯数字表示，1、2、3 为低热值火花塞，4、5、6 为中热值火花塞，7、8、9 及以上为高热值火花塞。热值数越高，表示散热性越好。因此，小数字代表热型火花塞，大数字代表冷型火花塞。

四、点火电压从哪里来？

火花塞要点火，需要提供高压电，而蓄电池只能提供 12 V 的电压。为此，需要采用点火线圈将 12 V 的低压提高至 20 000 V 左右。点火线圈（见图 2–8–7）实际上是一个升压变压器，它由初级线圈、次级线圈和铁芯等组成，通过线圈自感和互感原理实现电压升高。

点火线圈

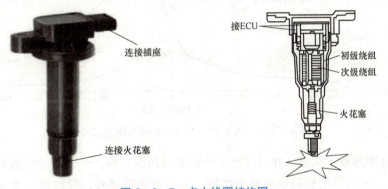

连接插座

连接火花塞

接ECU

初级绕组

次级绕组

火花塞

图 2–8–7　点火线圈结构图

点火线圈产生高压电以后，传统点火系统采用分电器和高压线来分配、传输给火花塞。随着独立点火系统的发展，每个气缸都有一个或两个点火线圈，分电器和高压线被取消。目前，普遍使用每缸都有点火线圈的独立点火系统，其点火线圈还集成了高压线、点火控制器等功能。要想使气缸内的"爆炸"威力更大，适时地点火就非常重要。实际的点火时刻都是在压缩冲程末就开始了，相对压缩上止点时是提前的，所以我们称之为点火提前。通常用上止点时的曲轴转角做点火提前的参考点，例如点火提前角10°。在不同转速下、不同节气门开度下点火的提前量是不同的，所以需要一个复杂的点火系统来控制。点火系统包括转速传感器、节气门位置传感器、爆燃传感器等传感器元件，发动机控制单元以及点火控制模块、点火线圈和火花塞等。发动机如果点火太早，混合气在火焰还没有到达之时就自行发火，发动机这时会产生一种高频金属敲击声，这种现象既有损发动机功率，也容易损坏发动机。发动机采用了爆燃传感器来预防这种情况发生，爆燃传感器的作用是检测到发动机振动，并将振动转化为电信号，传输给电控单元。

五、汽油发动机点火燃烧有哪几个阶段？

汽油机燃烧是火花点火和火焰传播，根据气缸内压力变化特征，可以将燃烧过程分为滞燃期、速燃期和后燃期三个阶段（见图2-8-8）。

1. 着火落后期

着火落后期又称为滞燃期、着火延迟期、初燃期、火焰发展期，是从A点火花塞点火开始到B点形成火焰中心，A点是火花塞点火的瞬间，A点到上止点之间的角度也就是点火提前角；形成火焰中心的B点是压力上升线和纯压缩线分离的点。着火落后期约占整个燃烧期的10%。

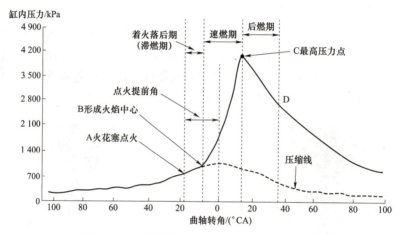

图2-8-8　汽油发动机气缸内点火燃烧过程

着火落后期形成了火核，并以层流火焰状态向周围扩展。一般汽油机的着火落后角是10～20°CA。着火落后期影响着整个燃烧，为了着火性能好、保持燃烧稳定、各循环间压力波动小，应该尽量缩短着火落后期，所以又称为滞燃期。

2. 速燃期

速燃期又称为明显燃烧期、主燃期、中燃期、快速燃烧期、火焰传播期，是从形成火焰中心的B点到压力最高点C点，其间大部分燃料（70%～90%）是在这个阶段烧完的，燃烧放热主要是在火焰前锋面上进行，火焰烧遍整个燃烧室，缸内压力和温度急剧升高，压升率高（通常在0.2～0.4 MPa），火焰传播速度快（50～60 m/s）。

形成火焰中心的B点一般出现在上止点前12°～15°比较合适。压力最高点C点一般被希望出现在上止点后10°～15°。

速燃期对汽油机性能有决定性影响，速燃期越短，越接近上止点，汽油机的动力性、经济性也越好。但过高可能会导致噪声、振动大、工作粗暴、排放不佳。

3. 后燃期

后燃期又称为补燃期、末燃期、燃尽期。D点是燃料基本烧完的点，总燃料的5%～

10%在后燃期被燃烧掉。由于燃料与空气的混合并非完全均匀，加上燃烧产物在高温下可能发生热分解，因此在火焰锋面传到末端混合气后，缸内仍有未完全燃烧的燃料存在。后燃期是活塞下行，缸内压力很快下降，热能转化为功的能力减弱，所以要尽量减少后燃期。

后燃和混合气浓度有关。混合气过浓（如 $a<0.8$）时，燃烧缓慢，后燃严重，甚至在排气门打开后进入排气管中燃烧，产生排气管放炮现象；混合气过稀（如 $a>1.3$），火焰传播速度过慢，缸外形成混合气的汽油机在进气门开启时火焰传到进气管内，引起进气管回火现象。后燃还和点火提前角有关。点火提前角越小，后燃越严重。

 技能链接

1. 进入 VR 汽车教育实训平台，完成发动机点火系统部件的拆装。

VR 操作说明
（1）登录 VR 汽车教育实训平台； （2）按操作提示完成发动机点火系统部件的拆装 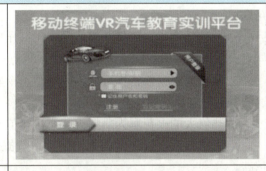
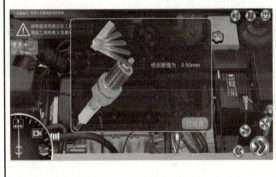 

2. 实践操作视频资源

火花塞拆卸

火花塞安装

²⁴ **任务评价**

一、判断题

1. 汽油发动机工作时，吸入气缸中的可燃混合气在压缩冲程终了时靠电火花点燃。（　　）

2. 能够按时在火花塞两电极之间产生电火花的全部装置，称为发动机点火系统。（　　）

3. 微机控制点火系统由点火线圈（点火模块）和微机控制装置产生的点火信号，将电源的低压电转变为高压电。（　　）

4. 点火线圈实际上是一个升压变压器，它由初级线圈、次级线圈和铁芯等组成。通过线圈自感和互感原理实现电压升高。（　　）

5. 在汽油发动机中，气缸内压缩的混合气是点燃的，为此在汽油机的燃烧室中装有火花塞。（　　）

6. 发动机点火系统按其组成及产生高压电方法的不同分为传统蓄电池点火系统、半导体点火系统和微机控制点火系统、磁电机点火系统。（　　）

7. 火花塞根据热特性可分为普通型、冷型和热型火花塞。凡大功率、高压缩比、高转速的发动机均应选用冷型火花塞。（　　）

8. 热值大的火花塞为热型火花塞，热值小的火花塞为冷型火花塞。（　　）

9. 火花塞两电极之间的距离越大，气缸内的压力越低、温度越低，则所需击穿电压越高。（　　）

10. 为保证火花塞易于跳火，火花塞的电流应从侧电极流向中心电极。（　　）

11. 不同的发动机的最佳点火提前角是不同的，但同一台发动机的点火提前角却是恒定的。（　　）

12. 点火过早会使发动机排气冒黑烟。（　　）

13. 发动机的转速越高，点火提前角应越大；发动机的负荷越小，点火提前角应越小。（　　）

14. 要使发动机输出最大功率，就应在活塞到达上止点的那一时刻点燃混合气。（　　）

二、选择题

1. 作用于火花塞两电极之间的电压一般为（　　）。

  A. 220 V
                         B. 380 V

  C. 1 000～1 800 V
          D. 10 000～15 000 V

2. 为保证火花塞易于跳火，应使点火瞬间火花塞的中心电极为（　　）。

  A. 正极
                         B. 负极

C. 正、负不一定　　　　　　　　　　　D. 正、负无所谓

3. 点火过早会使发动机（　　）。

   A. 过冷　　　　　　　　　　　　　　B. 功率下降

   C. 燃油消耗率下降　　　　　　　　　D. 排气管冒黑烟

4. 点火过迟会导致发动机（　　）。

   A. 排气管放炮　　B. 耗油率下降　　C. 化油器回火　　D. 曲轴反转

5. 要使发动机正常工作，火花塞绝缘体裙部的温度（自净温度）应保持在（　　）。

   A. 80～90 ℃　　B. 70～80 ℃　　C. 500～600 ℃　　D. 800～900 ℃

6. 压缩比低、转速低、输出功率小的发动机应选用（　　）。

   A. 冷型火花塞　　　B. 中型火花塞　　　C. 热型火花塞　　　D. A，B，C 均可

三、简答题

1. 点火系统的作用是什么？

2. 微机控制的点火系统由哪些部件组成？

3. 火花塞的拆装流程和注意事项是什么？

 任务拓展

点火系统控制

（1）点火系统控制逻辑

线圈充磁控制：点火线圈充磁时间决定了火花塞的点火能量。太长的充磁时间会损害线圈或线圈驱动器，太短会导致失火。

起动模式：在起动模式下，系统采用一个固定的点火角，以保证缸内混合气被点燃，并提供正扭矩；发动机着车，转速上升，并且能够自行运转后，点火角控制退出起动模式。

起燃控制：在不影响冷态驾驶性的前提下，为让催化器尽可能快地起燃，在加热催化器过程中，基本点火角可以不是最佳扭矩点（MBT）或爆燃临界点（KBL）点火角，而且在不影响驾驶性的情况下应该尽可能地延迟。

（2）点火提前角的计算

主点火角：发动机冷却液温度正常后，通常节气门开启工况下的主点火角就是 MBT 时的最小点火角，即 KBL；在怠速情况下，点火角应该小于 MBT 点以获得怠速稳定性。

（3）爆燃控制逻辑

爆燃的产生：当火花塞前沿向外传播但还未完全扩散到整个燃烧室时，如果气缸内的气体压力已经足够高，可能会导致混合气体产生自动提前点火，即自燃；自燃将导致气缸内的压力产生剧烈的波动，这种波动将以机械振动的形式传递到缸体上；当这种振动强到一定程度时，将可以听到一种"敲击"缸体的声音，这就是爆燃。

爆燃控制方案主要有下列模式：

① 稳态爆燃控制：在发动机正常运转时，ECM 通过爆燃传感器收集和分析发动机燃烧过程中的声音，经过过滤，检出爆燃。一旦爆燃的强度超过允许的限制，系统将快速推迟爆燃所发生气缸的点火提前角，在后续的燃烧循环中消除爆燃，点火提前角将逐渐恢复至正常角度。

② 瞬态爆燃控制：在急加速或发动机转速急剧变化时，爆燃容易发生。系统预测到爆燃发生的可能性后，会自动推迟点火提前角，以避免超限（强烈）的爆燃发生。

③ 快速推迟点火角：在急加速或发动机转速急剧变化时，爆燃容易发生。系统预测到爆燃发生的可能性后，会自动推迟点火提前角，以避免超限（强烈）的爆燃发生。

④ 适应性调整点火角：由于制造误差和长期使用后的磨损，发动机之间存在差异。在系统和发动机使用初始或 ECM 重新上电后，发动机工作时可能会有爆燃发生，而系统将其记录，经过一段时间的磨合后，系统将自动生成适应性的点火调整修正值（自学习值）；当发动机运行到相同的工况时，系统将自动地对点火提前角进行适应性调整，避免强烈爆燃的发生。系统适应性学习值是在发动机运转过程中不断更新的。

任务 2.9　起动系统认知与拆装

任务描述

　　发动机起动时，首先需要借助外力来克服气缸内被压缩的气体阻力、发动机本身的机件及其附件内相对运动零件之间的摩擦阻力。本任务主要介绍起动系统的作用与组成。通过学习，让学生掌握起动系统的结构及工作原理，学会起动机的拆装。根据环保要求，妥善处理辅料、废弃液体和损坏的零部件。

任务目标

　　1. 能掌握发动机起动系统的结构和作用；
　　2. 能描述起动机的功用、结构和工作原理；
　　3. 能依据维修手册的技术标准完成起动机的拆装。

任务实施

教学目标	教学活动	内容及要求	
知识	活动 1		（1）起动系统的作用是什么？ （2）左图中编号的名称是什么？

教学目标	教学活动	内容及要求	
知识	活动2		（1）起动机由哪几部分组成？ （2）左图中编号的名称是什么？
能力	活动3		（1）依据维修手册的技术要求，完成起动机的拆装； （2）查找维修手册，记录与操作相关的操作要点和技术参数
素质	活动4	什么是一键起动和怠速起停系统？	

任务学习

◎ 知识链接

一、发动机是如何起动的？

要使发动机由静止状态过渡到工作状态，必须先用外力转动发动机的曲轴，使活塞做往复运动，气缸内的可燃混合气燃烧膨胀做功，推动活塞向下运动，使曲轴旋转，发动机才能自行运转，工作循环才能自动进行。因此，从曲轴在外力作用下开始转动到发动机开始自动地怠速运转的全过程称为发动机的起动。完成起动过程所需的装置，称为发动机的起动系统。

起动系统将储存在蓄电池内的电能转换为机械能，要实现这种转换，必须使用起动机。起动机的功用是由直流电动机产生动力，经传动机构带动发动机曲轴转动，从而实现发动机的起动。起动系统包括以下部件：蓄电池、点火开关（起动开关）、起动机总成、起动继电器等。起动系统如图2-9-1所示。

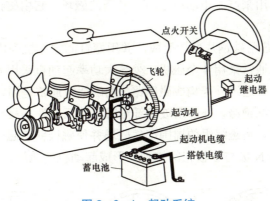

起动系统认知

图2-9-1　起动系统

二、发动机起动应该具备哪些条件？

发动机起动时，必须克服气缸内被压缩的气体阻力、发动机本身的机件及其附件内相对运动零件之间的摩擦阻力。克服这些阻力所需要的扭矩，称为起动扭矩。使发动机起动所必需的曲轴转速，称为起动转速。车用汽油发动机在温度为0~20℃时，最低起动转速一般为30~40 r/min。为了使发动机能在更低的温度下顺利可靠地起动，要求起动转速不低于50~70 r/min。若起动转速过低、气体的流速过低、压缩冲程的热量损失过大，则汽油雾化不良，气缸内的混合气不易着火，汽油机通过火花塞点燃才能着火。对于车用柴油机，为了防止气缸漏气和热量散失过多，要保证压缩终了时气缸内有足够的压力和温度，还要保证喷油泵能建立起足够的喷油压力，使气缸内形成足够强的空气涡流。

柴油机要求的起动转速较高，一般为150~300 r/min，否则柴油机雾化不良，混合气质量不好，发动机起动困难。此外，柴油机的压缩比比汽油机的压缩比大，其起动扭矩也大，所以柴油机所需的起动功率大，可由压缩升温自然着火。

三、起动机由哪几部分构成？各部分起什么作用？

起动机由直流电动机、控制机构、传动机构组成，如图2-9-2所示。

（1）直流电动机

图2-9-2　起动机结构图

直流电动机在直流电压的作用下，产生旋转力矩。接通起动开关起动发动机时，电动机轴旋转，并通过驱动齿轮和飞轮的环齿驱动发动机曲轴旋转，使发动机起动。磁极是直流电动机的定子部分，用来产生电动机运转所必需的磁场，它由磁极铁芯、安装在铁芯上的励磁绕组及外壳组成。

① 磁极。磁极铁芯用硅钢片叠加而成，并用螺钉固定在机壳内壁上，为增强磁场、增大扭矩，车用起动机通常采用 4 个磁极，少数大功率起动机采用 6 个磁极，每个磁极铁芯上都缠有励磁绕组，并通过外壳构成磁回路。励磁绕组通常是用较粗的矩形截面的裸铜线绕制的，匝间用绝缘纸绝缘，外部用玻璃纤维带包扎后套在磁极铁芯上。当直流电压作用于励磁绕组的两端时，励磁绕组的周围产生磁场并使磁极铁芯磁化，成为具有一定极性的磁极，且 4 个磁极的 N 极与 S 极相间排列，形成起动机的磁场，如图 2-9-3 所示。

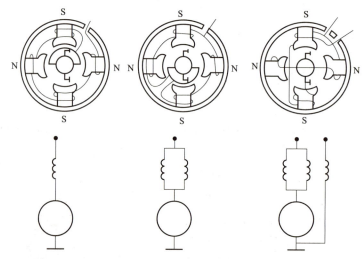

图 2-9-3　励磁绕组与电枢绕组的连接方式

② 电枢。直流电动机的转子部分，用来将电能转变为机械能，即在起动机通电时，与磁场相互作用而产生电磁扭矩。它由换向器、铁芯、绕组和电枢轴组成，如图 2-9-4 所示。电枢铁芯由外圆带槽的硅钢片叠成，压装在电枢轴上；铁芯的外槽内绕有绕组，绕组用粗大的矩形截面裸铜线绕制而成，并且多采用波绕法，以便结构紧凑，并可通过较大的电流，获得较大的电磁力矩。为防止电枢绕组搭铁和匝间短路，在电枢绕组与铁芯之间和电枢绕组匝间用绝缘纸隔开。

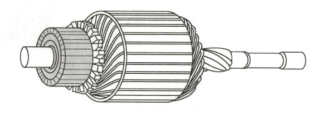

图 2-9-4　电枢总成

换向器是用来连接励磁绕组与电枢绕组的电路，并使处于同一磁极下的电枢导体中流过的电流保持固定方向。它由一定数量的燕尾形铜片组成，并用轴套和压环组装成一个整体，压装在电枢轴上，各铜片之间以及铜片与轴套、压环之间均用云母或硬塑料片绝缘，如图2-9-5所示。电枢绕组各线圈的两端焊接在相应铜片的接线凸缘上，经过绝缘电刷和搭铁电刷分别与起动机励磁绕组一端和起动机壳体连接。电枢轴除了铁芯和换向器外，还制有螺旋槽或花键槽，以便安装传动装置，电枢轴两端通过轴承支承在起动机前、后端盖上。

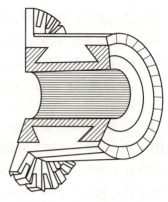

图2-9-5 换向器

③ 电刷及电刷架。电刷用铜和石墨粉压制而成，一般含铜 80%～90%、石墨 10%～20%，以减小电刷电阻并增加其耐磨性。一般起动机电刷个数等于磁极个数，也有的大功率起动机电刷个数等于磁极个数的 2 倍，以便减小电刷上的电流密度。有些小功率高速起动机的电刷弹簧采用螺旋弹簧，多数起动机采用碟形弹簧。电刷架采用箱式结构，铆装于前端盖上。电刷装于架内，并用弹簧压紧在换向器的外圆表面；电刷与换向器有较大的接触面积，以尽量减小电刷与换向器之间的接触电阻，并延长电刷使用寿命。

（2）控制机构

起动机的控制机构也称为操纵机构，它的作用是控制起动机主电路的通、断和驱动齿轮的移出和退回。起动机的控制机构分为直接操纵式和电磁操纵式两种。直接操纵式控制机构检修方便，且不消耗电能，有利于提高起动转速，但驾驶员的劳动强度大，不易远距离操纵，所以目前已很少应用。

（3）传动机构

传动机构安装在电动机电枢的延长轴上，用来在起动发动机时，将驱动齿轮与电枢轴连成一体，并使驱动齿轮沿电枢轴移出与飞轮环齿啮合，将起动机产生的电磁扭矩传递给发动机的曲轴，使发动机起动；发动机起动后，飞轮转速提高，带着驱动齿轮高速旋转，使电枢轴超速旋转而损坏。因此在发动机起动后，在驱动齿轮转速超过电枢轴转速时，传动机构要使驱动齿轮与电枢轴自动脱开，防止电动机超速。为此，起动机的传动机构必须具有超速保护装置。

① 传动机构的类型。车用起动机的传动机构也称为啮合机构，有如下类型：

a. 惯性啮合式传动机构。接通点火开关起动发动机时，驱动齿轮靠惯性力的作用，沿电枢轴移出与飞轮啮合，使发动机起动；发动机起动后，当飞轮的转速超过电枢轴转速时，驱动齿轮靠惯性力的作用退回，脱离与飞轮的啮合，防止电动机超速。

b. 强制啮合式传动机构。接通起动开关起动发动机时，驱动齿轮靠杠杆机构的作用沿电枢轴移出，与飞轮环齿啮合，使发动机起动；发动机起动后，切断起动开关；在外力的作用被消除后，驱动齿轮在复位弹簧的作用下退回，脱离与飞轮环齿的啮合。

c. 电枢移动式啮合机构。起动机不工作时，起动机的电枢与磁极错开。接通起动开关起动发动机时，在磁极磁力的作用下，整个电枢连同驱动齿轮移动，与磁极对齐的同时，驱动齿轮与飞轮环齿进入啮合。发动机起动后，切断起动开关，磁极退磁，电枢轴连同驱动齿轮退回，脱离与飞轮的啮合。

②超速保护装置。超速保护装置是起动机驱动齿轮与电枢轴之间的离合机构，也称为单向离合器。常用的单向离合器有滚柱式、弹簧式、摩擦片式等多种形式。

a. 滚柱式单向离合器。接通起动开关起动发动机时，起动机的电枢轴连同内座圈按图2-9-6所示的箭头方向旋转，由于摩擦力和弹簧张力的作用，滚柱被带到内、外座圈之间楔形槽窄的一端，将内、外座圈连成一体，于是电枢轴上的扭矩通过内座圈、楔紧的滚柱传递到外座圈和驱动齿轮，驱动齿轮与电枢轴一起旋转使发动机起动。发动机起动后，曲轴转速升高，飞轮齿圈将带着驱动齿轮高速旋转。虽然驱动齿轮的旋转方向没有改变，但它由主动轮变为从动轮。当驱动齿轮和外座圈的转速超过内座圈和电枢轴的转速时，在摩擦力的作用下，滚柱克服弹簧张力的作用滚向楔形槽宽的一端，使内、外座圈脱离联系并可以自由地相对运动，高速旋转的驱动齿轮与电枢轴脱开，从而防止电动机超速。

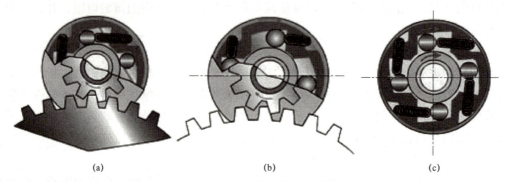

(a)　　　　　　　　(b)　　　　　　　　(c)

图2-9-6　滚柱式单向离合器

b. 弹簧式单向离合器。弹簧式单向离合器安装在电枢的延长轴上，驱动齿轮的右端空套在花键套筒左端的外圆面上，两个扇形块装入驱动齿轮右端的相应缺口中，并伸入花键套筒左端的环槽内，使驱动齿轮与花键套筒之间既可以一起做轴向移动，又可以相对滑转。离合弹簧在自由状态下的内径小于齿轮和花键套筒相应外圆面的外径，在安装状态下弹簧紧套在外圆面上，弹簧与护套之间有间隙。起动时，起动机的电枢轴带动花键套筒旋转，有使弹簧收缩的趋势，弹簧被箍紧在相应外圆面上。于是，起动机的扭矩靠弹簧与外圆面之间的摩擦作用传递给驱动齿轮，通过飞轮环齿带动曲轴旋转，使发动机起动。发动机一旦起动，驱动齿轮的转速超过花键套筒的转速，弹簧便张开，驱动齿轮在花键套筒上滑转，与电枢轴脱开，防止电动机超速。

c. 摩擦片式单向离合器。摩擦片式单向离合器可以传递较大的扭矩，常用于大功率起动机上。接通起动开关起动发动机时，起动机的电磁扭矩通过电枢轴传递给花键套筒。由于内接合鼓与花键套筒之间存在转速差，内接合鼓沿花键套筒左移，将从动片与主动片压紧使外接合鼓与内接合鼓连成一体，即驱动齿轮与电枢轴连成一体，起动机的扭矩通过驱动齿轮和飞轮传递给发动机的曲轴，使发动机起动。发动机起动后，飞轮带着驱动齿轮和外接合鼓高速旋转，外接合鼓的转速超过电枢轴和花键套筒的转速，内接合鼓沿花键右移，从动片与主动片分开，使驱动齿轮与电枢轴脱开，防止电动机超速。

四、起动机都有哪些常见的类型？

在各种起动机的三个组成部分中，电动机部分一般没有本质的差别，而控制方法和传动机构的啮入方式则有很大差异，因此起动机是按控制方法和传动机构的啮入方式的不同来分类的。

（1）按控制方法分类

按控制方法的不同，起动机可分为电磁式、减速式和永磁式。

① 电磁式起动机。电动机的磁场为电磁场的起动机。电磁场是指由线圈通电而在铁芯中产生的磁场。

② 减速式起动机。传动机构设有减速装置的起动机。其电动机一般采用高速小型电动机，质量和体积比电磁式起动机减小 30%～35%。缺点是结构和工艺比较复杂。

③ 永磁式起动机。电动机的磁场由永久磁铁产生的起动机。由于磁极采用永磁材料制成，不需要励磁绕组，因此电动机结构简化、体积小、质量小。

（2）按传动机构啮入方式分类

① 惯性啮合式。驱动齿轮靠惯性力的作用，沿电枢轴移出，与飞轮啮合，使发动机起动。发动机起动后，当飞轮的转速超过电枢轴的转速时，驱动齿轮靠惯性力的作用退回，脱离与飞轮的啮合，防止电动机超速。

② 强制啮合式。利用电磁力拉动杠杆机构，使驱动齿轮强制啮入飞轮齿圈的起动机。其主要优点是工作可靠性高，因此被现代汽车广泛采用。

③ 电枢移动式。利用磁极产生的电磁力使电枢产生轴向移动，从而将驱动齿轮啮入飞轮齿圈的起动机。

④ 同轴式起动机。利用电磁开关推动电枢轴孔内的啮合推杆移动，使驱动齿轮啮入飞轮齿圈的起动机。除上述以外，还有磁极为永久磁铁的永磁式起动机，以及内装减速齿轮的减速起动机等。

五、起动机是怎样工作的？

电磁操纵式控制机构又称电磁开关，使用方便、工作可靠，适合远距离操纵，所以目前应用广泛。起动发动机时，接通总开关，按下起动按钮，吸拉线圈和保持线圈的电路被接通，其电流通路为：蓄电池正极→主接线柱→电流表→总开关→起动按钮→接线柱→吸拉线圈→主接线柱→电动机保持线圈→搭铁→蓄电池负极。发动机起动后，在松开起动按钮的瞬间，吸拉线圈和保持线圈是串联关系，两线圈所产生的磁通方向相反，互相抵消，于是活动铁芯在复

起动过程

位弹簧的作用下迅速回位，使驱动齿轮退出啮合，接触盘在其右端小弹簧的作用下脱离接触，主开关断开，切断了起动机的主电路，起动机停止运转，如图2-9-7所示。

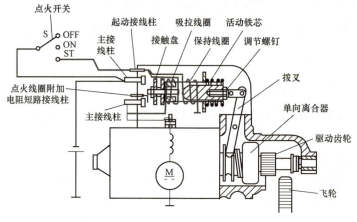

图2-9-7　起动原理示意

技能链接

1. 进入VR汽车教育实训平台，完成蓄电池检查与更换。

VR 操作说明
（1）登录VR汽车教育实训平台； （2）按操作提示完成蓄电池检查与更换 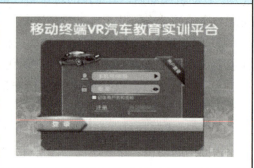
 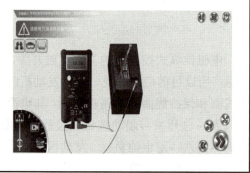

2. 实践操作视频资源

起动机的拆装

 任务评价

一、判断题

1. 串励直流式电动机中"串励"的含义是四个励磁绕组相串联。（　　）

2. 起动机转速越高，流过起动机的电流越大。（　　）

3. 对功率较大的起动机可在轻载或空载下运行。（　　）

4. 驱动小齿轮与止推垫圈之间的间隙大小视不同的起动机型号而稍有出入。

（　　）

5. 判断起动机电磁开关中吸拉线圈和保位线圈是否已损坏，应以通电情况下其能否有力地吸动活动铁心为准。（　　）

6. 发动机在起动时需要的扭力较大，而起动机所能产生的最大扭力只有它的几分之一，因此，在结构上就采用了通过小齿轮带动大齿轮来增大扭力的方法解决。（　　）

7. 单向滚柱式啮合器的外壳与十字块之间的间隙是宽窄不等的。（　　）

8. 起动机开关断开而停止工作时，继电器的触点张开，保位线圈的电路便改道，经吸拉线圈、电动机开关回到蓄电池的正极。（　　）

9. 起动机磁吸开关保位线圈开路时，在起动过程磁吸开关会出现反复咔达声。

（　　）

10. 起动机空载测试时，转速过高，耗电过大，表明电枢绕组有短路。（　　）

二、选择题

1. 下列不属于起动机基本组成的是（　　）。

A. 直流电动机　　　B. 传动机构　　　　C. 控制装置　　　　D. 电枢

2. 探讨起动系统，下面哪项是正确的？（　　）

A. 测量吸拉线圈是指起动接线柱与壳体

B. 起动机的工作原理是动电生磁

C. 四磁极起动机相对的两个磁极的内侧是同性磁极

D. 起动机换向器的作用是维持电枢定向运转

3. 起动机无力起动时，短接起动开关两主线柱后，起动机转动仍然缓慢无力，甲认为起动机本身故障，乙认为电池电量不足，你认为（　　）。

A. 甲对 　　　　B. 乙对 　　　　C. 甲乙都对 　　　　D. 甲乙都不对

4. 起动机在汽车的起动过程中是（　　　　）。

A. 先接通主电路，然后让起动机驱动齿轮与发动机飞轮齿圈正确啮合

B. 先让起动机驱动齿轮与发动机飞轮齿圈正确啮合，然后接通主电路

C. 在接通主电路的同时，让起动机驱动齿轮与发动机飞轮齿圈正确啮合

D. 以上都不对

5. 空载试验的持续时间不能超过（　　　　）。

A. 5 s 　　　B. 10 s 　　　C. 1 min

6. 为了获得足够的转矩，通过电枢绕组的电流很大，一般汽油机的起动电流为（　　　　）。

A. 20～60 A 　　　B. 100～200 A 　　　C. 200～600 A 　　　D. 2 000～6 000 A

7. 讨论起动机磁场线圈与电枢线圈的连接方式，甲认为串联，乙认为并联，你认为（　　　　）。

A. 甲对 　　　　B. 乙对 　　　　C. 甲乙都对 　　　　D. 甲乙都不对

三、简答题

1. 起动系统的作用是什么？

2. 起动机由哪些部件组成？

3. 起动机的工作原理是什么？

 任务拓展

常见新型起动系统类型

1. 无钥匙起动

无钥匙起动的方式可分为两类：一类是按钮式，点火按钮位于中控台伸手可及之处，因此也称"一键起动"，例如宝马、奔驰等；另一类是旋钮式，一般就位于原始的钥匙插口处，但是无须插车钥匙，直接拧动旋钮即可起动，例如日产、马自达等。

2. 发动机远程起动

通过遥控钥匙来远程起动发动机。其原理最为简单：车辆通过遥控钥匙发来的信号来起动发动机。整套过程省去了人为进入车内操作的不便，发动机在运转时中控锁还处于闭锁状态，有效提供了安全保障。通常来说远程起动发动机后车辆会连续工作 10 min，之后若无收到其他指示则会自动熄火。此种方式同样可以达到提升驾驶室温度的作用。

项目 3
汽车底盘构造与拆装

　　本项目主要是让学生了解汽车底盘各个系统的构造与工作原理，学会使用底盘拆装的工具和设备，能按规范流程完成拆装任务。内容包括"离合器认知与拆装""手动变速器认知与拆装""自动变速器认知与拆装""万向传动装置认知与拆装""驱动桥认知与拆装""悬架系统认知与拆装""车轮认知与拆装""转向系统认知与拆装""制动系统认知与拆装"共九个学习任务。通过操作训练，了解汽车底盘各个系统作用、分类和基本结构，熟练掌握底盘各总成机构的拆装。同时，学生自己还要查阅大量资料，掌握发动机新技术的运用。

任务 3.1 离合器认知与拆装

 任务描述

　　离合器是传动系统中重要的组成部分，安装在发动机与变速器之间，用来接通与切断动力。本任务是让学生学会离合器的组成及其工作原理；通过查阅资料和观摩，让学生学会离合器的结构、拆装与调整方法；根据环保要求，妥善处理辅料、废弃液体和损坏的零部件。

 任务目标

1. 能掌握汽车底盘的结构及作用；
2. 能描述离合器的结构及原理；
3. 能依据维修手册的技术标准完成离合器的拆装。

 任务实施

教学目标	教学活动	内容及要求	
知识	活动1		（1）汽车底盘的作用是什么？ （2）左图中编号的名称是什么？

教学目标	教学活动	内容及要求		
知识	活动2	（1）汽车行驶的阻力有哪些？ （2）汽车的驱动条件是什么？		
	活动3	（1）离合器的作用是什么？ （2）左图中编号的名称是什么？		
	活动4	（1）车辆的使用时间变长，离合器踏板的自由行程会怎样变化？ （2）左图中编号的名称是什么？		

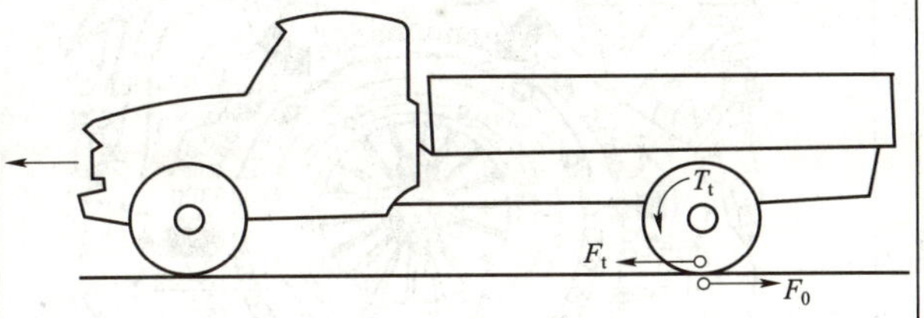

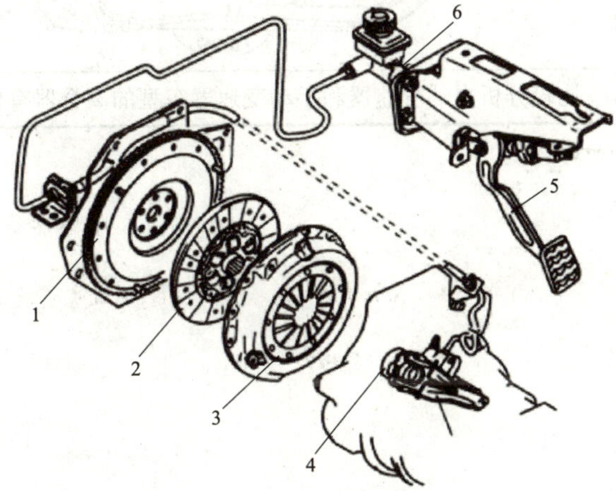

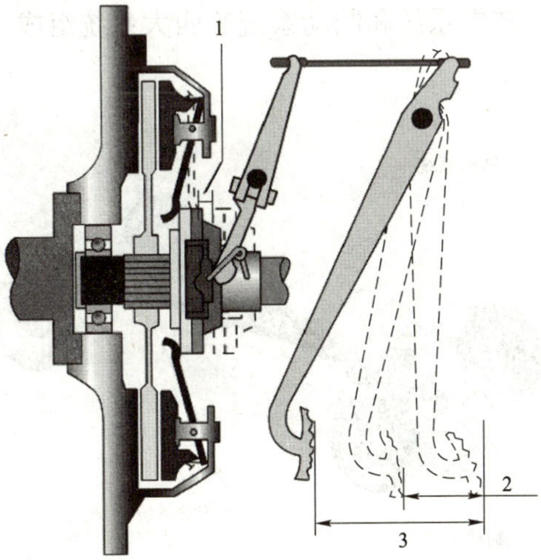

续表

教学目标	教学活动	内容及要求	
能力	活动5		（1）依据维修手册的技术要求，完成离合器的拆装； （2）查找维修手册，记录与操作相关的操作要点和技术参数
素质	活动6	比较分析自动变速器和手动变速器车型的离合器有何不同？	

任务学习

◎ **知识链接**

一、什么是汽车底盘？

底盘的作用是支承、安装汽车发动机及其各部件、总成，形成汽车的整体造型；接受发动机的动力，使汽车产生运动，并保证汽车能够按照驾驶员的操纵正常行驶。汽车底盘由传动系统、行驶系统、转向系统和制动系统等四大系统组成（见图3-1-1）。

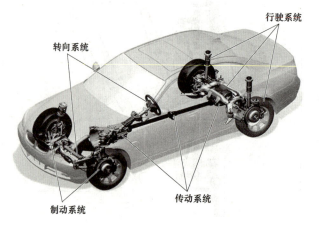

底盘总体结构认知

图3-1-1 汽车底盘结构

（1）传动系统

传动系统的功用是将发动机的动力传递给驱动轮。普通传动系统由差速器、变速器、传动轴、万向节等部分组成（见图3-1-2）。

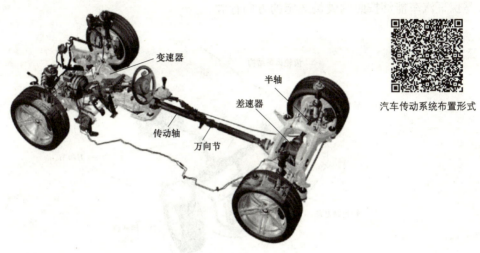

汽车传动系统布置形式

图3-1-2　传动系统的组成

（2）行驶系统

行驶系统由驱动桥、悬架和车轮等组成（见图3-1-3）。

行驶系统的作用：

① 接受由发动机经传动系统传来的扭矩，并通过驱动轮与路面附着作用，转化为汽车行驶的驱动力。

② 将全车各部件连成一个整体，支承汽车的总质量。

③ 传递并承受路面作用于车轮上的各种力及其力矩。

④ 缓和不平路面对车身造成的冲击和振动，保证汽车平稳行驶。

图3-1-3　行驶系统的组成

（3）转向系统

转向系统主要由转向操纵机构、转向器、转向传动机构组成，其中包括转向助力泵、前横拉杆等（见图3−1−4）。现在的汽车普遍还带有动力转向装置。汽车转向系统的功用是保证汽车能够按照驾驶员选定的方向行驶。

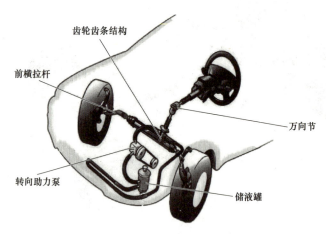

图 3−1−4　转向系统的组成

（4）制动系统

制动系统是汽车上用以使外界（主要是路面）在汽车某些部分（主要是车轮）施加一定的力，从而对其进行一定程度的强制制动的一系列专门装置。制动系统的作用是：使行驶中的汽车按照驾驶员的要求进行强制减速甚至停车，使已经停驶的汽车在各种道路条件下（包括坡道上）稳定驻车。制动系统由制动总泵、制动器、真空助力器和前动踏板等组成（见图3−1−5）。

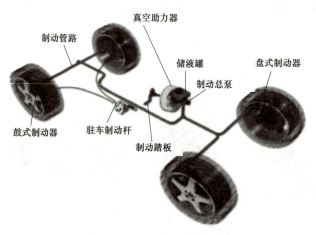

图 3−1−5　制动系统的组成

二、汽车为什么会跑？

欲使汽车行驶，必须对汽车施加一个驱动力以克服各种阻力。驱动力的产生原理如图 3-1-6 所示。发动机经由传动系统在驱动车轮上施加了一个使驱动车轮旋转的力矩 T_t。在 T_t 的作用下，驱动车轮将对地面施加一个与汽车行驶方向相反的圆周力 F_0。根据作用力与反作用力原理，地面也将对驱动车轮施加一个与 F_0 大小相等、方向相反的反作用力 F_t，F_t 就是使汽车行驶的驱动力，或称牵引力。驱动力作用在驱动轮上，再通过车桥、悬架、车架等行驶系统传到车身上，使汽车行驶。

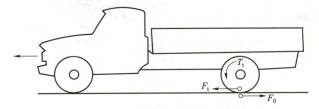

图 3-1-6 驱动力的产生原理示意图

牵引力的产生：发动机动力→驱动力矩 T_t→圆周力 F_0→牵引力 F_t。

行驶阻力：滚动阻力、空气阻力、上坡阻力、加速阻力。

行驶时总阻力与驱动力的关系如表 3-1-1 所示。

表 3-1-1 行驶时总阻力与驱动力的关系

驱动力和总阻力的关系	行驶状态
$F_t > \Sigma F$	加速
$F_t = \Sigma F$	匀速
$F_t < \Sigma F$	减速或无法起步

驱动力 F_t 必须大于汽车的行驶阻力 ΣF。

F_t 的增加可以通过踩下汽车加速踏板增加发动机的输出功率和扭矩来实现，但还要受到车轮与路面之间附着条件的限制。在汽车技术中，把车轮与路面的相互摩擦以及轮胎花纹与路面凸起部分的抗剪切作用综合在一起，称为附着作用。由附着作用所决定的路面能提供的最大反力称为附着力，一般用 F_φ 表示。显然，驱动力 F_t 受附着力 F_φ 的限制，即 $F_t \leq F_\varphi$。在冰雪及泥泞路面上，附着力很小，极容易出现车轮打滑、驱动力不足的情况而使汽车不能行驶。因此，确保汽车正常行驶的力学条件是 $\Sigma F \leq F_t \leq F_\varphi$。

发动机输出的动力要经过一系列的动力传递装置才到达驱动轮（见图 3-1-7）。发动机到驱动轮之间的动力传递机构，称为汽车的传动系统。

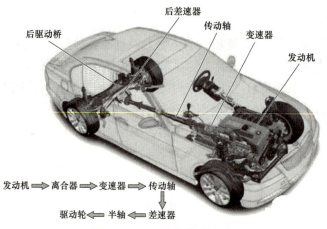

后差速器

后驱动桥　传动轴　变速器

发动机

发动机 ➡ 离合器 ➡ 变速器 ➡ 传动轴

⬇

驱动轮 ⬅ 半轴 ⬅ 差速器

图3-1-7　动力传递路线

三、汽车的驱动形式有哪些？

汽车传动系统的布置形式与发动机的位置及驱动形式有关，一般可分为前置前驱、前置后驱、后置后驱和中置后驱等形式。

（1）前置前驱

前置前驱（FF）（见图3-1-8）是指发动机被放置在车的前部，并采用前轮作为驱动轮，现在大部分轿车都采取这种布置方式。由于发动机被布置在车的前部，因此整车的重心集中在车身前段，会给人以"头重尾轻"的感觉。但由于车体会被前轮拉着走，因此前置前驱汽车的直线行驶稳定性非常好。另外，由于发动机动力经过差速器后用半轴直接驱动前轮，不需要经过传动轴，动力损耗较小，故适合小型车。不过由于前轮同时负责驱动和转向，因此转向半径相对较大，容易出现转向不足的现象。

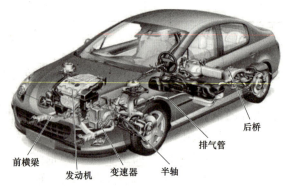

后桥

排气管

前横梁　发动机　变速器　半轴

图3-1-8　前置前驱结构

（2）前置后驱

前置后驱（FR）（见图3-1-9）是指发动机被放置在车前部，并采用后轮作为驱动轮。

FR 整车的前后重量比较均衡，拥有较好的操控性能和行驶稳定性；不过传动部件多、传动系统质量大，贯穿乘坐舱的传动轴占据了舱内的地台空间。FR 汽车拥有较好的操控性、稳定性和制动性，现在的高性能汽车依然喜欢采用这种布置形式。

发动机　变速器　传动轴　后差速器　半轴

图 3-1-9　前置后驱结构

（3）后置后驱

后置后驱（RR）（见图 3-1-10）是指将发动机放置在后轴的后部，并采用后轮作为驱动轮。由于全车的重量大部分集中在后方，且又是后轮驱动，因此起步、加速性能都非常好，超级跑车一般都采用 RR 方式。RR 车的转弯性能比 FF 和 FR 更加敏锐，不过当后轮的抓地力达到极限时，会有打滑甩尾现象，不容易操控。

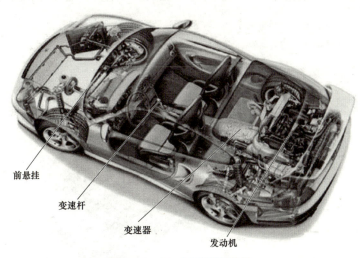

前悬挂　变速杆　变速器　发动机

图 3-1-10　后置后驱结构

（4）中置后驱

中置后驱（MR）（见图3-1-11）是指将发动机放置在驾乘室与后轴之间，并采用后轮作为驱动轮。MR这种设计已是高级跑车的主流驱动方式。由于将车中运动惯量最大的发动机置于车体中央，整车重量分布接近理想平衡，使得MR车获得最佳运动性能的保障。MR车由于发动机中置，车厢比较窄，一般只有两个座位，而且发动机离驾驶员近，噪声也比较大。当然，追求汽车驾驶性能的人是不会在乎这些的。

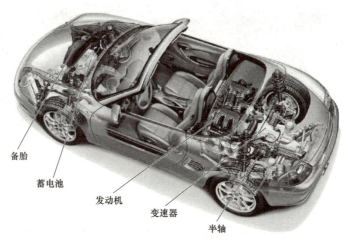

图3-1-11　中置后驱结构

（5）四轮驱动

四轮驱动方式（4WD）（见图3-1-12）汽车的四个车轮都能得到驱动力，充分利用了所有车轮与地面之间的附着力，以获得尽可能大的牵引力，通过性和两驱车相比具有很大的优势。

图3-1-12　四轮驱动结构

四、汽车为什么需要离合器?

离合器是汽车传动系统的重要组成部分,安装在发动机与手动变速器之间(见图3-1-13),其功用是使发动机与传动系统逐渐接合,保证汽车平稳起步;暂时切断发动机的动力传动,保证变速器换挡平顺;限制所传递的扭矩,防止传动系统过载。手动变速器利用摩擦式离合器传输动力;自动变速器则利用液力变矩器传输动力。

离合器主要由主动部分、从动部分、压紧机构和操纵机构四部分组成。压紧装置将从动盘压紧在飞轮端面上,发动机扭矩靠飞轮与从动盘接触面之间的摩擦而传递到从动盘上,再经过从动轴等传给驱动轮。普通轿车普遍使用膜片弹簧摩擦离合器。汽车离合器有摩擦式离合器、液力耦合器、电磁离合器等几种。目前与手动变速器相配合的离合器绝大部分为干式摩擦式离合器。离合器结构如图3-1-14所示。

图 3-1-13 离合器的安装位置

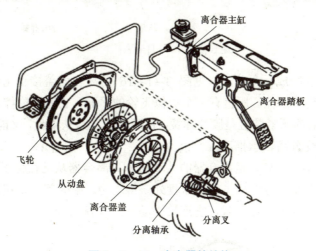

图 3-1-14 离合器的结构

离合器主要是为了手动变速器而设置的,它保证变速器平顺换挡。手动变速器脱开换挡时,需要中断动力,手动变速器连接挡位后,再让动力接合。离合器主动部分连接发动机,从动部分连接变速器,两者结合依靠摩擦力传递动力,两者分离,动力传递被中断。踩住离合器时,主动、从动部分处于"半接合半分离"状态,它们能传递一部分动力,它们之间的滑动消耗了另一部分动力。

五、离合器由哪些部件组成?

目前普遍使用的是膜片弹簧离合器,这种离合器由主动部分、从动部分、压紧装置及操纵机构四个部分组成。离合器压盘与飞轮通过螺栓连接，用来切断和实现发动机对传动系统的动力传递。离合器由压盘和摩擦片等组成（见图 3-1-15）。

主动部分：曲轴、飞轮、离合器盖、压盘。

从动部分：离合器摩擦片。

压紧机构：膜片弹簧。

操纵机构：离合器踏板、离合器主油缸、油管、工作油缸总成、分离轴承。

膜片式离合器

图 3-1-15　离合器的组成

　　离合器盖和压盘制成一个总成（见图 3-1-16），离合器盖接受飞轮动力后，通过传动钢片，把动力传递给压盘。压盘有一个类似飞轮的平面，它通过摩擦力将动力传给从动盘。膜片弹簧离合器的压紧装置是膜片弹簧，它既用于压紧从动盘，又能起到杠杆的作用，膜片弹簧中间部分受分离轴承推动。

　　从动盘（见图 3-1-17）是离合器的从动部分，离合器从动盘位于飞轮和压盘之间，从动盘两面都是摩擦片，可以从飞轮和压盘处获得动力。中间部分是扭转减振器，可以衰减振动。从动盘中间部分是花键毂，它连接手动变速器输入轴。

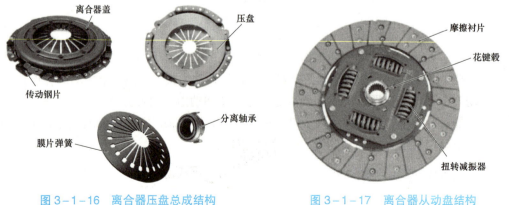

图 3-1-16　离合器压盘总成结构　　　　图 3-1-17　离合器从动盘结构

离合器操纵机构是将驾驶员施加到离合器踏板上的力传递到离合器压盘上，使压盘后移，让飞轮、从动盘和压盘之间产生间隙，中断动力传递。离合器操纵机构包括液压式和机械式（杆式和绳索式），两种形式的操纵机构都有离合器踏板、复位弹簧、分离拨叉和分离轴承等。机械式操纵机构用传动杆或拉索传动。液压式操纵机构（见图3-1-18）中，动力逐步经过离合器踏板、主缸、工作缸、分离拨叉、分离轴承和压盘等。

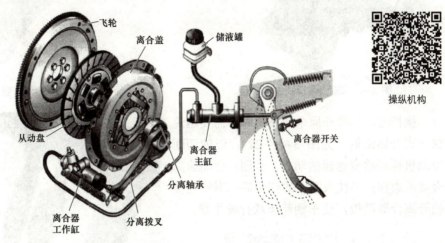

操纵机构

图3-1-18　离合器液压式操纵机构结构

离合器分离轴承和膜片弹簧之间的间隙为自由间隙，该间隙反映到离合器踏板上即自由行程。离合器的自由行程可以在离合器主缸推杆上调整。离合器主缸（见图3-1-19）也称为离合器总泵，它在离合器踏板的推力下产生油压。

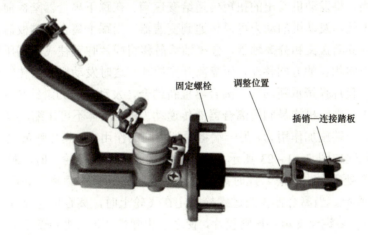

图3-1-19　离合器主缸结构

离合器工作缸也叫分泵（见图3-1-20），在主缸产生的油压下，它能推动推杆移动。离合器工作缸上有排气螺塞，用来排放油液中的空气。

分离拨叉（见图3-1-21）相当于一个杠杆，中间位置支承相当于支点，大端连接分离轴承，小端连接工作缸推杆。

图 3-1-20　离合器分泵结构

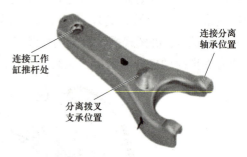

图 3-1-21　离合器拨叉结构

换挡时，当脱开原来的挡位时，需要迅速踩下离合器踏板（见图 3-1-22），以便切断发动机传递给变速器的动力，否则，会加速离合器的磨损；当挂入需要的挡位后，需要缓慢松开离合器踏板，使车辆起步或行驶平稳。

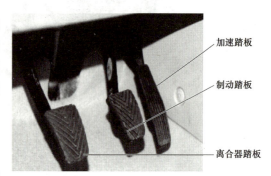

图 3-1-22　离合器踏板位置图

六、离合器是如何工作的？

离合器盖通过螺钉被固定在飞轮的后端面上，离合器内的摩擦片在弹簧的作用力下被压盘压紧在飞轮面上，而摩擦片是与变速箱的输入轴相连的。通过飞轮及压盘与从动盘接触面的摩擦作用，将发动机发出的扭矩传递给变速箱。在踩下离合器踏板前，摩擦片是紧压在飞轮端面上的，发动机的动力可以传递到变速器。当踩下离合器踏板后，通过操作机构，将力传递到分离拨叉和分离轴承，分离轴承前移将膜片弹簧往飞轮端压紧，膜片弹簧以支撑圈为支点向相反的方向移动，压盘离开摩擦片，这时发动机动力传输中断；当松开离合器踏板后，膜片弹簧重新回位，离合器重新结合，发动机动力继续传递。

离合器液压式操纵机构是利用离合器液传递动力的。液体不可压缩，如果在液体通道的一端施加作用力，另一端将受到相同的作用力。膜片弹簧式离合器的工作原理如图 3-1-23 所示。当离合器盖未安装到飞轮上时，膜片弹簧不受力而处于自由状态，此时离合器盖与飞轮之间有一距离，如图 3-1-23（a）所示。当离合器盖通过螺栓固定在飞轮上时，离合器盖靠向飞轮，消除距离，后钢丝支承环压紧膜片，使之发生弹性变形（锥角变小），

离合器原理

此时膜片弹簧外端对压盘产生压紧力，使离合器处于接合状态，如图 3-1-23（b）所示。当踩下离合器踏板时，分离轴承左移推动膜片弹簧，使膜片弹簧被压在前支承环上，其径向截面以支承环为支点转动（膜片弹簧呈反锥形），外圆周向后翘起，通过分离钩拉动压盘后移，使离合器分离，如图 3-1-23（c）所示。

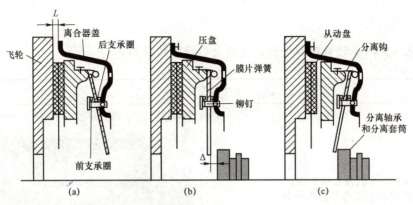

图 3-1-23　膜片弹簧式离合器的工作原理

（a）安装前位置；（b）接合位置；（c）分离位置

七、离合器需要自由行程吗？

在离合器接合时，分离轴承前端与分离杠杆内端之间有一定的轴向间隙，这一间隙在离合器踏板上的表现称为离合器自由行程。当从动盘摩擦片因磨损而变薄时，离合器压盘前移，分离杠杆内端将后移。如果没有上述自由行程，分离杠杆内端将不能后移，相应地也就限制了离合器压盘前移，从而不能有效地压紧从动盘摩擦片，造成离合器打滑，传递扭矩下降（见图3-1-24）。

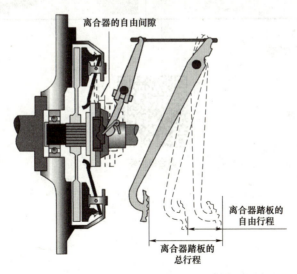

图 3-1-24　离合器自由行程示意图

 技能链接

1. 进入 VR 汽车教育实训平台，完成离合器拆装学习。

VR 操作说明	
（1）登录 VR 汽车教育实训平台； （2）按操作提示完成离合器拆装学习	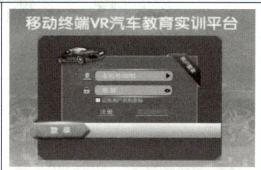

2. 实践操作视频资源

离合器拆装

24ʰ 任务评价

一、判断题

1. 离合器属于传动系统的部件。 （　　）

2. 制动器是制动系统的重要组成部分。 （　　）

3. 转向系统不是汽车底盘的组成部分。 （　　）

4. 摩擦式离合器由四个部分组成。 （　　）

5. 离合器安装在发动机和变速器之间。 （　　）

6. 压盘属于离合器的操纵机构。 （　　）

7. 离合器是靠从动盘来传递动力的。 （　　）

8. 离合器的自由行程随着车辆里程数的增加而变大。 （　　）

二、选择题

1. 离合器的主动部分包括（　　）。

  A. 飞轮   B. 离合器盖   C. 压盘   D. 摩擦片

2. 离合器的从动盘主要由（　　）构成。

  A. 从动盘本体   B. 从动盘毂   C. 压盘   D. 摩擦片

3. 汽车离合器的主要作用有（　　）。

  A. 保证汽车怠速平稳   B. 使换挡时工作平稳

  C. 防止传动系统过载   D. 增加变速比

4. 离合器的从动部分包括（　　）。

  A. 离合器盖   B. 压盘   C. 从动盘   D. 压紧弹簧

5. 离合器分离轴承与分离杠杆之间的间隙是为了（　　）。

  A. 实现离合器踏板的自由行程   B. 减轻从动盘磨损

  C. 防止热膨胀失效   D. 保证摩擦片正常磨损后离合器不失效

6. 膜片弹簧离合器的膜片弹簧起到（　　）的作用。

  A. 压紧弹簧   B. 分离杠杆   C. 从动盘   D. 主动盘

7. 在正常情况下，发动机工作，汽车离合器踏板处于自由状态时（　　）。

  A. 发动机的动力不传给变速器   B. 发动机的动力传给变速器

  C. 离合器分离杠杆受力   D. 离合器的主动盘与被动盘分离

三、简答题

1. 离合器的主要功用是什么？

2. 离合器是由几部分组成的？

3. 什么是离合器的自由间隙和离合器踏板的自由行程？

4. 膜片弹簧式离合器是如何工作的？

5. 离合器液压操纵机构的工作原理是什么？

任务拓展

离合器常见故障

（1）离合器打滑

车辆在起步时，离合器踏板接近完全放松，汽车方能起步；离合器接合后，发动机动

力不能完全传给驱动轮，出现汽车起步困难、油耗上升、行驶中或加速时发动机转速过高但车速提高缓慢等现象。

（2）离合器分离困难

当踩下离合器踏板后，离合器不能完全分离，使在汽车起步时变速器换挡困难，并从变速器端发出齿轮撞击声。这将会导致变速器在换挡时发生摩擦、撞击或换挡粗暴的故障现象。离合器分离困难是指离合器分离时出现拖滞现象。

（3）离合器振动

离合器振动是指离合器在接合时发生的振动或抖动。

（4）离合器发响

离合器发响是指在踩下或松开离合器踏板时离合器总成或相关部件出现的尖锐噪声。

任务 3.2　手动变速器认知与拆装

任务描述

　　手动变速器安装在离合器后部，改变汽车行驶速度和牵引力，多采用齿轮变速机构。本任务是让学生掌握手动变速器的组成及其工作原理；学会手动变速器的拆装与检查的方法；根据环保要求，妥善处理辅料、废弃液体和损坏的零部件。

任务目标

1. 能掌握手动变速器的结构及作用；
2. 能描述齿轮变速原理；
3. 能依据维修手册的技术标准完成手动变速器的拆装。

任务实施

教学目标	教学活动	内容及要求	
知识	活动1	（此处为变速器齿轮结构图，编号1~8）	（1）变速器的作用是什么？ （2）左图中编号的名称是什么？

教学目标	教学活动	内容及要求
知识	活动2	（1）同步器的作用是什么？ （2）左图中编号的名称是什么？
	活动3	（1）左图是什么装置，其作用是什么？ （2）左图中编号的名称是什么？
	活动4	（1）左图中是哪个挡位的动力传递路线？ （2）左图中编号的名称是什么？
能力	活动5	（1）依据维修手册的技术要求，完成手动变速器的拆装； （2）查找维修手册，记录与操作相关的操作要点和技术参数
素质	活动6	对比分析不同类型的四轮驱动系统有何优缺点？

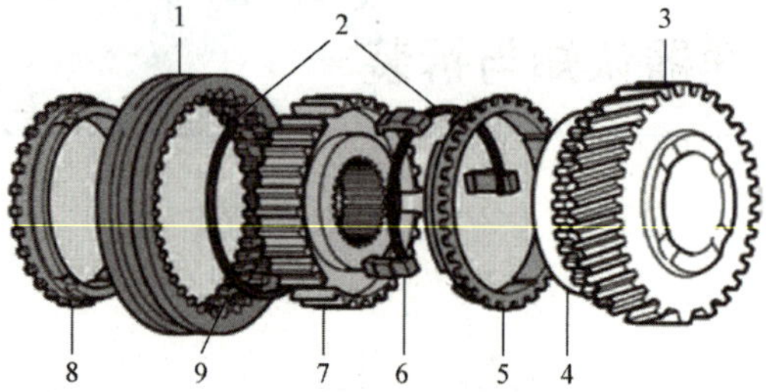

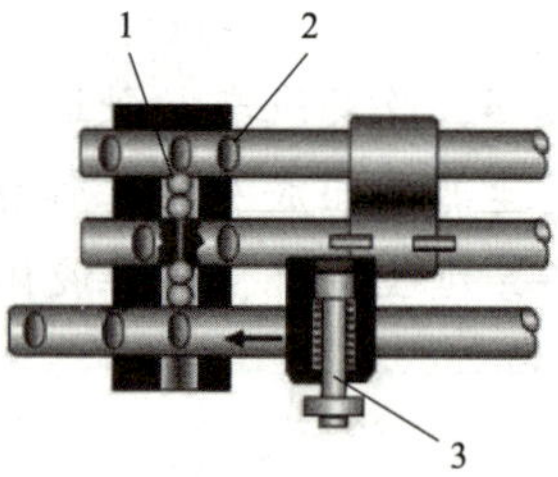

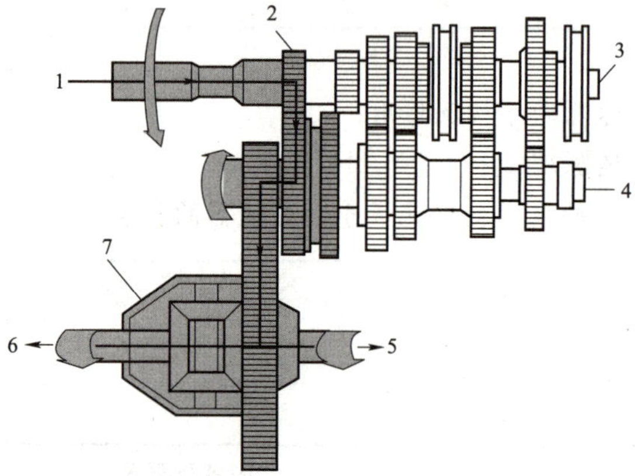

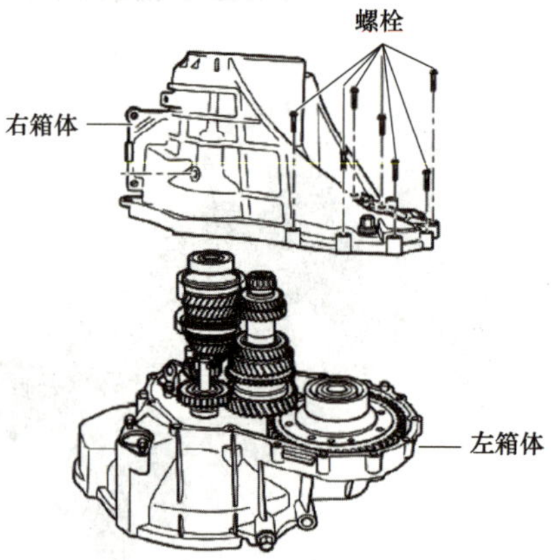

螺栓

右箱体

左箱体

◎ 知识链接

一、为什么需要变速器?

手动变速器

汽车作为一种交通工具,必然会有起步、上坡、高速行驶等驾驶需要。而这期间驱动汽车所需的扭力都是不同的,完全依靠发动机是无法应付的。因为发动机直接输出的扭矩变化范围是比较小的,而汽车起步、上坡却需要大的扭矩;高速行驶时,只需要较小的扭矩,如直接用发动机的动力来驱动汽车的话,就很难实现汽车的起步、上坡或高速行驶。另外,汽车需要倒车,也必须用变速器来实现。变速器的安装位置如图3-2-1所示。

图 3-2-1 变速器的安装位置

变速机构的作用:

(1)改变汽车行驶的速度和牵引力

变速器可改变传动比,扩大驱动轮转速和转矩的变化范围,使汽车适应在不同工况下所需的牵引力和合适的行驶速度,并使发动机尽量在功率较高而油耗较低的有利工况下工作。变速器中是通过不同的挡位来实现这一功用的。

(2)实现倒车

发动机的旋转方向从前往后看为顺时针方向,且不能改变,为了实现汽车的倒向行驶,变速器中设置了倒挡。

(3)实现中断动力传动

在发动机起动和怠速运转、变速器换挡、汽车滑行和暂时停车等情况下,都需要中断发动机的动力传动,因此变速器中设有空挡。

二、变速器为什么能变速?

变速器为什么可以调整发动机输出的扭矩和转速呢？其实这里蕴含了齿轮和杠杆的原理。变速器内有多个不同的齿轮，通过不同大小的齿轮组合在一起，就能实现对发动机扭矩和转速的调整。用低扭矩可以换来高转速，用低转速可以换来高扭矩。

变速器的种类：变速器按照传动比的级数，可分为有级式、无级式和综合式；按照操纵方式，可分为手动变速器、自动变速器和手动自动一体变速器。齿轮传动的原理（见图3-2-2）：一对齿数不同的齿轮啮合传动时，若小齿轮为主动齿轮，带动大齿轮转动，则转速降低；若大齿轮驱动小齿轮，则转速升高。

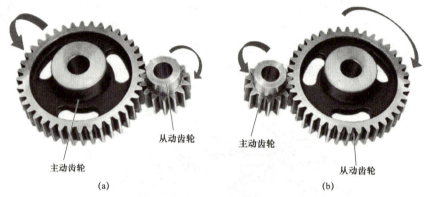

从动齿轮　　　　主动齿轮

主动齿轮　　　　从动齿轮

(a)　　　　　　　　　　(b)

图3-2-2　齿轮传动原理示意图
（a）增速运动；（b）减速运动

传动比的概念：输入轴的转速与输出轴的转速之比，也等于输出轴的齿数与输入轴的齿数之比。多级齿轮传动的传动比 i＝所有从动齿轮齿数的乘积/所有主动齿轮齿数的乘积＝各级齿轮传动比的乘积。

普通齿轮式变速器是利用不同齿数的齿轮啮合传动实现转速和转矩改变的。

（1）变速原理

小齿轮带动大齿轮转动，则输出轴（从动齿轮）的转速就降低，即为减速传动（$i>1$）；当以大齿轮带动小齿轮转动时，则输出轴（从动齿轮）的转速就升高了，即为加速传动（$i<1$）。

（2）变矩原理

转速升高，输出扭矩减小；转速降低，输出扭矩增大。（减速增扭，升速减扭）。

（3）换挡原理

当 $i>1$ 时，为减速增扭传动，其挡位称为降速挡；

当 $i<1$ 时，为增速降扭传动，其挡位称为超速挡；

当 $i=1$ 时，为等速等扭传动，其挡位称为直接挡。

习惯上把变速器传动比值较小的挡位称为高挡，传动比值较大的挡位称为低挡；变速器挡位的变换称为换挡，由低挡向高挡变换称为加挡（或升挡），反之称为减挡（或降挡）。变速器就是通过挡位变换来改变传动比，从而实现多级变速的。

惰轮的作用只是改变转向，而不能改变传动比，所以被称为惰轮。惰轮在两个不互相接触的传动齿轮中间传递动力（见图 3-2-3），用来改变被动齿轮的转动方向，使之与主动齿轮相同。汽车变速器中倒挡多采用惰轮来改变旋转方向。

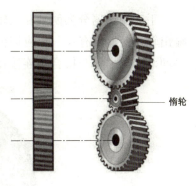

图 3-2-3　惰轮的安装位置

三、手动变速器是怎样工作的?

手动变速器（Manual Transmission，MT），就是必须用手拨动变速器杆才能改变传动比的变速器。手动变速器（见图 3-2-4）主要有壳体、传动机构（输入轴、输出轴、齿轮、同步器等）和操纵机构（换挡拉杆、拨叉等）。

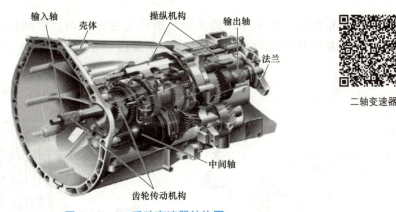

二轴变速器

图 3-2-4　手动变速器结构图

变速器换挡时，驾驶员操纵换挡杆，换挡杆（见图 3-2-5）带动拨叉轴上的换挡拨叉移动，拨叉带动同步器接合套移动，完成换挡动作。锁止装置（见图 3-2-6）是采用弹簧和定位钢球对拨叉轴进行定位和锁止的。当钢球对准拨叉轴上相应的凹槽时，拨叉轴被锁止，这样可以防止脱挡、同时挂入两个挡或误挂倒挡。

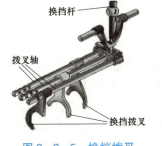

图 3-2-5　换挡拨叉

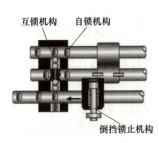

图 3-2-6　锁止装置

手动变速器分为两轴和三轴变速器（见图3-2-7），输出轴上各挡位齿轮通过轴承与输出轴连接，只有挂入相应挡位时，它们才能传递动力。例如，挂入3挡时，接合套向左移动，3挡齿轮与接合套连接在一起，便可传递动力。

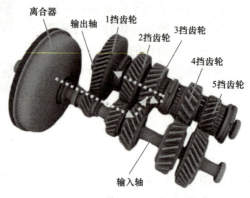

两轴4挡变速器原理

图3-2-7　三轴变速器结构图

手动变速器的工作原理，就是通过拨动变速杆，切换中间轴上的主动齿轮，通过大小不同的齿轮组合与动力输出轴接合，从而改变驱动轮的扭矩和转速（见图3-2-8～图3-2-12）。

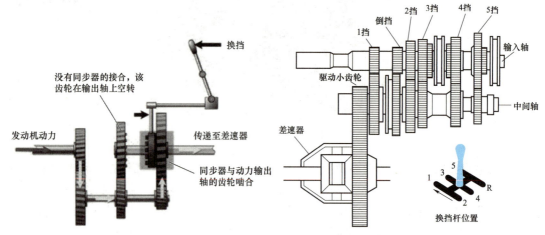

图3-2-8　手动变速器的变速原理　　　　图3-2-9　五挡两轴式手动变速器结构

四、变速器换挡容易受冲击吗？

变速器在进行换挡操作时，尤其是从高挡向低挡换挡时，很容易产生轮齿或花键齿间的冲击。同步器是一种换挡装置，它能使接合套和齿轮上的接合齿圈迅速达到相同转向，从而消除换挡冲击，缩短换挡时间，简化换挡过程，使换挡操作简捷而轻便。现在，采用的同步器几乎都是摩擦式惯性同步器，按照锁止装置不同，可分为锁环式惯性同步器（见图3-2-13）和锁销式惯性同步器。锁环式惯性同步器尺寸小、结构紧凑、摩擦力矩小。

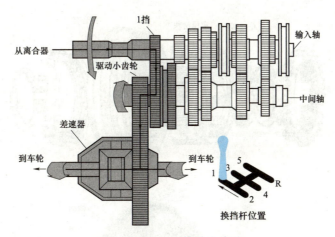

图 3-2-10　一挡动力传递

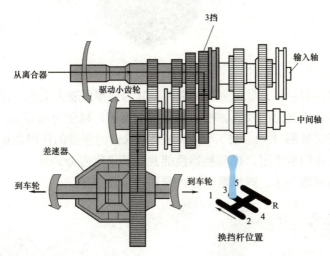

图 3-2-11　三挡动力传递

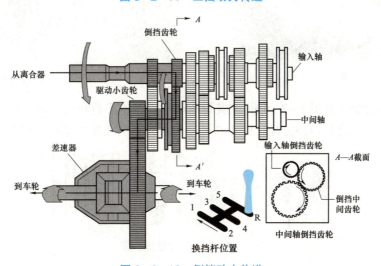

图 3-2-12　倒挡动力传递

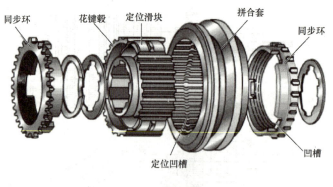

同步环　花键毂　定位滑块　拼合套　同步环

定位凹槽　凹槽

锥面
轮齿
接合齿圈

图 3-2-13　锁环式惯性同步器

同步环（见图 3-2-14）是用黄铜制造的，其内部锥面表面上有一组尖槽，这些槽穿破了配合齿轮的接合齿锥面的油膜。槽中也保留润滑剂，以便分离自由，并且不会卡死。

三环式同步器（见图 3-1-15），同步环采用双锥同步器的作用是提供更多的接触面积，改善齿轮的转速同步作用，提高换挡性能并延长使用寿命。

同步环包括同步器外环、同步器中心内圈和同步器内环。

图 3-2-14　同步环

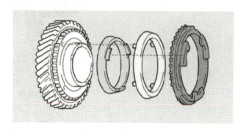

图 3-2-15　三环式同步器

同步器啮合套（见图 3-2-16）的花键末端有一个锥形背切口，它与变速器齿轮的相同切口配合，这个背切口会将齿轮锁止在啮合位置，以防止啮合套跳出啮合。

图 3-2-16　同步器啮合套

锁环式惯性同步器工作原理：下面以二挡换三挡为例说明同步器的工作原理，如图 3-2-17 所示。

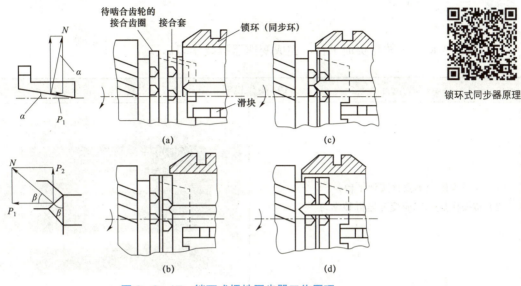

图 3-2-17　锁环式惯性同步器工作原理

① 空挡位置。接合套刚从二挡退入空挡时，如图 3-2-17（a）所示，三挡齿轮、接合套、锁环以及与其有关联的运动件，因惯性作用而沿原方向继续旋转（图示箭头方向）。由于齿轮是高挡齿轮（相对于二挡齿轮来说），因此接合套、锁环的转速低于齿轮的转速。

② 挂挡。欲换入三挡时，驾驶员通过变速杆使拨叉推动接合套连同滑块一起向左移动，如图 3-2-17（b）所示，滑块又推动锁环移向齿轮，使锥面接触。驾驶员作用在接合套上的轴向推力使两锥面有正压力 N，又因两者有转速差，所以产生摩擦力矩。通过摩擦作用，齿轮带动锁环相对于接合套向前转动一个角度，使锁环缺口靠在滑块的另一侧（上侧）为止，此时接合套的内齿与锁环上错开了约半个齿宽，接合套的齿端倒角面与锁环的齿端倒角面互相抵住。

③ 锁止。驾驶员的轴向推力使接合套的齿端倒角面与锁环的齿端倒角面之间产生正压力同时作用着方向相反的摩擦力矩和拨环力矩，同步器的结构参数可以保证在同步前（存在摩擦力矩）拨环力矩始终小于摩擦力矩，所以在同步之前无论驾驶员施加多大的操纵力，都不会挂上挡，即产生锁止作用，如图 3-2-17（c）所示。

④ 同步啮合。随着驾驶员施加于接合套上的推力加大，摩擦力矩不断增加，使齿轮的转速迅速降低。当齿轮、接合套和锁环达到同步时，作用在锁环上的摩擦力矩消失。此时在拨环力矩的作用下，锁环、齿轮以及与之相连的各零件相对于接合套反转一角度，滑块处于锁环缺口的中央，如图 3-2-17（c）所示，键齿不再抵触，锁环的锁止作用消除。接合套压下弹簧圈继续左移（滑块脱离接合套的内环槽而不能左移），与锁环的花键齿圈进入啮合，进而再与齿轮进入啮合，如图 3-2-17（d）所示，换入三挡。锁环式同步器

尺寸小、结构紧凑，摩擦力矩也小。

 技能链接

1. 进入 VR 汽车教育实训平台，完成变速器拆装学习。

VR 操作说明
（1）登录 VR 汽车教育实训平台； （2）按操作提示完成变速器拆装学习 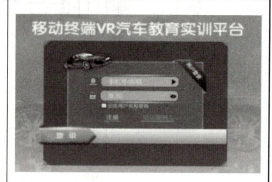
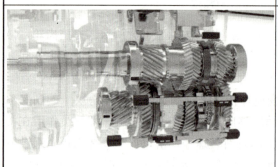 

2. 实践操作视频资源

变速器拆装

 **任务评价**

一、判断题

1. 手动变速器属于底盘的行驶系统。　　　　　　　　　　　（　　）

2. 手动变速器的简称是 AT。 （　　）

3. 常见的汽车手动变速器靠变速器液压油来传动。 （　　）

4. 变速器可以改变扭矩输出的大小。 （　　）

5. 常见的手动变速器有两轴式和三轴式。 （　　）

6. 手动变速器的换挡锁止装置有自锁、互锁和倒挡锁。 （　　）

7. 自锁装置是防止变速器同时挂入两个挡。 （　　）

8. 传动比大于1，是增速挡。 （　　）

二、选择题

1. 三轴式变速器包括（　　）等。

    A. 输入轴   B. 输出轴   C. 中间轴   D. 倒挡轴

2. 变速器的功用有（　　）。

    A. 改变传动比   B. 实现倒车、中断动力

    C. 改变发动机输出功率   D. 以上都不是

3. 两轴式变速器的特点是输入轴与输出轴（　　），且无中间轴。

    A. 重合   B. 垂直   C. 平行   D. 斜交

4. 对于五挡变速器而言，传动比最大的前进挡是（　　）。

    A. 一挡   B. 二挡   C. 四挡   D. 五挡

5. 在手动变速器中有一对传动齿轮，其中主动齿轮齿数 A 大于从动齿轮齿数 B，此传动的结果将会是（　　）。

    A. 减速、减扭   B. 减速、增扭

    C. 增速、减扭   D. 增速、增扭

6. 现代汽车手动变速器均采用同步器换挡，同步器的功用就是使哪两个部件迅速同步，实现无冲击换挡，缩短换挡时间？（　　）

    A. 接合套与接合齿圈   B. 接合套与花键毂

    C. 花键毂与接合齿圈   D. 花键毂与倒挡中间齿轮

7. 在手动变速器中为了防止同时挂入两个挡，变速器采用的装置是（　　）。

    A. 自锁装置   B. 互锁装置

    C. 倒挡锁装置   D. 同步器

三、简答题

1. 变速器的类型有哪几种？举例说明其应用在哪些汽车上。

2. 变速器中同步器是哪种类型？简述其同步器工作原理。

3. 变速器中的锁止装置有哪些？其装置起到什么作用？

4. 三轴变速器和二轴变速器在结构上有什么区别？

四轮驱动系统概述

越野车、军用车等需要经常在条件恶劣的环境中行驶，因此需要增加汽车驱动轮的数目。这样，如果有一个驱动轮陷入沟中，则由其他驱动轮产生驱动力使汽车继续行驶。要使前后车轮都是驱动轮，应在前后驱动轮之间增加一个分动器。

传统四轮驱动汽车的基本组成如图3-2-18所示，发动机的动力经过离合器传给变速器，然后利用分动器把动力分配给前后传动轴，再通过传动轴将动力传递给前后差速器以及四个半轴使四轮的车轮转动，分动器与前桥传动轴之间的连接方式有齿轮传动与链条传动两种。

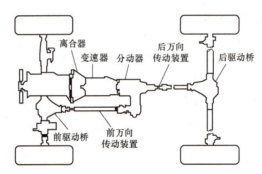

图3-2-18　传统四轮驱动汽车的基本组成

目前的四轮驱动分为三种形式。

（1）全时驱动（Full-time）

全时驱动车辆永远保持四轮驱动模式，正常行驶时发动机转矩按50%输出，50%设定在前后轮上。当轮胎打滑时汽车自动分配前后转矩以确保在不同路面上极佳的车辆性能和驾驶条件，分配比例在30%：70%～70%：30%之间（前后驱动转矩在30%～70%连续无级可调），采用这种驱动模式的车辆具有极佳驾驶操控性和行驶循迹性。全时四驱科技含量高，车辆的行驶操控性能和舒适性也强，因此主要运用在奥迪A4 Quattro、新奥迪A6L、宝马X5等高档车型上。

（2）分时驱动（Part-time）

分时驱动模式一般用于越野车或四驱SUV上。驾驶员可根据路面情况，通过接通或断开分动器来变化两轮驱动或四轮驱动模式，其优点是可根据实际情况来选取驱动模式，比较经济，缺点是其机械结构比较复杂，需要驾驶员有很强驾驶经验。北京切诺基就是采用这种驱动模式。

（3）适时驱动（Real-time）

对于采用适时驱动的车辆，其选择何种驱动模式由电脑控制，正常路面一般采用两轮驱动，如果路面不良或驱动轮打滑，电脑会自动检测出来并立即将发动机输出转矩分配给其他两轮，切换到四轮驱动状态，免除了驾驶员的判断和手动操作，应用更加简单。选用这种驱动模式的代表车型有东风本田 CR－V 和北京现代途胜等。

任务 3.3 自动变速器认知与拆装

 任务描述

　　有些汽车采用自动变速器，它安装在发动机后端，由自动变速器的电子控制单元控制自动换挡。本任务是让学生掌握自动变速器的组成及其基本工作原理；学会自动变速器拆装的方法；根据环保要求，妥善处理辅料、废弃液体和损坏的零部件。

任务目标

1. 能掌握自动变速器的类型；
2. 能描述自动变速器的结构及原理；
3. 能依据维修手册的技术标准完成自动变速器的拆装。

 任务实施

教学目标	教学活动	内容及要求	
知识	活动1	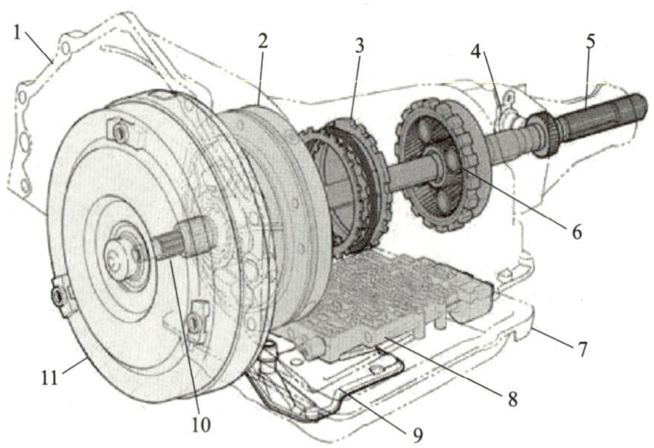	（1）什么是自动变速器？ （2）左图中编号的名称是什么？

教学目标	教学活动	内容及要求	
知识	活动2	传递到变速箱的动力 ← ... → 来自发动机的动力 驱动接口	（1）液力变矩器的作用是什么？ （2）左图中编号的名称是什么？
	活动3	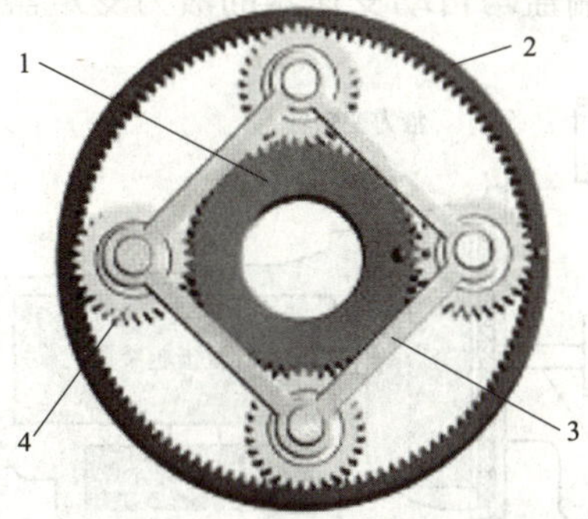 1 2 4 3	（1）行星齿轮是怎样传递动力的？ （2）左图中编号的名称是什么？
	活动4	2 3 4 1 5	（1）离合器的作用是什么？ （2）左图中编号的名称是什么？
能力	活动5	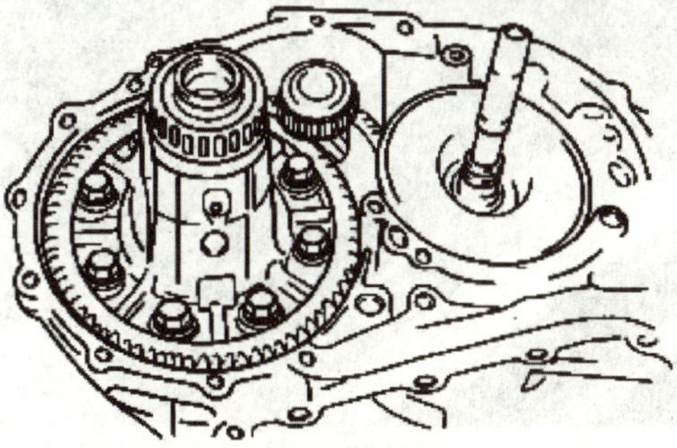	（1）依据维修手册的技术要求，完成自动变速器的拆装； （2）查找维修手册，记录与操作相关的操作要点和技术参数
素质	活动6	对比分析AT、CVT和DSG变速器分别有哪些优缺点？	

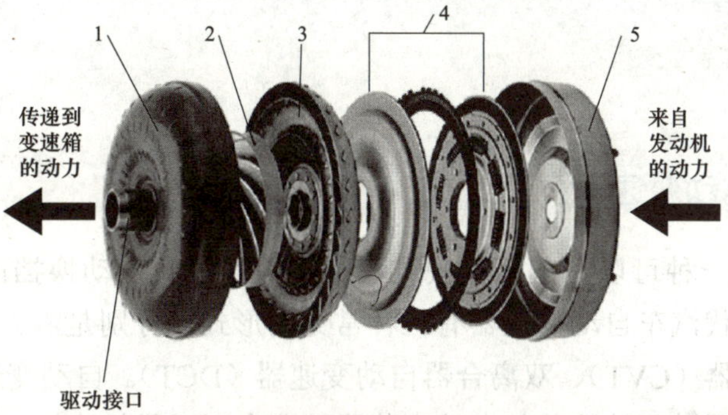

任务学习

◎ **知识链接**

一、什么是自动变速器？

自动变速器是一种可以在车辆行驶过程中不用驾驶员手动换挡而能自动改变齿轮传动比的变速器。现代汽车自动变速器有三种常见的形式，分别是液力自动变速器（AT）、机械无级自动变速器（CVT）、双离合器自动变速器（DCT）。自动变速器安装在发动机后部，发动机的曲轴通过驱动端盖与自动变速器的液力变矩器相连接，如图3-3-1所示。

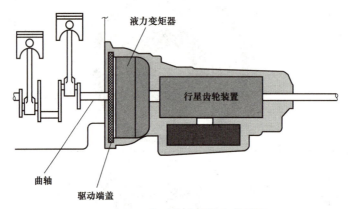

图3-3-1　自动变速器的安装位置

使用自动变速器的车辆没有离合器，换挡自动进行，不需要踩离合器，操作便捷。

① 汽车自动变速器的选挡手柄如图3-3-2所示。其功能如下：

图3-3-2　自动变速器选挡手柄位置

P——停车挡，停车时使用，机械锁止自动变速器输出轴，可以起动发动机。

R——倒挡，倒车时用。

N——空挡，用于短暂停车，有的可以起动发动机。

D——前进挡，常用挡位，可以根据行驶条件适时自动在 1 到 n 挡之间转换。

S——运动挡或强制 2 挡，自动变速器锁止在 2 挡，不能升降挡。

② 手自一体自动变速器选挡手柄位置如图 3-3-3 所示。

图 3-3-3　手自一体自动变速器选挡手柄位置

M——手动模式，按下此键时，选挡手柄向前推即可完成加挡操作，向后推则完成减挡操作。其他位置的用途与自动变速器相同。

S——运动模式，在这种状态下，车辆的加速响应性增强，但舒适性、经济性下降。

*——冰雪路模式，用于湿滑路面起步，按下此键时车辆将不从 1 挡起步，而从 2 挡起步，以减低转矩输出，避免车辆在湿滑路面上起步时打滑。

③ 自动变速器型号说明如下（见图 3-3-4）：

图 3-3-4　自动变速器标牌

a. 丰田 A–140E：第一个字母，A—自动变速器；第一位数字，1、2、5—前轮驱动，3、4—后轮驱动；第二位数字，3—三速前进挡，4—四速前进挡；第三位数字，0—产品序列；最后一个字母，E—电子控制变速器，H—四轮驱动。

b. 通用 4L80–E：第一个数字，4—四速前进挡；第一个字母，L—纵向安装（后轮驱动、四轮驱动），T—横向安装（前轮驱动）；字母后的数字，80—产品系列；最后一个字母，E—电子控制变速器。

c. 宝马 4HP24EH：第一组数字，4—四速前进挡；第一个字母，H—液压类型变速器；第二个字母，P—齿轮类型，6P—行星类齿轮；第二组数字，20 或 24—额定扭矩（变速器）；末尾的字母，E—电控类变速器，EH—电控–液压类型变速器。

二、液力自动变速器是怎样的？

液力变矩器式自动变速器，也就是常说的"AT"自动变速器。它主要由两大部分构成：一是和发动机飞轮连接的液力变矩器；二是紧跟在液力变矩器后方的变速机构。液力变矩器一般是由泵轮、导轮、涡轮以及锁止离合器组成的。锁止离合器的作用是当车速超过一定速度时，采用锁止离合器将发动机与变速机构直接连接，这样可以减少燃油消耗。

液力自动变速器主要由液力变矩器、齿轮变速机构（行星齿轮结构）、换挡执行元件（离合器）、液压控制系统、电子控制系统等组成。其内部结构如图 3–3–5 所示。其中液力变矩器是动力接续装置，齿轮变速机构主要有行星齿轮变速机构和平行轴齿轮变速机构。

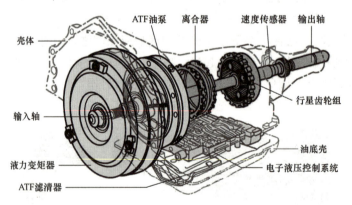

图 3–3–5　行星齿轮式自动变速器结构图

（1）液力变矩器

液力变矩器（见图 3–3–6）的作用是将发动机的动力输出传递到变速机构。它里面充满了传动油，当与动力输入轴相连接的泵轮转动时，它会通过传动油带动与输出轴相连的涡轮一起转动，从而将发动机动力传递出去。其原理就像一台插电的风扇能够带动一台不插电风扇的叶片转动一样。

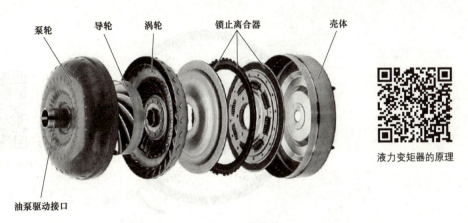

图 3-3-6　液力变矩器的结构

（2）行星齿轮变速机构

液力变矩器变矩作用小，不能达到行驶要求。行星齿轮变速机构能实现传动比的进一步变化，以提高增矩作用。变速器内由几组行星齿轮来构成不同的挡位，一组行星齿轮机构只能满足汽车所需的一个合适的传动比。为了增加有用传动比的数目，要使用两组或多组行星齿轮机构的组合，用以满足汽车行驶需要的多个传动比。常见的组合式行星齿轮机构有两种，即辛普森式（见图 3-3-7）和拉维娜式（见图 3-3-8）。两组行星齿轮机构的两个太阳轮固接在一起的是辛普森式行星齿轮机构。

两组行星齿轮机构中的一组行星齿轮机构有两个行星轮、两组行星齿轮共用一个齿圈的是拉维娜式行星齿轮机构。

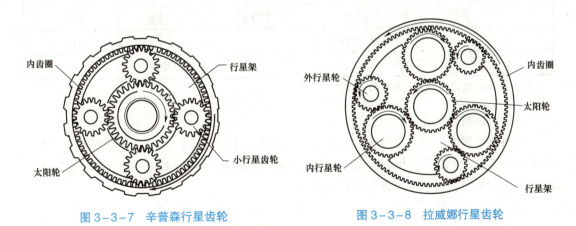

图 3-3-7　辛普森行星齿轮　　　　　　　图 3-3-8　拉威娜行星齿轮

单排行星齿轮（见图 3-3-9）的结构主要由一个太阳轮（或称为中心轮）、一个带有若干个行星齿轮的行星架和一个齿圈组成。太阳轮与行星轮外啮合，两者的旋转方向相反；行星轮与齿圈内啮合，两者的旋转方向相同。

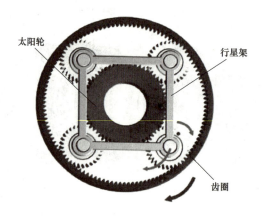

自动变速器换挡原理

图 3-3-9　单排行星齿轮

单排行星齿轮机构的动力传递方式如表 3-3-1 所示。

表 3-3-1　单排行星齿轮变速机构的动力传递方式

序号	主动件	从动件	固定件	传动比	备注
1	太阳轮	行星架	齿圈	$1+a$	降挡
2	行星架	太阳轮	齿圈	$1/(1+a)$	升挡
3	齿圈	行星架	太阳轮	$1+1/a$	降挡
4	行星架	齿圈	太阳轮	$a/(1+a)$	升挡
5	太阳轮	齿圈	行星架	$-a$	倒挡
6	齿圈	太阳轮	行星架	$-1/a$	倒挡
7	任意两个连成一体			1	直接挡
8	既无元件制动，又无任何两元件连成一体			自由转动	不能传动、空挡

注：a 为齿圈齿数与太阳轮齿数之比。

（3）换挡执行元件

自动变速器离合器（见图 3-3-10）和制动器属于换挡执行机构，离合器用于接合或分离两个元件，制动器用于固定某个元件。变速器通过控制油压来对离合器和制动器进行控制，离合器和制动器可用来实现挡位变换。

（4）单向离合器

单向离合器使定轮以与发动机曲轴运转相同的方向转动。但是，如果定轮要以与发动机曲轴运转相反的方向转动，单向离合器就将定轮锁止住，使其无法朝相反方向转动。所以定轮是转动还是被锁止，取决于变速器油液冲击定轮叶片的方向。单向离合器的工作原理如图 3-3-11 所示。当外座圈按图中箭头 A 所示方向转动时，就会推动楔块顶部。如果 l_1 小于 l，楔块就会倾翻，使外座圈转动。但当外座圈朝相反方向（如箭头 B 所示）转动时，楔块就无法倾翻，因为l_2大于l。这样，楔块起到楔子的作用，锁住外座圈，使其无法转动。另外，离合器中还安装了定位弹簧，使楔块总是朝着锁止外座圈的方向略为倾斜，以加强楔块的锁止功能。楔块型单向离合器也用于控制行星齿轮系统。

图3-3-10 自动变速器离合器

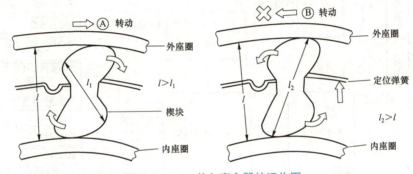

图3-3-11 单向离合器的运作图

（5）油泵

自动变速器油泵（见图3-3-12）为整个系统提供液压油。油泵安装在变速器壳体内，由变矩器壳驱动。只要发动机运转，油泵就工作。

（6）液压控制系统

自动变速器的液压控制系统也有控制计算机，计算机收集发动机节气门、车速等信号，然后对液压控制系统电磁阀进行控制，进而控制液压控制系统的离合器和制动器，实现对挡位的控制。自动变速器使用的油液简称ATF。自动变速器控制阀如图3-3-13所示。

（7）电子控制系统

自动变速器的电子控制系统包括ECU、传感器和执行器，如图3-3-14所示。

① ECU。ECU主要完成换挡控制、锁止离合器控制、油压控制、故障诊断和失效保护等功能。

② 传感器。传感器部分主要包括节气门位置传感器、车速传感器、发动机转速传感器、冷却液温传感器、ATF油温传感器、空挡起动开关和制动灯开关等。

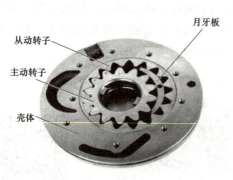

图 3-3-12 自动变速器油泵

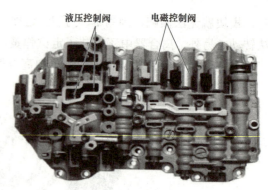

图 3-3-13 自动变速器控制阀

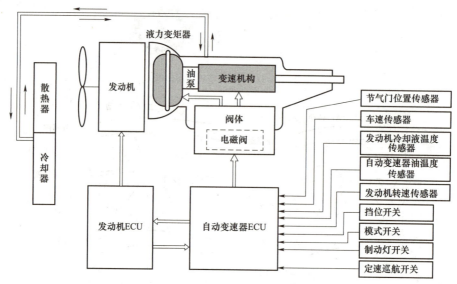

图 3-3-14 自动变速器的电子控制系统

③ 执行器。执行器部分主要包括各种电磁阀和故障指示灯等。电磁阀根据功能不同，可以分为换挡电磁阀、锁止离合器电磁阀和油压电磁阀。电控液力自动变速器是在液力控制自动变速器的基础上，利用计算机控制技术而实现自动换挡的新型液力自动变速器。它是通过各种传感器，将发动机转速、节气门开度、发动机水温、车速以及自动变速器液压油的温度等参数转变为电信号，并输入电控单元。电控单元根据这些电信号，按照设定的换挡规律，向换挡电磁阀、油压电磁阀等发出控制指令，换挡电磁阀和油压电磁阀再将电控单元的指令转变为液压控制信号，然后阀板中的各个控制阀再根据这些液压信号，控制换挡执行机构中元件（离合器和制动器）的动作，从而实现自动换挡过程。

三、什么是无级变速器?

无级变速器（CVT，见图 3-3-15）由行星齿轮机构、无级变速机构和控制系统等组成，行星齿轮机构用于实现前进挡和倒挡之间的切换操作。

CVT 的主要部件是两个滑轮和一条金属带，金属带套在两个滑轮上。滑轮由两块轮盘组成，这两块轮盘中间的凹槽形成一个 V 形，其中一边的轮盘由液压控制机构控制，可以视不同的发动机转速进行分开与拉近的动作，V 形凹槽也随之变宽或变窄，将金属带升高或降低，从而改变金属带与滑轮接触的直径，相当于齿轮变速中切换不同直径的齿轮。两个滑轮呈反向调节，即其中一个带轮凹槽逐渐变宽时，另一个带轮凹槽就会逐渐变窄，从而迅速加大传动比的变化。从动轮的扭矩和速率由传动带的位置决定。设计两个转轮的尺寸，使其可以提供 2.416∶1～0.443∶1 的传动比。最大传动比是最小传动比的 5.45 倍。超速传动比时油耗最低。传动钢带是将 450 片钢片和 24 根钢带固定到一起，每边 12 根钢带。

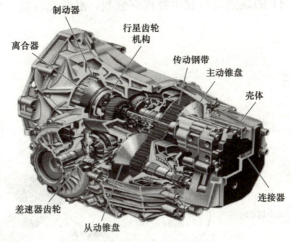

图 3-3-15　CVT 结构图

CVT 动力传递路线如图 3-3-16 所示。

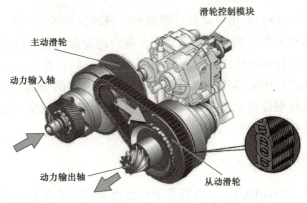

图 3-3-16　CVT 动力传递路线

当汽车慢速行驶时，可以令主动滑轮的凹槽宽度大于从动滑轮凹槽，主动滑轮的金属带圆周半径小于从动滑轮的金属带圆周半径，即小圆带大圆，因此能传递较大的扭矩。当汽车逐渐转为高速时，主动滑轮的一边轮盘向内靠拢，凹槽宽度变小，迫使金属带升起，直至最高顶端；而从动滑轮的一边轮盘刚好相反，向外移动，拉大凹槽宽度，迫使金属带降下，即主动滑轮金属带的圆周半径大于从动滑轮金属带的圆周半径，变成大圆带小圆，因此能保证汽车高速行驶时的速度要求。CVT变速原理如图3-3-17所示。

四、什么是电控机械式自动变速器？

电控机械式自动变速器（AMT），是在手动式变速器、离合器的结构基本不变动的情况下，通过电子控制系统来实现自动换挡变速。AMT一般为5速，没有D挡和P挡。它比手动变速器操作简单，操控类似于自动挡；相对于自动挡，它又有着较高的传动效率，跑起来比较省油。AMT的缺点是行驶中顿挫感强烈、舒适性较低。AMT变速器换挡杆如图3-3-18所示。

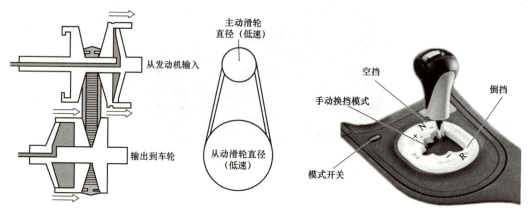

图3-3-17　CVT变速原理　　　　图3-3-18　AMT变速器换挡杆

AMT（见图3-3-19）采用电动执行器或电控液压执行器。AMT控制计算机通过执行器实现选挡、换挡和离合器的分离接合。离合器由离合器伺服机构驱动，离合器伺服机构包括驱动电动机、蜗杆和液压主缸等，驱动电动机带动蜗杆在主油缸建立油压，油管传递油压给副油缸，副油缸中活塞推动离合器拨叉完成离合器的分离和接合。

换挡执行机构执行电控单元的指令，完成变速器中挡位的变换，包括选挡和换挡两个电动机，分别执行选挡和换挡的动作。

五、什么是双离合器变速器？

双离合器变速器（DSG/DCT）可以媲美手动变速器的高效率和极快的换挡速度，燃油经济性高，能承受较大扭矩，但操作时可能会出现顿挫等现象。双离合器变速器现在已经广泛应用于汽车领域，它主要适合更加看重运动和驾驶乐趣的顾客。很多双离合器变速器换挡杆（见图3-3-20），在装饰板D字旁有"＋""－"符号，操纵换挡杆向右可以切换到手动模式。跟手动变速器不同，双离合器变速器有两个离合器，离合器有干式和湿式两种（见图 3-3-21）。干式离合器摩擦片相互接合可以带来最直接的传递效率，但它也更容易发热，适合功率小的发动机。湿式双离合器有很好的调节能力，能够传递较大的扭矩。双离合器变速器少了液力变矩器，简化了系统结构，提高了传动效率，油温更低。变速器内部省略了多个换挡用的制动器和离合器，减少了密封件和漏油点。

图 3-3-19　AMT 结构图

图 3-3-20　DSG 变速器换挡杆

图 3-3-21　DSG 结构图

图 3-3-22 所示是一个大众 6 速双离合器变速器的工作原理。两个离合器与变速器装配在同一机构内，其中离合器 1 负责挂 1、3、5 挡和倒挡；离合器 2 负责挂 2、4、6 挡。当驾驶员挂上 1 挡起步时，换挡拨叉同时挂上 1 挡和 2 挡，但离合器 1 接合，离合器 2 分离，动力通过 1 挡的齿轮输出动力，2 挡齿轮空转。当驾驶员换到 2 挡时，换挡拨叉

同时挂上 2 挡和 3 挡，离合器 1 分离的同时离合器 2 接合，动力通过 2 挡齿轮输出，3 挡齿轮空转。其余各挡位的切换方式均与此类似。这样就解决了换挡过程中动力传输的中断问题。

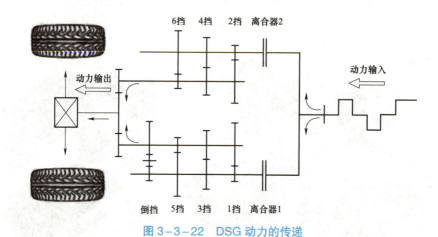

图 3-3-22　DSG 动力的传递

　　图 3-3-23 所示是一个大众 7 速双离合器变速器的工作原理，其工作原理与 6 速类似。离合器 1 负责控制 1、3、5、7 挡；离合器 2 负责控制 2、4、6 挡和倒挡。双离合变速器换挡和离合操作都是通过计算机控制实现的。计算机进行自动换挡逻辑控制，并发令使换挡电磁阀动作，完成挡位的自动转换。双离合器变速器液动部分包括油泵、油路板、液压换挡滑阀、双离合器和三个同步器的液压缸。

图 3-3-23　大众 7 速双离合器变速器的工作原理

 技能链接

1. 进入 VR 汽车教育实训平台，完成自动变速器部件拆装。

VR 操作说明
（1）登录 VR 汽车教育实训平台； （2）按操作提示完成自动变速器部件拆装 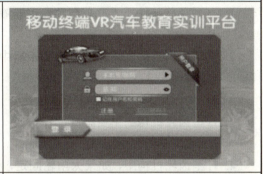

2. 实践操作视频资源

自动变速器整体拆卸　　　　自动变速器总成安装

 任务评价

一、判断题

1. 自动变速器的简称都为 AT。　　　　　　　　　　　　（　　）

2. MT 不属于自动变速器。　　　　　　　　　　　　　　（　　）

3. 自动变速器用的油液为 ATF。　　　　　　　　　　　（　　）

4. 液力变矩器通常由泵轮和导轮组成。　　　　　　　　　　　　（　　）

5. 在发动机不熄火、自动变速器处于 R 挡的情况下，汽车可以处于停车状态。

（　　）

6. 汽车只能在选挡杆处于 N 或 P 位时，才能起动。　　　　　　（　　）

7. DSG 属于自动变速器。　　　　　　　　　　　　　　　　　　（　　）

二、选择题

1. 下列哪些部件属于汽车自动变速器液力变矩器组成部分？（　　）

　　A. 飞轮　　　　　　　B. 导轮　　　　　　　C. 涡轮　　　　　　　D. 行星齿轮

2. 汽车液力自动变速器的液力变矩器中，当锁止离合器工作时，下列哪两个部件被连接在一起？（　　）

　　A. 太阳轮　　　　　　B. 行星齿轮　　　　　C. 泵轮　　　　　　　D. 涡轮

3. 行星齿轮机构的主要组成部件是（　　）。

　　A. 导轮　　　　　　　B. 行星齿轮　　　　　C. 行星架　　　　　　D. 太阳轮

4. 行星齿轮机构中，如果太阳轮固定，齿圈输入，行星架输出，那么输出轴的运动特点是（　　）。

　　A. 减速　　　　　　　　　　　　　　　B. 增速

　　C. 输出与输入轴同向　　　　　　　　　D. 输出与输入轴反向

5. 在液力自动变速器中，下列属于换挡执行机构主要元件的是（　　）。

　　A. 锁止离合器　　　B. 制动器　　　　C. 单向离合器　　　D. 变矩器

6. 下列说法正确的是（　　）。

　　A. 若不对行星齿轮机构的任何元件进行约束，则行星齿轮机构直接传递动力

　　B. 若行星齿轮机构三元件中任两元件连成一体，则行星齿轮机构所有元件无相对运动

　　C. 单向离合器目前在自动变速器中应用的只有滚柱式一种

　　D. 目前变速器中，应用的制动器有盘式制动器和带式制动器两种形式

7. 目前应用于自动变速器中比较多的行星机构是辛普森式行星机构，其有一主要特点是前后行星排共用一个（　　）。

　　A. 行星架　　　　　B. 太阳轮　　　　C. 导轮　　　　　D.齿圈

8. 下列说法正确的是（　　）。

　　A. 自动变速器是通过液力变矩器与发动机相连的，又因为液力变矩器是软连接，所以装有自动变速器的汽车在下坡时没有制动功能

　　B. 装有自动变速器的汽车，发动机仅在 D 或 N 挡时才可以起动

　　C. 在液控自动变速器中，调速阀用来向换挡阀输送升挡或降挡的油压信号

　　D. 目前应用于自动变速器的油泵齿轮泵有转子泵和叶片泵两种形式

9. 学生 A 说，在未应用变矩器锁止离合器之前，自动变速器在高速状态时，泵轮和涡轮之间产生的滑转现象导致传动效率下降，是配置自动变速器的轿车油耗高的主要原因

所在。学生 B 说，自动变速器不但使用方便、安全，而且使用自动变速器可以降低发动机排放污染。下列说法正确的是（　　）。

A. 只有学生 A 正确　　　　　　　B. 只有学生 B 正确

C. 学生 A 和 B 都正确　　　　　　D. 学生 A 和 B 都不正确

三、简答题

1. 自动变速器的基本组成及工作原理是什么？

2. 液力变矩器有哪些功用？

3. 液力变矩器由哪些元件组成？它是如何工作的？

4. 自动变速器的换挡执行元件有哪些？各有什么功用？

一、自动变速器油位的高低对变速器的影响

正常油位：当液力变矩器及各控制油缸充满油液后，油底壳内的工作液液面高度应低于各旋转件的最低位，但要高于阀体的上部。

① 若油位过低，空气渗入油液后，正常的油位液压控制阀的油压会降低，使各阀和执行元件工作不正常，同时各离合器、制动器打滑，摩擦片加速磨损。工作液加速氧化、品质恶化，同时各运动件不能充分润滑会发热，并造成元件卡滞。

② 油位过高：各旋转元件都浸泡在油液中，使油液被搅动，产生气泡，导致油压下降与油位低的问题；各阀体都泡在油中及各离合器、制动器的泄油口堵塞造成泄油不畅。液面过高会使变速器内部压力过高，高速时加油管处向外窜油，严重时会引起火灾。

二、影响油液液面高度的因素

① 工作液温度：油温高时，工作液膨胀，液面升高；油温低时，工作液收缩，液面降低，则变速器液面高度的检查要在正常油温下进行。

② 变速器的工作状况：变速器工作时，各执行元件、油道、油腔中充满油液，油位下降；发动机熄火，变速器停止工作，部分油液回流，油底壳内液面升高，则液面高度的检查应在工作的时候进行。

三、液面高度的检查方法

① 预热自动变速器至正常工作温度（70～80 ℃）。

② 将换挡杆在所有位置上都停留片刻，汽车运行一会儿，让变矩器各执行元件及油道中都充满工作液。

③ 将汽车停在水平路面上，保持怠速运转。

④ 换挡杆位于 P 位，从加油管内拔出油尺检查液面高度。油尺为双刻度线的，液面

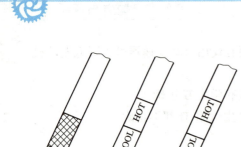

图 3-3-24　自动变速器油尺
（a）双刻度线；（b）三刻度线；（c）四刻度线

应在两刻线之间；油尺为三刻度线或四刻度线的，热车时液面应在"HOT"范围内；冷车时液面应在"COOL"范围内（见图 3-3-24）。

四、自动变速器油液的更换

① 预热自动变速器使工作液达到正常温度（70～80 ℃）。

② 发动机熄火，拧下变速器油底壳的放油螺栓，将变速器油放干净。若没有放油螺栓，先卸下绝大部分油底壳固定螺栓，留下相邻两个角上的螺栓，只将它们旋出两圈。以上述螺栓为交点，略微使油底壳倾斜，让油液从中流出。逐渐放松这两个螺栓，加大油底壳倾斜角度，排除更多油液。当油底壳倾斜角度超过 40° 时，先卸下这两个固定螺栓，再卸下油底壳。

③ 拆下油底壳和进油滤网进行清洗，同时对油底壳上面的杂质进行分析。油底壳与变速器的接合部位已经翘曲，将其修理平整。

④ 更换新的油底壳密封圈，将清洗后的滤网和油底壳安装到变速器上。有的变速器在油底壳内放有磁铁，安装时一定不能丢失，清洗后应放回原处。装好放油螺栓并拧紧。注意螺栓不能拧得太紧。

⑤ 从加油口加入定量的标准型号的工作液，一般为 4 L。

⑥ 使汽车运行，变速器在各挡位都行驶一段时间预热变速器工作液。在发动机怠速运转时，检查并调整液面高度，使其达到标准。

⑦ 若油液过脏，则应先进行清洗再加油并调整。

任务 3.4 万向传动装置认知与拆装

任务描述

　　万向传动装置安装在手动变速器与驱动桥之间，主要作用是传力。本任务是让学生掌握万向传动装置的组成及其工作原理，学会万向传动装置的拆装方法。根据环保要求，妥善处理辅料、废弃液体和损坏的零部件。

任务目标

1. 能掌握万向传动装置的类型及作用；
2. 能描述万向传动装置的结构及原理；
3. 能依据维修手册的技术标准完成半轴的拆装。

任务实施

教学目标	教学活动	内容及要求
知识	活动1	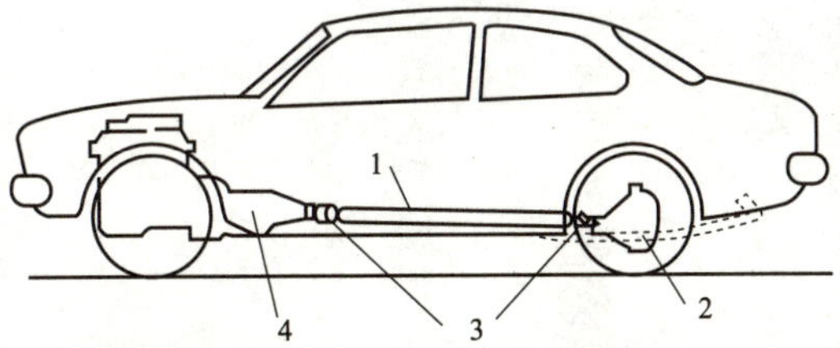 （1）万向传动装置的作用是什么？ （2）左图中编号的名称是什么？
	活动2	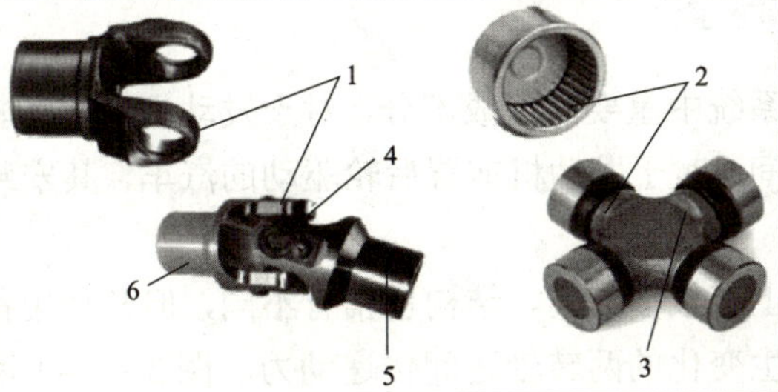 （1）十字轴万向节的特点是什么？ （2）左图中编号的名称是什么？

续表

教学目标	教学活动	内容及要求
知识	活动3	（1）十字轴万向节怎样实现等速传动？ （2）左图中编号的名称是什么？
	活动4	（1）什么是等速万向节？ （2）左图中编号的名称是什么？
能力	活动5	（1）依据维修手册的技术要求，完成半轴的拆装； （2）查找维修手册，记录与操作相关的操作要点和技术参数
素质	活动6	举例说明车辆上哪些地方使用了万向传动装置

◎ 知识链接

一、什么是万向传动装置？

万向传动装置是传动系统中重要的组成部分，对于发动机前置前轮驱动的汽车，其安装在驱动桥与驱动车轮之间；对于发动机前置后轮驱动的汽车，其安装在变速器与驱动桥之间用来传递动力。

万向传动装置在汽车上有很多应用，结构也稍有不同，但其功用都是一样的，即在轴线相交且相互位置经常发生变化的两转轴之间传递动力。图3-4-1所示为万向传动装置在汽车中最常见的应用，位于变速器与驱动桥之间。

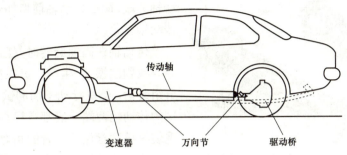

图3-4-1　变速器与驱动桥之间的万向传动装置

　　万向传动装置的功用是能在汽车上任何一对轴间夹角和相对位置经常发生变化的转轴之间传递动力。万向传动装置主要由万向节和传动轴组成（见图3-4-2），在变速器与驱动桥距离较远的情况下，应将传动轴分成两段，即主传动轴和中间传动轴，用三个十字轴式刚性万向节连接，且在中间传动轴后端设置了中间支承。这样，可避免因传动轴过长而产生的自振频率降低，高转速下产生共振；同时提高了传动轴的临界转速和工作可靠性。

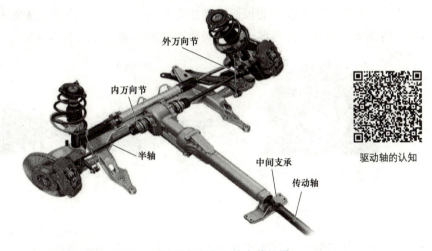

驱动轴的认知

图3-4-2　万向传动装置在汽车上的安装位置

　　（1）传动轴

　　传动轴是万向传动装置中的主要传力部件，通常用来连接变速器（或分动器）和驱动桥，在转向驱动桥和断开式驱动桥中，则用来连接差速器和驱动轮。轻中型货车用传动轴一般用厚度为 1.5～3.0 mm 的薄钢板卷焊而成；超重型货车的传动轴则采用无缝钢管制成，两端焊接有花键轴和十字轴式刚性万向节叉。由于十字轴式刚性万向节没有伸缩功能，当驱动部件之间的距离发生变化时，则要将传动轴做成两段，用滑动花键相连接（见图3-4-3）。为减小传动轴花键连接部分的轴向滑动阻力和磨损，需加注润滑脂进行润滑；也可以对花键进行磷化处理或喷涂尼龙层，或是在花键槽内设置滚动元件。在传动距离较

伸缩套　花键

图 3-4-3　传动轴

长时，自振频率降低，易产生共振，往往将传动轴分段，即在传动轴前增加带中间支承的前传动轴。

传动轴在高速旋转时，任何质量的偏移都会导致剧烈振动。生产厂家在把传动轴与万向节组装后，都进行动平衡测试。经过动平衡测试的传动轴两端一般都点焊有平衡片，拆卸后重装时要注意保持二者的相对角位置不变。

（2）传动轴中间支承装置

传动轴中间支承装置主要用于支承较长的传动轴。中间支承装置（见图 3-4-4）外面是起缓冲作用的橡胶，中间用于支承传动轴的是轴承，传动轴安装在车身上。

（3）半轴

半轴是差速器与驱动轮之间传递扭矩的实心轴，轿车半轴总成包括内万向节、半轴和外万向节，其内端一般通过花键与半轴齿轮连接，外端与车轮轮毂连接。转向驱动桥、断开式驱动桥及微型汽车的传动轴通常制成实心轴，两端制有花键与球笼式等速万向节的星形套（内滚道）相连，并通过卡簧限制传动轴的移动（见图 3-4-5）。

图 3-4-4　中间支撑装置

花键
（连接车轮）　外万向节　半轴　内万向节

图 3-4-5　半轴

二、为什么需要万向节？

在汽车上使用的万向节按其刚度大小，可分为刚性万向节和柔性万向节。刚性万向节按其速度特性分为不等速万向节（常用的为十字轴式）、准等速万向节（双联式和三销轴式）和等速万向节（包括球叉式和球笼式等）。目前在汽车上应用较多的是十字轴式刚性万向节和等速万向节。十字轴式刚性万向节主要用于发动机前置后轮驱动的变速器与驱动桥之间，等角速万向节主要用于发动机前置前轮驱动的内、外半轴之间。

万向节位于传动轴的末端，起到连接传动轴和驱动桥、半轴等机件的作用。万向节的结构和作用有点像人体四肢上的关节，它允许被连接零件之间的夹角在一定范围内变化。如前置后驱的汽车，必须将变速器的动力通过传动轴与驱动桥进行连接，那为什么要用万向节呢？主要是为了满足动力传递、适应转向和汽车运行时所产生的上下跳动所造成的角度变化。例如，主动轴的动力可以传到与其成一定角度的从动轴上，如图 3-4-6 所示。

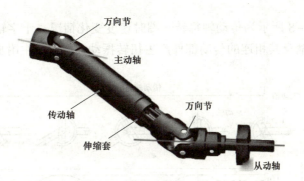

图 3-4-6　万向节安装位置

万向节是万向传动装置中实现变角度传动的主要部件，按其速度特性分为不等速万向节（普通十字轴式万向节）、准等速万向节（双联式、三销轴式等）和等速万向节（球笼式、组合式等）。万向节按其刚度大小，可分为刚性万向节和柔性万向节。目前在汽车上应用较多的是十字轴式刚性万向节和等速万向节。十字轴式刚性万向节主要用于发动机前置后轮驱动的变速器与驱动桥之间，等速万向节主要用于发动机前置前轮驱动的内、外半轴之间。

（1）十字轴式刚性万向节

十字轴式刚性万向节（见图 3-4-7）的特点是结构简单、传动可靠、效率高；允许相邻两轴的最大交角为 15°～20°。固装在两轴上的万向节叉上的孔，分别套在十字轴的四个轴颈上。在十字轴轴颈与万向节叉孔之间装有滚针和套筒，并用带有锁片的螺钉和轴承盖使之轴向定位。为了润滑轴承，十字轴内钻有油道，且与滑脂嘴、安全阀相通。万向节轴承的常见定位方式，除了用盖板定位外，还有用内、外弹性卡环进行定位的。

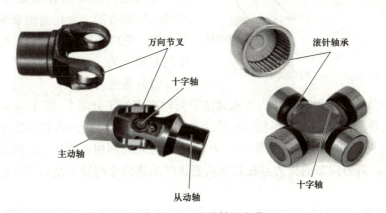

图 3-4-7　十字轴万向节

单个十字轴式刚性万向节在主动轴和从动轴之间有夹角的情况下，当主动叉等角速转动时，从动叉是不等角速的，这称为十字轴式刚性万向节的不等速特性。且两转轴之间的夹角越大，不等速性就越大，而主、从动轴的平均转速是相等的，即主动轴转一圈从动轴也转一圈。图3-4-8所示为传动轴每转一圈时速度变化情况。十字轴式刚性万向节的不等速特性将使从动轴及其相连的传动部件产生扭转振动，从而产生附加的交变载荷，影响部件寿命。

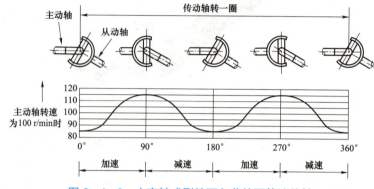

图3-4-8　十字轴式刚性万向节的不等速特性

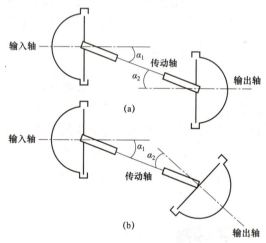

图3-4-9　双万向节的等速排列方式
（a）平行排列；（b）等腰式排列

为实现等角速传动，可将两个十字轴式万向节按图3-4-9所示的排列方式安装，且必须满足以下两个条件，才可实现两轴间的等角速传动。

① 第一万向节两轴间夹角与第二万向节两轴间夹角相等。

② 第一万向节的从动叉与第二万向节的主动叉处于同一平面内。

等角速传动是就传动轴两端的输入轴和输出轴而言的。对传动轴来说，只要夹角不为零，它就不等角速转动，这与传动轴的排列方式无关。

（2）等速万向节

等速万向节的基本原理是传力点永远位于两轴交点的平分面上。图3-4-10所示为等速万向节的工作原理。一对大小相同的锥齿轮的接触点 P 位于两齿轮轴线交角的平分面上，由 P 点到两轴的垂直距离都等于 r。P 点处两齿轮的圆周速度相等，两齿轮的角速度也相等。可见，若万向节的传力点在其交角变化时始终位于两轴夹角的平分面上，就能保证等速传动。

① 球笼式等速万向节。如图3-4-11所示，球笼式等速万向节由六个钢球、星形套、球形壳和保持架等组成。万向节星形套与主动轴用花键固接在一起，星形套外表面有六条弧形凹槽滚道，球形壳的内表面有相应的六条凹槽，六个钢球分别装在各条凹槽中，由球笼使其保持在同一平面内。动力由传动轴、钢球、球形壳输出。球笼式等速万向节工作时六个钢球都参与传力，故承载能力强、磨损小、寿命长。它被广泛应用于各种型号的转向

驱动桥和独立悬架的驱动桥。

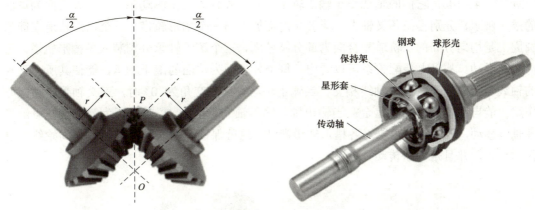

图 3-4-10 等速万向节的工作原理　　　　图 3-4-11 球笼式等速万向节

常见的球笼式万向节有固定型球笼式等速万向节（RF 节）和伸缩型球笼式等速万向节（VL 节）。其中 RF 节位于靠近车轮处，VL 节位于靠近驱动桥处（见图 3-4-12）。

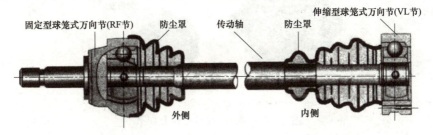

图 3-4-12 球笼式等速万向节

固定型球笼式万向节由 6 个钢球、星形套、球形壳和保持架等组成。万向节星形套与主动轴用花键固接在一起，星形套外表面有六条弧形凹槽滚道，球形壳的内表面有相应的 6 条凹槽，6 个钢球分别装在各条凹槽中，由球笼使其保持在同一平面内。动力由主动轴、钢球、球形壳输出。球笼式万向节允许在轴间最大夹角为 42° 的情况下传递转矩，工作时 6 个钢球都参与传力，故承载能力强、磨损小、寿命长，广泛应用于各种型号的转向驱动桥和独立悬架的驱动桥。

② 伸缩型球笼式等速万向节。伸缩型球笼式等速万向节的内、外滚道是圆筒形的，在传递扭矩过程中，星形套与球形壳体可以沿轴向相对移动，故可省去其他万向传动装置中必须有的滑动花键。这不仅使其结构简化，而且由于星形套与球形壳体之间的轴向相对移动是通过钢球沿内、外滚道滚动来实现的，与滑动花键相比，其滑动阻力小，最适用于断开式驱动桥（见图 3-4-13）。

图 3-4-13 伸缩型球笼式等速万向节

③ 三叉轴等速万向节。三叉轴等速万向节有三个位于同一平面内互成 120° 的叉轴（见图 3-4-14），它们的轴线交于输入轴上一点，并且垂直于驱动轴。三个外表面为球面的滚子轴承，分别套在各叉轴上。球形壳内部加工出三个槽形轨道。三个槽形轨道在筒形圆周上是均匀分布的，轨道配合面为部分圆柱面，三个滚子轴承分别装入各槽形轨道，可沿轨道滑动。从以上装配关系可以看出：每个外表面为球面的滚子轴承，能使其所在叉轴的轴线与相应槽形轨道的轴线相交。当输出轴与输入轴交角为 0° 时，三叉轴受自动定心作用，能自动使两轴轴线重合；当输出轴与输入轴交角不为 0° 时，因为筒形滚柱可沿叉轴轴线移动，所以它还可以沿各槽形轨道滑动。这就保证了输入轴与输出轴之间始终可以传递动力，并且是等速传动。

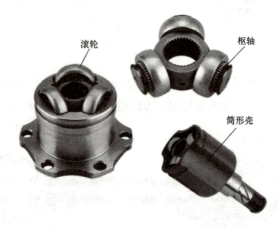

图 3-4-14　三叉轴等速万向节

三叉轴等速万向节的优点是结构简单、磨损小、高扭矩和零速度下轴向伸缩容易、加工工艺容易。

（3）万向节防尘罩

万向节需要使用润滑脂润滑，防尘罩（见图 3-4-15）可以防止灰尘、泥沙溅入万向节而破坏其润滑。需要定期对万向节进行维护，更换润滑脂，检查防尘罩是否破裂，卡箍是否松动。

图 3-4-15　万向节防尘罩

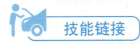

技能链接

1. 进入 VR 汽车教育实训平台，完成半轴拆装学习。

VR 操作说明

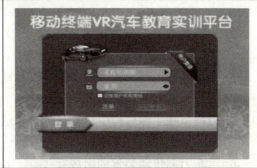

（1）登录 VR 汽车教育实训平台；
（2）按操作提示完成半轴拆装学习

2. 实践操作视频资源

传动半轴的拆装

任务评价

一、判断题

1. 球笼式万向节工作时有 3 个钢球都参与传力，故承载能力强、磨损小、寿命长。
（　　）

2. 经过动平衡测试的传动轴两端一般都点焊有平衡片，拆卸后重装时要注意保持二者的相对角位置不变。
（　　）

3. 十字轴式刚性万向节主要用于发动机前置后轮驱动的变速器与驱动桥之间。

（　　）

4. 等角速万向节主要用于发动机前置后轮驱动的变速器与驱动桥之间。（　　）

二、选择题

1. 十字轴式刚性万向节的十字轴轴颈一般都是（　　）。

    A. 中空的　　　　　　　　　　　　　　B. 实心的

    C. 无所谓　　　　　　　　　　　　　　D. A，B，C 均不正确

2. 十字轴式万向节的损坏是以（　　）的磨损为标志的。

    A. 十字轴轴颈　　　B. 滚针轴承　　　C. 油封　　　　　D. 万向节叉

3. 为了提高传动轴的强度和刚度，传动轴一般都做成（　　）。

    A. 空心的　　　　　B. 实心的　　　　C. 半空、半实的　　D. 无所谓

4. 万向节在工作过程中，其传力点永远位于两轴交角的（　　）。

    A. 平面上　　　　　B. 垂直平面上　　C. 平分面上　　　　D. 平行面上

5. 汽车万向传动装置的组成有（　　）。

    A. 半轴　　　　　　B. 万向节　　　　C. 传动轴　　　　　D. 半轴壳体

6. 关于十字轴式不等速万向节，描述错误的是，当主动轴转过一周时，从动轴转过（　　）。

    A. 一周　　　　　　B. 小于一周　　　C. 大于一周　　　　D. 不一定

三、简答题

1. 举例说明万向传动装置在汽车上的典型应用。

2. 什么是十字轴万向节的不等速特性？如何才能实现等速传动？

3. 万向传动装置的作用是什么？具体安装在哪个位置上？

4. 万向传动装置由哪几部分组成？

5. 在拆装万向传动装置时应注意哪些事项？

任务拓展

汽车转弯时有"咔嗒"声的原因主要有哪些?

转弯时发出"咔嗒"声，可能是由车轮驱动轴外侧万向节磨损或损坏造成的。转弯和加速时可能更容易出现这种情况。该"咔嗒"声是由于等速万向节轴承和/或座圈磨损和/或损坏造成的。等速万向节损坏或磨损通常是由润滑脂流失和等速万向节内存在异物和污物引起的。

仔细检查车轮驱动轴密封件是否存在切口、撕裂或其他可能导致润滑脂泄漏的迹象。润滑脂流失将导致车轮驱动轴等速万向节在很短的时间内损坏。如果检查后没有发现明显的磨损或损坏的迹象，可能需要将车轮驱动轴从车辆上拆下，并手动操作外侧万向节。万向节的任何卡滞或移动受阻，都表明可能存在导致故障的损坏。

任务 3.5 驱动桥认知与拆装

任务描述

　　驱动桥是传动系统最后一个总成，将动力最终传到驱动车轮。本任务是让学生学会驱动桥的组成及其工作原理，学会驱动桥的结构和主减速器的拆装方法。根据环保要求，妥善处理辅料、废弃液体和损坏的零部件。

任务目标

1. 能掌握驱动桥的组成及作用；
2. 能描述主减速器的结构及原理；
3. 能依据维修手册的技术标准完成主减速器的拆装。

任务实施

教学目标	教学活动	内容及要求	
知识	活动1		（1）驱动桥的作用是什么？ （2）左图中编号的名称是什么？

续表

教学目标	教学活动	内容及要求
知识	活动2	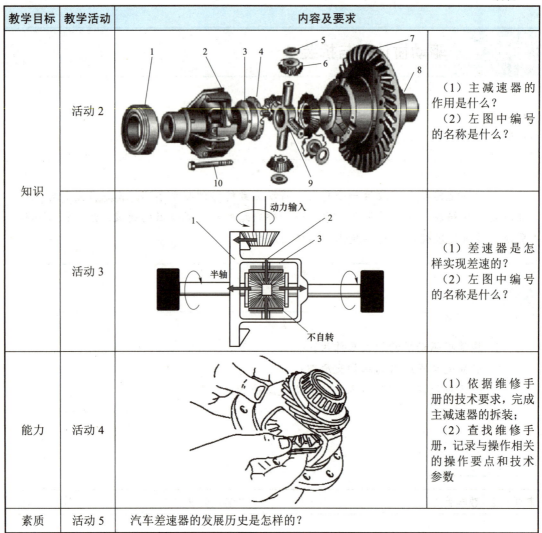 （1）主减速器的作用是什么？ （2）左图中编号的名称是什么？
	活动3	（1）差速器是怎样实现差速的？ （2）左图中编号的名称是什么？
能力	活动4	（1）依据维修手册的技术要求，完成主减速器的拆装； （2）查找维修手册，记录与操作相关的操作要点和技术参数
素质	活动5	汽车差速器的发展历史是怎样的？

任务学习

◎ 知识链接

一、什么是驱动桥?

驱动桥是传动系统中最后一个总成，安装在万向传动装置后部（FR 布置形式）或变速器后部（FF 布置形式），用来传递动力。

驱动桥的功用是将由万向传动装置传来的发动机扭矩传给驱动车轮，并经降速增矩、改变动力传动方向，使汽车行驶，而且允许左右驱动车轮以不同的转速旋转。具体来说，主减速器的功用为降速增矩，改变动力传动方向；差速器的功用是允许左右驱动车轮以不同的转速旋转；半轴的功用是将动力由差速器传给驱动车轮。驱动桥一般是由主减速器、差速器、半轴和桥壳等组成的（见图3-5-1）。

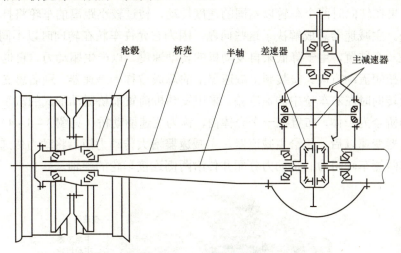

图3-5-1　驱动桥结构

按照悬架结构的不同，驱动桥可以分为整体式驱动桥和断开式驱动桥。整体式驱动桥又称为非断开式驱动桥。

（1）整体式驱动桥

整体式驱动桥如图3-5-2所示，与非独立悬架配用。其驱动桥壳为一刚性的整体，驱动桥两端通过悬架与车架或车身连接，左右半轴始终在一条直线上，即左右驱动轮不能相互独立地跳动。当某一侧车轮通过地面的凸出物或凹坑升高或下降时，整个驱动桥及车身都要随之发生倾斜，车身波动大。

（2）断开式驱动桥

断开式驱动桥如图3-5-3所示，与独立悬架配用。其主减速器固定在车架或车身上，驱动桥壳制成分段并用铰链连接，半轴也分段并用万向节连接。驱动桥两端分别用悬架与车架或车身连接。这样，两侧驱动车轮及桥壳可以彼此独立地相对于车架或车身上下跳动。

图3-5-2　驱动桥结构

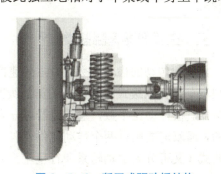

图3-5-3　断开式驱动桥结构

二、主减速器在哪里？

主减速器总成改变来自传动轴的扭矩传递方向，降低其速度，并将增大的转动力传递给驱动轮。当汽车在高低不平的路面上转向或运行时，一个车轮必须比另一车轮行驶更多的里程。如果在转向时两个车轮以相同的速度转动，转过较小距离的车轮将打滑，造成车辆控制问题。主减速器总成解决了这些问题，因为它允许车轮在转向时以不同速度转动。主减速器是一个装置，用于降低来自发动机的转动速度，以产生驱动力。它也改变了发动机至车轮的扭矩流动方向。安装到主减速器上的总成被称为差速器。顾名思义，该部件用于补偿车辆转向时左右车桥中的速度差。采用发动机前置前桥驱动形式的汽车，一般将变速器和驱动桥合为一体，布置在一个壳体内，称为变速驱动桥（见图3-5-4）。发动机动力经过变速器变速以后，传给主减速器。主减速器增大传动力矩后将动力传递给差速器，差速器根据两侧车轮阻力，将动力分配并传给两侧连接车轮的半轴。

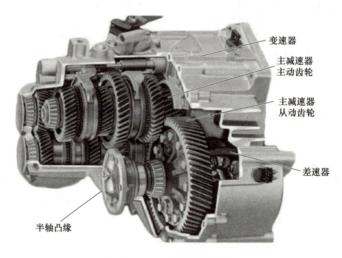

变速器

主减速器
主动齿轮

主减速器
从动齿轮

差速器

半轴凸缘

图3-5-4　驱动桥结构

后驱车辆的驱动桥（见图3-5-5）主要由主减速器、差速器、半轴和桥壳等组成。桥壳固定在悬架上，主减速器和差速器位于桥壳内，桥壳内有润滑油脂可以对运行部件进行润滑。

三、主减速器有哪些类型？

按参加传动的齿轮副数目，主减速器可分为单级式主减速器和双级式主减速器。有些重型汽车又将双级式主减速器的第二级圆柱齿轮传动设置在两侧驱动车轮附近，称为轮边减速。按传动比个数，主减速器可分为单速式和双速式主减速器。单速式的传动比是固定的，而双速式则有两个传动比供驾驶员选择。按齿轮副结构形式，主减速器可分为圆柱齿轮式（又可分为定轴轮系和行星轮系）主减速器和圆锥齿轮式（又可分为螺旋锥齿轮式和准双曲面锥齿轮式）主减速器。目前，在轿车中主要是应用单级式主减速器。按使用类型，主减速器可分为：H 型，用于刚性和整体式后桥；C 型，用于刚性桥，具有整体式主减速器壳和桥壳；R 型，用于独立悬架。

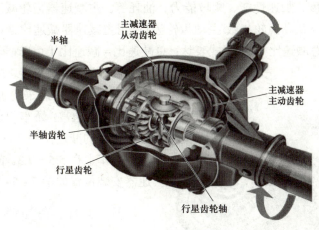

图 3-5-5　驱动桥结构

主减速器主要包括一个主动锥齿轮和一个从动锥齿轮，主动锥齿轮齿数较少，从动锥齿轮齿数较多，因而可以增大力矩。采用两个锥形齿轮，可以改变动力传递方向，以满足车轮转动的需要。

四、FR 和 FF 车辆主减速器的齿轮有何不同？

（1）准双曲面齿轮

由于偏置设计，传动轴可以降低，在后排座椅区域提供更多的空间。这也有助于降低车辆重心和提高车辆稳定性。该机构也增大了齿轮的啮合面积，使得结构更加强劲，操作更加安静（见图 3-5-6）。准双曲面齿轮用于所有 FR 车辆和某些 4WD 车辆。

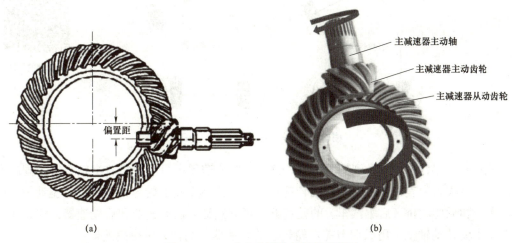

(a)　　　　　　　　　　　　　　　　　(b)

图 3-5-6　准双曲面齿轮的偏置设计

（2）斜齿轮

斜齿轮不要求调整齿轮啮合或齿侧间隙。斜齿轮用于所有 FF 车辆和某些四驱车辆。主减速器齿轮减速比的选择基于车辆行驶阻力、发动机速度范围、发动机功率输出、有效轮胎半径、最大速度、加速性能、爬坡能力、油耗等。主减速器齿轮减速比表达如下：主减速器齿轮减速比＝从动齿轮齿数/主动齿轮齿数。用主减速器减速比乘以变速器减速比得到的数值被称为"总减速比"。用下式表达：总减速比＝减速比 1（变速器）×减速比 2（主减速器）。通过改变该总减速比，可以使用相同的发动机扭矩来增加发动机的动力或车轮转速。通常，轿车和小型卡车上使用的主减速器的减速比在 3.6～4.8，而在重型卡车和客车上在 5.5～7.3。前驱变速器的主减速器安装位置如图 3－5－7 所示。

主减速器

图 3－5－7　前驱变速器主减速器安装位置

五、为什么需要差速器？

汽车在转弯时，车轮做的是圆弧运动，那么外侧车轮的转速必然要高于内侧车轮的转速，其间存在一定的速度差，在驱动轮上会造成相互干涉的现象。如果驱动车轮间没有安装差速器，则会导致内侧车轮发生"制动"的现象（见图 3－5－8）。驱动轮如果直接通过一根轴刚性连接的话，那么两侧车轮的转速必然会相同，在转弯时，内、外两侧车轮就会发生干涉现象，从而导致汽车转弯困难，因此现代汽车的驱动桥上都会安装差速器。

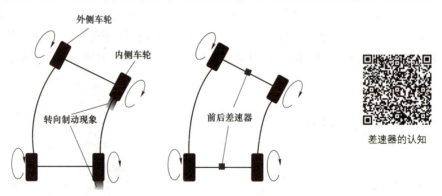
外侧车轮
内侧车轮
转向制动现象
前后差速器

差速器的认知

图 3－5－8　转向时差速示意图

转弯时，左、右车轮受到的阻力不一样，这时差速器行星齿轮绕着半轴公转的同时自转，从而吸收阻力差，使外侧车轮的转速可以高于内侧车轮的转速。布置在前驱动桥（前驱汽车）和后驱动桥（后驱汽车）的差速器，可分别称为前差速器和后差速器；安装在四驱汽车中间传动轴上，用以调节前后轮转速的差速器，则称为中央差速器。

六、差速器是如何工作的？

差速器安装在差速器壳体内，主要是由两个侧齿轮（通过半轴与车轮相连）、两个行星齿轮（行星架与环形齿轮连接）和一个环形齿轮（与动力输入轴相连）组成的（见图3－5－9）。差速器在左、右车轮阻力相同时，行星齿轮只绕半轴齿轮公转，在左、右车轮阻力不同时，行星齿轮既公转又自转。

传动轴传过来的动力通过主动齿轮传递到环形齿轮上，环形齿轮带动行星齿轮轴一起旋转，同时带动侧齿轮转动，从而推动驱动轮前进。

（1）在直线行驶时

当来自发动机的扭矩通过传动轴传递到主动齿轮时，从动齿轮转动，使差速器壳转动。当汽车在平直道路上行驶时，两个驱动轮的阻力相等。因此，行星齿轮不在行星齿轮轴上转动，而是与差速器壳作为一个单元一起转动。半轴齿轮也与差速器壳转动速度相同，使两个驱动轮以相同的速度转动。利用这种方式，从动齿轮的转动通过行星齿轮均匀地分配到左、右半轴齿轮。这使得用花键与半轴齿轮相连的半轴转动，汽车直线向前行驶（见图3－5－10）。其速度特性：左、右侧车轮转速之和永远等于差速器壳转速的2倍，即 $n_左 + n_右 = 2n_0$。

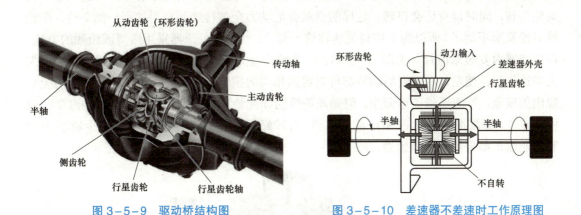

图3－5－9　驱动桥结构图　　　　　图3－5－10　差速器不差速时工作原理图

（2）当驱动轮由于转向和路面不平以不同速度转动时

当汽车转向时，内轮遇到的道路阻力比外轮更大，所以内轮比外轮转动更慢。由于外轮转动的圆比内轮大，因此外轮必须转动得比内轮快。否则，汽车不能平稳转向。差速器壳和行星齿轮作为一个单元转动，同时行星齿轮沿半轴齿轮转动。这允许外侧车轮半轴上的半轴齿轮比内侧车轮半轴上的半轴齿轮转动得更快。它也允许在较大半径上行驶的外侧车轮，比在较小半径上行驶的内侧车轮转动得更快（见图3－5－11）。在道路不平引起车轮以不同速度转动时，其操作原理与此相同。

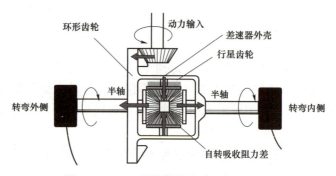

图 3-5-11　差速器差速时工作原理图

当汽车转弯行驶时由于行星齿轮自转，产生摩擦力矩 M_T，M_T 分别作用到左、右半轴齿轮上，此时左半轴齿轮的扭矩为：$M_1 = 1/2M_0 - 1/2M_T$；右半轴齿轮的扭矩为：$M_2 = 1/2M_0 + 1/2M_T$。通常，由于 M_T 较小，可以忽略不计，因此有左、右半轴输出扭矩相等，等于输入扭矩的一半，即 $M_1 = M_2 = M_0/2$ 的扭矩特性。

七、什么是限滑差速器？

了解差速器的原理后就不难理解，如果某一侧车轮的阻力为 0（如车轮打滑），那么另一侧车轮的阻力相对于车轮打滑的一侧来说太大了，行星齿轮只能跟着壳体一起绕着半轴齿轮公转，同时自身还会自转。这样的话就会把动力全部传递到打滑的那一侧车轮，车轮就只能原地不动了。所以为了应付差速器这一弱点，就会对差速器采用限滑或锁死的方法，在差速器内安装摩擦片（见图 3-5-12）。当汽车驱动轮失去附着力时减弱或让差速器失去差速作用，使左、右两侧驱动轮都可以得到相同的扭矩。为了防止发生车轮打滑而无法脱困的现象，差速器锁应运而生。但是差速器的锁死装置在分离和接合时会影响汽车行驶的稳定性。而限滑差速器（LSD）起动柔和，有较好的驾驶稳定性和舒适性，不少城市 SUV 和四驱轿车都采用限滑差速器。

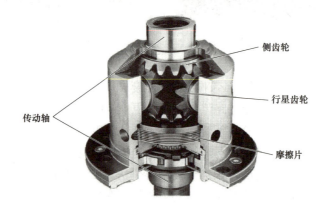

图 3-5-12　准双曲面齿轮的偏置设计

限滑差速器主要通过摩擦片来实现动力的分配。其壳体内有多片离合器，一旦某组车轮打滑，由于轴向力的转速差存，主、从动摩擦片之间将产生摩擦力矩，会自动把部分动力传递到没有打滑的车轮，从而摆脱困境。不过长时间重负荷、高强度的越野会影响它的可靠性。

 技能链接

1. 进入 VR 汽车教育实训平台，完成差速器拆装学习。

VR 操作说明
（1）登录 VR 汽车教育实训平台； （2）按操作提示完成差速器拆装学习 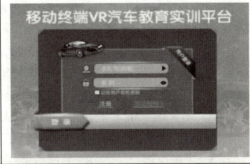
 左右轴承和轴承外圈，需要检查半轴齿轮球面，必要时更换 

2. 实践操作视频资源

差速器拆装

 任务评价

一、判断题

1. 行星齿轮差速器起作用的时刻为汽车直线行驶。 （   ）

2. 设对称式锥齿轮差速器壳的转速为 n_0，左、右两侧半轴齿轮的转速分别为 n_1 和 n_2，则有 $n_1 + n_2 = 1/2n_0$。（　　）

3. 设对称式锥齿轮差速器壳所得到转矩为 n_0，左右两半轴的转矩分别为 M_1、M_2，则有 $M_1 = M_2 = 2M_0$。（　　）

4. 主减速器的功用有减速增矩。（　　）

5. 差速器的主要作用是减速增矩。（　　）

二、选择题

1. 行星齿轮差速器起作用的时刻为（　　）。

　A. 汽车转弯　　　　B. 直线行驶　　　　C. 都起作用　　　　D. 都不起作用

2. 设对称式锥齿轮差速器壳的转速为 n_0，左、右两侧半轴齿轮的转速分别为 n_1 和 n_2，则有（　　）。

　A. $n_1 + n_2 = n_0$　　B. $n_1 + n_2 = 2n_0$　　C. $n_1 + n_2 = 1/2n_0$　　D. $n_1 = n_2 = n_0$

3. 设对称式锥齿轮差速器壳所得到转矩为 M_0，左右两半轴的转矩分别为 M_1、M_2，则有（　　）。

　A. $M_1 = M_2 = M_0$　　B. $M_1 = M_2 = 2M_0$　　C. $M_1 = M_2 = 1/2M_0$　　D. $M_1 + M_2 = 2M_0$

4. 汽车驱动桥主要由（　　）、半轴和驱动壳等组成。

　A. 主减速器　　　　B. 差速器　　　　C. 转动盘　　　　D. 转向器

5. 驱动桥的功用有（　　）。

　A. 将变速器输出的转矩依次传到驱动轮，实现减速增矩

　B. 将变速器输出的转矩依次传到驱动轮，实现减速减矩

　C. 改变动力传递方向，实现差速作用

　D. 减振作用

6. 驱动桥按结构形式可分为（　　）。

　A. 四轮驱动　　　　　　　　　B. 非断开式驱动桥

　C. 综合式驱动桥　　　　　　　D. 断开式驱动桥

7. 主减速器的功用有（　　）。

　A. 差速作用　　　　　　　　　B. 将动力传给左右半轴

　C. 减速增矩　　　　　　　　　D. 改变动力传递方向

8. 差速器的主要作用是（　　）。

　A. 传递动力至左右两半轴　　　B. 对左右两半轴进行差速

　C. 减速增矩　　　　　　　　　D. 改变动力传递方向

9. 汽车四轮驱动系统主要由（　　）、前后传动轴和前后驱动桥等组成。

　A. 分动器　　　B. 轴间差速器　　　C. 轮间差速器　　　D. 左右车轮

10. 可变换两种速度比的主减速器，称为（　　）。

　A. 双速主减速器　　B. 双级主减速器　　C. 多级主减速器　　D. 单级主减速器

三、简答题

1. 驱动桥一般由哪些元件组成？它的功用是什么？
2. 主减速器的功用有哪些？常见的主减速器有哪些类型？
3. 简述差速器的结构及其工作原理。

任务拓展

托森差速器

托森差速器是一种轴间自锁差速器，装在变速器后端。转矩由变速器输出轴传给托森差速器，再由差速器直接分配给前驱动桥和后驱动桥。内部安装了蜗轮（见图 3-5-13），利用蜗轮和蜗杆不可逆向传动的原理，实现前、后轴的限滑与自锁。

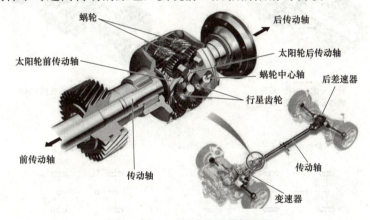

图 3-5-13　托森差速器结构图

跟前面说的环形齿轮结构的差速器不同的是，托森差速器内部为蜗轮蜗杆行星齿轮结构。托森差速器一般在四驱汽车上作为中央差速器用（见图 3-5-14）。

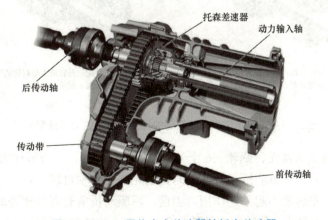

图 3-5-14　用作中央差速器的托森差速器

　　它的工作是纯机械的而无须任何电子系统介入，其基本原理是利用蜗轮蜗杆的单向传动（运动只能从蜗杆传递到蜗轮，反之发生自锁）特性，因此比电子液压控制的中央差速系统能更及时可靠地调节前后扭矩分配。图3－5－15所示为奥迪A4 Quattro 四驱系统中托森（Torsen）中央差速器在不同路况时对前后轮的动力分配情况。

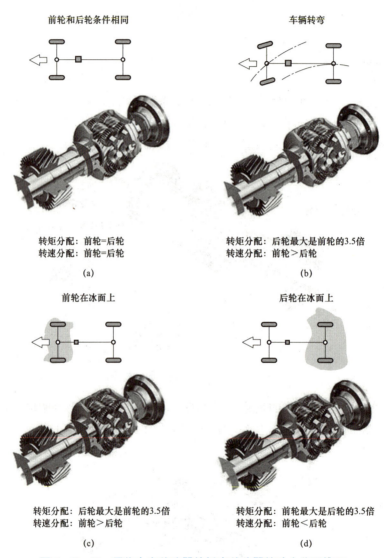

图3－5－15　用作中央差速器的托森差速器的动力分配情况

　　托森差速器由差速器壳、蜗轮（6个）、蜗轮轴（6根）、直齿圆柱齿轮（12个）及前后轴蜗杆组成。当前、后驱动桥无转速差时，蜗轮绕自身轴自转。各蜗轮、蜗杆与差速器壳一起等速转动，差速器不起差速作用。当前、后驱动桥需要有转速差时，例如，汽车转弯时，因前轮转弯半径大，差速器起差速作用。此时，蜗轮除公转传递动力外，还要自转。

直齿圆柱齿轮的相互啮合，使前后蜗轮自转方向相反，从而使前轴蜗杆转速增加，后轴蜗杆转速减小，实现了差速。托森差速器起差速作用时，由于蜗杆、蜗轮啮合副之间的摩擦作用，转速较低的后驱动桥比转速较高的前驱动桥所分配到的转矩大。若后桥分配到的转矩大到一定程度而出现滑转，则后桥转速升高一点，转矩又立刻重新分配给前桥一些，所以驱动力的分配可根据转弯的要求自动调节，使汽车转弯时具有良好的驾驶性。当前、后驱动桥中某一桥因附着力小而出现滑转时，差速器起作用，将转矩的大部分分配给附着力好的另一驱动桥（两驱桥的转矩差最大可达 3.5 倍），从而提高了汽车通过坏路面的能力。

任务 3.6　悬架系统认知与拆装

任务描述

　　悬架是安装在车身（车架）之间的弹性装置，有独立悬架与非独立悬架之分，本任务是让学生掌握独立悬架的组成及其工作原理；学会拆装减振器的方法；根据环保要求，妥善处理辅料、废弃液体和损坏的零部件。

任务目标

1. 能掌握行驶系统的作用及组成；
2. 能描述悬架的类型及结构；
3. 能依据维修手册的技术标准完成减振器的拆装。

任务实施

教学目标	教学活动	内容及要求	
知识	活动1		（1）独立悬架系统的特点是什么？ （2）左图中编号的名称是什么？

续表

教学目标	教学活动	内容及要求
知识	活动2	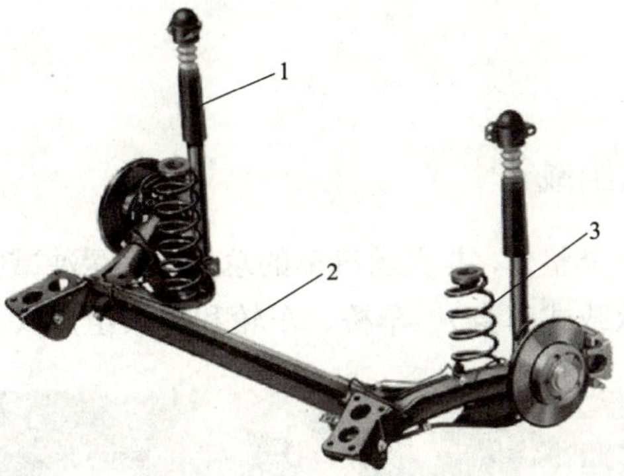 （1）非独立悬架系统的特点是什么？ （2）左图中编号的名称是什么？
	活动3	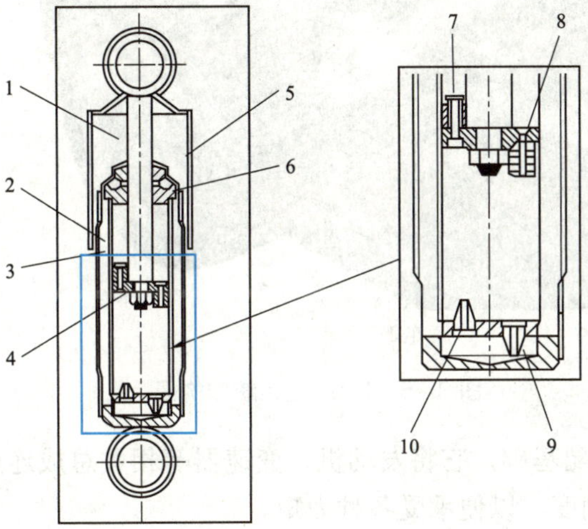 （1）减振器是怎样工作的？ （2）左图中编号的名称是什么？
能力	活动4	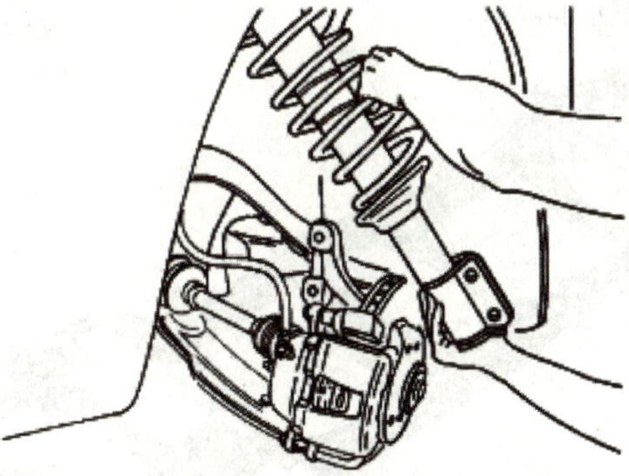 （1）依据维修手册的技术要求，完成减振器的拆装； （2）查找维修手册，记录与操作相关的操作要点和技术参数
素质	活动5	现有的汽车为什么采用电控悬架系统？

任务学习

◎ 知识链接

一、行驶系统由什么组成？

行驶系统将汽车构成一个整体，并支承汽车的总质量，缓冲减振，保证汽车平顺行驶。行驶系统一般由车架（或承载式车身）、车桥、车轮和悬架组成（见图3-6-1）。

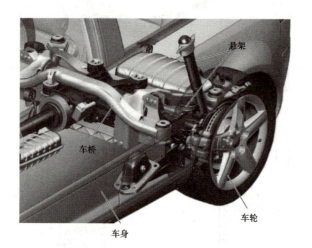

汽车行驶系统认知

图3-6-1　行驶系统结构图

① 车架是全车的装配基础，它将发动机、变速器等相关总成连成一个整体。车架要有足够的强度和适当的刚度，以便承受各种力矩。

a. 边梁式车架（见图3-6-2）用于货车、皮卡和越野车上，这种车架质量大，使车身高度较高，不适用于普通轿车。

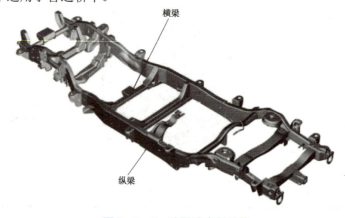

图3-6-2　边梁式车架结构

b. 承载式车身也称为无梁式车架（见图 3-6-3），这种车身代替车架，发动机、变速器等总成都安装在车身上。车身需要代替车架承受各种力矩，所以在车身上有很多加强梁。

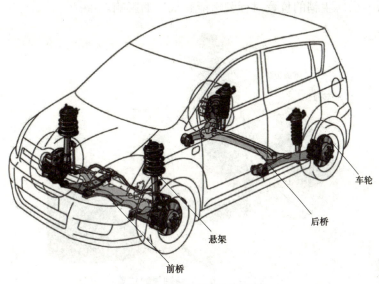

图 3-6-3　无梁式车架结构

② 普通汽车有前桥和后桥，车桥通过悬架与车架相连，两端安装车轮。车桥的功用是：传递车架和车轮之间的作用力以及这些力所形成的力矩。按作用的不同，车桥可分为转向桥、驱动桥、转向驱动桥和支持桥。普通前驱轿车前桥为转向驱动桥，后桥为支持桥；后驱轿车，前桥为转向桥，后桥为驱动桥。

a. 转向桥（见图 3-6-4）。汽车转向桥由转向节、轮毂、半轴、主减速器和差速器等组成。转向节（见图 3-6-5）可转动一定的角度，非驱动桥的转向节车轮中心轴是固定的，不能转动。驱动桥的转向节中心有承孔，以便传输动力。

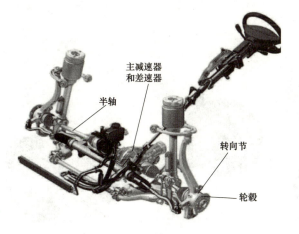

图 3-6-4　转向桥的结构

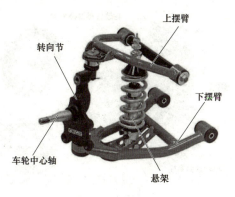

图 3-6-5　转向节的结构

257

就像门是绕着门轴转动的，汽车转向车轮也是绕自己的轴线转动的，这个轴线就是主销。一般货车上有实际存在的主销，而在轿车上，绝大多数只有"虚拟主销"，即主销轴线（见图3-6-6）。主销的位置对行驶性能有很大的影响。

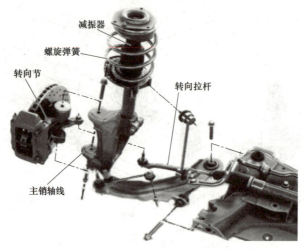

图3-6-6 主销轴线的位置

轮毂（见图3-6-7）通常通过双列圆锥滚子轴承支承在转向节上。双列圆锥滚子轴承能够承受较重的复合（径向与轴向）载荷，刚性强。轮毂上安装了车轮紧固螺栓，用于安装制动盘和车轮。

b. 支持桥。支持桥也叫从动桥，它不能传递动力，既无转向功能又无驱动功能。轿车支持桥的主要功能是承受汽车的垂直载荷和横向力，并将后轮的制动力传给车身。前置前驱轿车的后桥为典型的支持桥。车桥按结构不同，又可以分为整体式和断开式。图3-6-8所示支持桥为整体式，副车架将两车轮直接连在一起。转向桥多为断开式，断开式车桥（见图3-6-9）有类似人的关节一样的结构，可以相互活动。

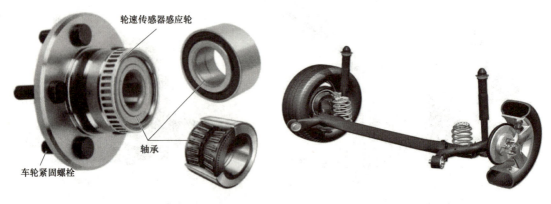

图3-6-7 轮毂的结构　　　　　图3-6-8 整体式车桥的结构

图 3-6-9　断开式车桥的结构

二、悬架系统有哪些作用?

悬架是车架(或车身)与车桥(或车轮)之间一切传力连接装置的总称。悬架具有以下功用:

① 连接车架(或车身)和车轮,把路面作用到车轮的各种力传给车架(或车身)。

② 缓和冲击、衰减振动,使乘坐舒适,并使汽车具有良好的平顺性。

③ 保证汽车具有良好的操纵稳定性。

汽车悬架是连接车轮与车身的机构,对车身起支撑和减振的作用,主要是传递作用在车轮和车架之间的力,并且缓冲由不平路面传给车架或车身的冲击力,衰减由此引起的振动,提高乘坐舒适性。前后悬架的位置如图3-6-10所示。

悬架系统

图 3-6-10　前后悬架的位置

典型的悬架系统主要包括弹性元件、导向机构以及减振器等部分。弹性元件又有钢板弹簧、空气弹簧、螺旋弹簧以及扭杆弹簧等形式,而现代轿车悬架系统多采用螺旋弹簧和扭杆弹簧，个别高级轿车则使用空气弹簧。悬架主要包括螺旋弹簧，减振器，横向稳定杆和上、下摆臂等（见图3-6-11）。

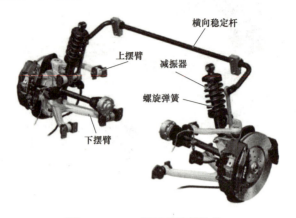

图3-6-11　悬架系统的结构

三、独立悬架和非独立悬架的区别是什么？

汽车悬架可以按多种形式来划分，总体上主要分为两大类：独立悬架（见图3-6-12）和非独立悬架（见图3-6-13）。那么怎样来区分独立悬架和非独立悬架呢？

图3-6-12　独立悬架系统的结构　　　　图3-6-13　非独立悬架系统的结构

非独立悬架的特点是左右车轮安装在一根整体式车桥两端，车桥则通过悬架与车架相连。一侧车轮发生位置变化后会导致另一侧车轮的位置也发生变化。独立悬架的结构特点是车桥做成断开的，每一侧车轮单独通过悬架与车架（或车身）连接。与非独立悬架相比较，汽车采用独立悬架有以下优点：

① 两侧车轮可以单独运动而互不影响，这样在不平道路上可减少车架和车身的振动，而且有助于消除转向轮不断偏摆的不良现象。

② 减少了汽车的非簧载质量（即不由弹簧支承的质量）。在道路条件和车速相同时，非簧载质量越小，悬架受到的冲击载荷也就越小，因而采用独立悬架可以提高汽车的平均行驶速度。

③ 由于采用断开式车桥，发动机总成的位置可以降低和前移，使汽车重心下降，因

而可提高汽车的行驶稳定性；同时由于为了给车轮较大的上下运动的空间，可以将悬架刚度设计得较小，以降低车身振动频率，改善行驶平顺性。

④ 越野汽车全部车轮采用独立悬架还可保证汽车在不平道路上行驶时，所有车轮和路面有良好的接触，从而可增大牵引力；此外，可增大汽车的离地间隙，使汽车的通过性能大大提高。

由于具有以上优点，独立悬架被现代汽车广泛采用。但是，独立悬架结构复杂，制造成本高，保养维修不便，在一般情况下，车轮跳动时，由于车轮外倾角与轮距变化较大，轮胎磨损较严重。

现代汽车的悬架虽有不同的结构形式，但一般都由弹性元件、减振器和换向机构等组成，汽车一般还有横向稳定杆。弹性元件使车架（或车身）与车桥（或车轮）之间做弹性连接，可以缓和由于不平路面带来的冲击，并承受和传递垂直载荷。减振器可以衰减由于路面冲击产生的振动，使振动的振幅迅速减小。

导向机构包括纵向推力杆和横向推力杆，用于传递纵向载荷和横向载荷，并保证车轮相对于车架（或车身）的运动关系。横向稳定杆可以防止车身在转向等情况下发生过大的横向倾斜。

减振螺旋弹簧（见图 3-6-14）本身减振作用很差，因此在螺旋弹簧悬架中，必须另装减振器；螺旋弹簧只能承受垂直载荷，故必须加装导向装置，以传递垂直力以外的各种力和力矩。

图 3-6-14　减振螺旋弹簧

减振器（见图 3-6-15）吸收弹性元件（弹簧、缓冲胶等）起落时的振动能量，使车辆迅速恢复平稳状态，改善汽车行驶的平顺性。减振器是利用内部液体流动来消耗振动能量的。

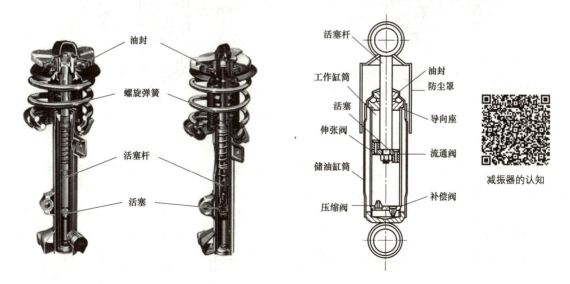

减振器的认知

图 3-6-15　减振器的结构

减振器在汽车中的作用是迅速衰减由车轮通过悬架弹簧传给车身的冲击和振动，提高汽车行驶的平顺性能。减振器在汽车悬架中是与弹性元件并联安装的。

减振器被压缩时，活塞下行，上腔容积增大，下腔容积减小，流通阀打开，下腔的油液通过流通阀进入上腔；同时压缩阀打开，一部分油液进入储油缸。这两个阀对油液的节流作用使减振器产生压缩运动时的阻尼作用，如图 3-6-16（a）所示。减振器被伸长时，活塞上行，上腔容积减小而下腔容积增大，伸张阀打开，上腔的油液通过伸张阀进入下腔；同时补偿阀打开，一部分油液由储油缸进入下腔。这两个阀对油液的节流作用使减振器产生伸张运动时的阻尼作用，如图 3-6-16（b）所示。由于伸张阀弹簧的刚度和预紧力设计得大于压缩阀，在同样力的作用下，伸张阀及相应的常通缝隙的通道截面积总和小于压缩阀及相应常通缝隙的通道截面积总和，这使得减振器伸张冲程产生的阻尼力大于压缩冲程时产生的阻尼力，从而达到迅速减振的要求。

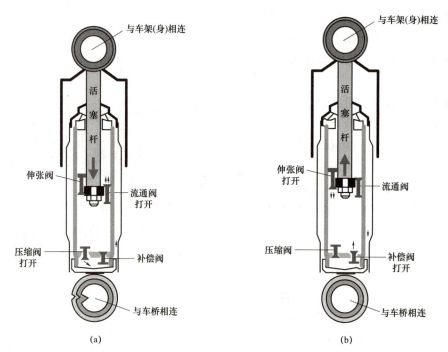

图 3-6-16　减振器的工作原理
（a）减振器压缩过程；（b）减振器伸长过程

液力减振器按作用方式可分为双向作用式减振器和单向作用式减振器。双向作用式减振器在伸张冲程和压缩冲程都具有阻尼减振作用，目前在汽车上应用最广泛。

减振器缓冲胶（见图 3-6-17）套在减振器活塞杆上，用来缓冲振动。减振器上端用缓冲胶垫（见图 3-6-18）与平面轴承和车身连接，缓冲胶垫能减少路面传递到减振器的运动阻力，平面轴承用来保证转向时减振器能随转向轮转动。

平面轴承

平面轴承　减振器顶胶

图 3-6-17　减振器缓冲胶　　　　图 3-6-18　减振器缓冲胶垫

横向稳定杆又称防倾杆、平衡杆，是汽车悬架中的一种辅助弹性元件。当由于转向或路面原因，一侧车轮与车身距离发生变化时，通过横向稳定杆的作用，可相应地改变另一侧车轮与车身的距离，减少车身的倾斜。横向稳定杆位置如图 3-6-19 所示。

四、什么是麦弗逊式悬架？

麦弗逊式悬架是最为常见的一种悬架，主要由 A 型叉臂和减振机构组成。叉臂与车轮相连，主要承受车轮下端的横向力和纵向力。减

横向稳定杆

下摆臂　连接杆

图 3-6-19　横向稳定杆位置图

振机构的上部与车身相连，下部与叉臂相连，承担减振和支持车身的任务，同时还要承受车轮上端的横向力。麦弗逊式悬架（见图 3-6-20）由螺旋弹簧、减振器、三角形的下摆臂和横向稳定杆等组成，其减振器安装在螺旋弹簧的内部，绝大部分车型还会安装横向稳定杆。麦弗逊式悬架由于构造简单、性能优越而被行家誉为经典的设计。

横向稳定杆　　螺旋弹簧

减振器

下摆臂

驱动半轴

前轮行驶系统

图 3-6-20　麦弗逊式悬架结构图

麦弗逊式悬架的设计特点是结构简单、质量轻和占用空间小，响应速度和回弹速度快，减振能力也相对较强，但是抗侧倾和制动点头能力弱，稳定性较差。目前麦弗逊式悬架多用作轿车的前悬架。

五、什么是双叉臂式悬架?

双叉臂式悬架（双 A 臂、双横臂式悬架，如图 3-6-21 所示）的结构可以理解为在麦弗逊式悬架的基础上多加一支叉臂。车轮上部叉臂与车身相连，车轮的横向力和纵向力都由叉臂承受，而这时的减振机构只负责支撑车体和减振的任务。由于车轮的横向力和纵向力都由两组叉臂来承受，双叉臂式悬架的强度和耐冲击力比麦弗逊式悬架要强很多，而且在车辆转弯时能很好地抑制侧倾和制动点头等问题。双叉臂式悬架通常采用上、下不等长叉臂（上短下长），让车轮在上、下运动时能自动改变外倾角并且减小轮距变化、轮胎磨损，并且能自适应路面，轮胎接地面积大，贴地性好。由于双叉臂式悬架比麦弗逊式悬架多了一个上摇臂，需要占用较大的空间，而且定位参数较难确定，因此小型轿车的前桥出于空间和成本考虑较少采用此种悬架。

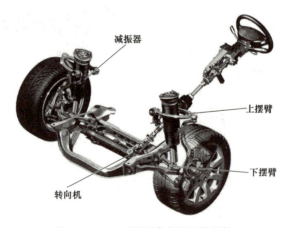

图 3-6-21　双叉臂式悬架的结构

六、什么是扭转梁式悬架?

扭转梁式悬架的结构中，两个车轮之间没有硬轴直接相连，而是通过一根扭转梁进行连接，扭转梁可以在一定范围内扭转。但如果一个车轮遇到非平整路面，那么之间的扭转梁仍然会对另一侧车轮产生一定的干涉。严格来说，扭转梁式悬架属于半独立式悬架。扭转梁式悬架的位置如图 3-6-22 所示。

扭转梁式悬架（见图 3-6-23）相对于独立式悬架来说舒适性要差一些，不过结构简单可靠，也不占空间，而且维修费用也比独立式悬架低，所以扭转梁式悬架多用在小型车和紧凑型车的后桥上。

扭转梁式后悬架

麦弗逊式前悬架

图3-6-22　扭转梁式悬架的位置

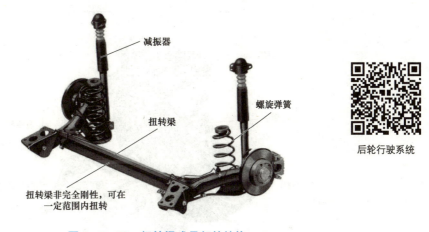

减振器

螺旋弹簧

扭转梁

扭转梁非完全刚性，可在
一定范围内扭转

后轮行驶系统

图3-6-23　扭转梁式悬架的结构

七、稳定杆有何作用?

稳定杆也叫平衡杆，主要是防止车身侧倾，保持车身平衡。稳定杆的两端分别固定在左、右悬架上，当汽车转弯时，外侧悬架会压向稳定杆，稳定杆发生弯曲，由于变形产生的弹力可防止车轮抬起，从而使车身尽量保持平衡。稳定杆的位置如图3-6-24所示。

八、多连杆悬架有何不同?

多连杆悬架，就是通过各种连杆配置把车轮与车身相连的一套悬架机构，其连杆数比普通的悬架要多一些，一般把连杆数为3根或以上的悬架称为多连杆悬架。目前主流的连杆数为4根或5根。前悬架一般为3连杆或4连杆式的独立悬架，由上控制臂、前控制臂和定位臂等组成（见图3-6-25）；后悬架则一般为4连杆或5连杆式的后悬架，由上控制臂、下控制臂和定位臂等组成（见图3-6-26）。

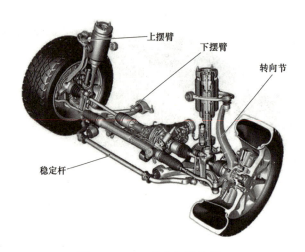

图 3-6-24　稳定杆的位置

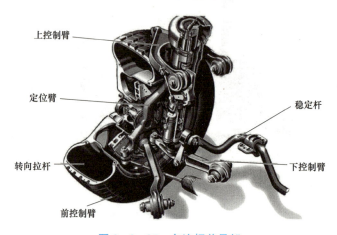

图 3-6-25　多连杆前悬架

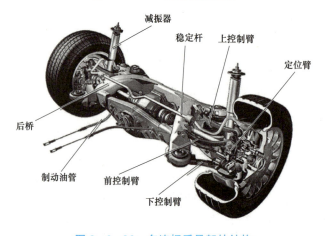

图 3-6-26　多连杆后悬架的结构

多连杆悬架通过对连接运动点的约束角度设计使悬架在压缩时能主动调整车轮定位，车轮与地面尽可能保持垂直、贴地性，因此具有非常出色的操控性。多连杆悬架能最大限度地发挥轮胎抓地力，从而提高整车的操控极限，因此是所有悬架设计中最好的，不过结构复杂，制造成本也高。一般中小型轿车出于成本和空间考虑很少使用这种悬架。

九、什么是空气悬架？

传统的悬架系统一般具有固定的弹簧刚度和减振器阻尼力，不能同时满足汽车行驶平顺性和操纵稳定性的要求。降低弹簧刚度，平顺性会更好，使乘坐舒适，但由于悬架偏软，操纵稳定性会变差；而增加弹簧刚度会提高操纵稳定性，但较硬的弹簧又使车辆对路面的不平度很敏感，使平顺性降低。因此，理想的悬架系统应在不同的使用条件下具有不同的弹簧刚度和减振器阻尼力，这样既能满足平顺性的要求又能满足操纵稳定性的要求。

电子控制悬架系统就是这种理想的悬架系统。电子控制悬架系统主要有半主动悬架和主动悬架。半主动悬架是指悬架元件中的弹簧刚度和减振器阻尼力之一可以根据需要进行调节。而主动悬架能根据需要自动调节弹簧刚度和减振器的阻尼力，从而能够同时满足汽车行驶平顺性和操纵稳定性等各方面的要求。主动悬架按照弹簧的类型，又可以分为空气弹簧主动悬架和油气弹簧主动悬架。空气悬架（见图3-6-27）是指采用空气减振器的悬架，主要是通过空气泵来调整空气减振器的空气量和压力，改变空气减振器的硬度和弹性系数；通过调节泵入的空气量，可以调节空气减振器的行程和长度，实现底盘的升高或降低。

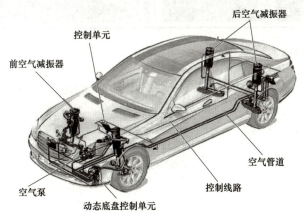

图3-6-27 空气悬架的结构

空气悬架相对于传统的钢制悬架系统来说，具有很多优势。如车辆高速行驶时，悬架可以变硬，以提高车身的稳定性；而低速或在颠簸路面上行驶时，悬架可以变软来提高舒适性。

技能链接

1. 进入 VR 汽车教育实训平台，完成减振器拆装学习。

VR 操作说明
（1）登录 VR 汽车教育实训平台； （2）按操作提示完成减振器拆装学习 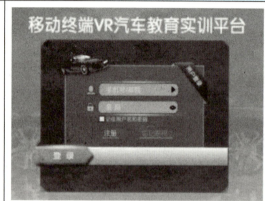 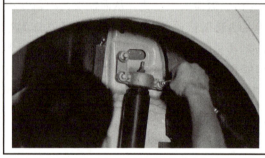 

2. 实践操作视频资源

减振器拆装

 任务评价

一、判断题

1. 一般载货汽车的前桥是转向桥，后桥是驱动桥。　　　　　　　（　　）

2. 采用非独立悬架的汽车，其车桥一般是断开式。　　　　　　　（　　）

3. 车桥的功用是传递车架和车轮之间的作用力以及这些力所形成的力矩。（　　）

4. 根据车桥上车轮的作用，支持桥属于从动桥。（　　）

5. 汽车行驶中，停车检查减振器时，若减振器发热，则说明减振器失效。（　　）

6. 目前常用的减振器有单筒气压减振器、双筒液压减振器和双筒油气减振器。

（　　）

7. 行驶系统一般由车架（或承载式车身）、车桥、车轮和悬架组成。（　　）

8. 承载式车身也称为无梁式车架，这种车身代替车架，发动机、变速器等总成都安装在车身上。（　　）

9. 汽车转向桥包括转向节、轮毂、主销以及副车架等组成。（　　）

10. 麦弗逊式悬架由螺旋弹簧、减振器、三角形的下摆臂、横向稳定杆组成。

（　　）

11. 稳定杆也叫平衡杆，主要是防止车身侧倾，保持车身平衡。（　　）

12. 扭力梁式悬挂相对于独立式悬挂来说舒适性要差一些，不过结构简单可靠，也不占空间，而且维修费用也比独立悬挂低，所以扭力梁悬挂多用在小型车和紧凑型车的后桥上。

（　　）

13. 减振器上端用缓冲胶垫与平面轴承和车身连接，顶胶能减少路面传递到减振器的运动阻力，平面轴承用来保证转向时减振器能随转向轮转动。（　　）

14. 减振器是利用内部液体流动来消耗振动能量的。（　　）

15. 悬架由弹性元件、减振装置和导向机构三部分组成。（　　）

二、简答题

1. 车桥是如何进行分类的？都有哪些类型？

2. 与转向桥相比，转向驱动桥有哪些不同？

3. 转向轮定位包括哪些参数？各有什么功用？

4. 悬架由哪几部分组成？各有什么功用？

5. 双向作用筒式减振器的工作原理是什么？

6. 横向稳定器的作用是什么？它是如何工作的？

7. 什么是独立悬架？其特点是什么？

任务拓展

车轮为什么需要定位？

车轮定位的目的：保证车辆稳定直行；提供适当的道路反馈；提供转向回位能力，控制转向力；保证方向盘对中；延长轮胎寿命。

（1）车轮外倾角

车轮外倾角（见图3-6-28）是方向控制角，也是轮胎磨损角；为车辆建立适当的负荷点，一般车轮外倾角为正，加载后接近零（理想状态）；正确的车轮外倾角可保持车辆直线行驶；正确的车轮外倾角可以减少轮胎的刮擦；左侧略大于右侧可补偿偏载和路拱。

（2）主销后倾角

主销后倾角（见图3-6-29）是方向控制角，保持车辆的方向稳定性，提供转向回位能力控制转向力。主销后倾角对车轮磨损无影响。

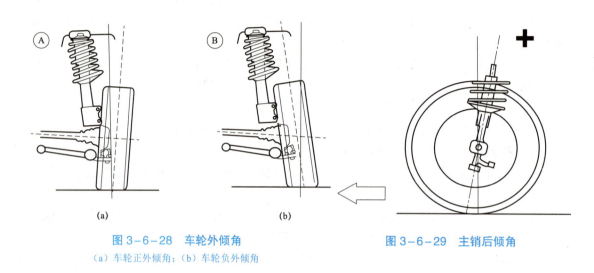

图3-6-28　车轮外倾角

（a）车轮正外倾角；（b）车轮负外倾角

图3-6-29　主销后倾角

过大的正主销后倾角，转向力过大即方向重；过大的负主销后倾角，造成车辆运行摇摆，减小转向回位能力（见图3-6-30）。两边主销后倾角之差过大，会造成车辆向后倾角较小的一侧跑偏。

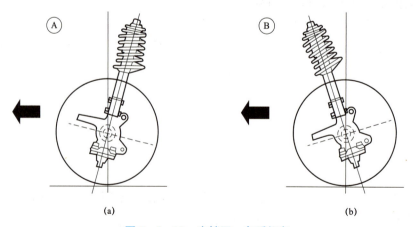

图3-6-30　主销正、负后倾角

（a）正主销后倾角；（b）负主销后倾角

（3）前束

前束（见图3-6-31）是轮胎磨损的关键角，汽车直行时保持车轮直线滚动。过大的正前束造成不足转向、轮胎锯齿形磨损和外侧胎肩磨损；过大的负前束造成过度转向、轮胎锯齿形磨损和内侧胎肩磨损。后轮前束调整不当会造成推力方向偏差，在湿滑路面上摆尾及轮胎斜向磨损（随机）。

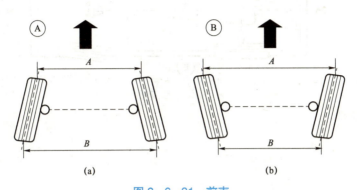

图3-6-31 前束

（a）正前束：$A<B$；（b）负前束：$A>B$

（4）转向角

转向角（见图 3-6-32）指的是汽车转弯时，一轮偏转比另一轮多出的量。转向角的形成依赖于转向节总成中的两个转向臂。转向角不能调节，如果发现转向角超出了规范，就必须检查转向部件如转向臂或拉杆等是否有损坏。转向角不正常会形成严重的噪声和轮胎磨损。

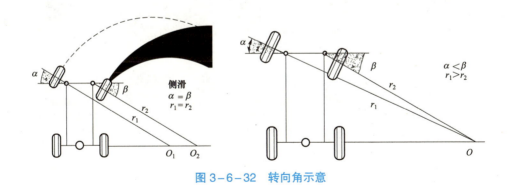

图3-6-32 转向角示意

（5）推进角

后车轮的前束平分线决定车辆的前进方向，称为车辆的推力线。车辆的推力线与车身几何中心线的夹角称为推力角（向右为正，向左为负，如图3-6-33所示）。车辆直线行驶时，若推力线与前桥行进方向不一致，会造成跑偏，转向盘不对中，同时使前、后车轮的轨迹不重合。在理想情况下，直行时，推力线与车身几何中心线方向一致。不正常的推力线和推力角会导致车辆跑偏、转向盘不对中、斜行轮迹、转向出现过度或不足问题。推力角不正确造成的轮胎磨损与车轮前束造成的轮胎磨损类似。

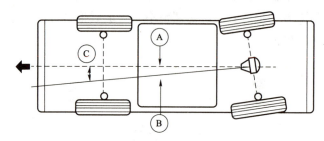

图 3-6-33　推力角示意

任务 3.7 车轮认知与拆装

任务描述

　　车轮承担着车辆的重量，承受各种力与力矩的作用。本任务是让学生掌握车轮与轮胎的组成及其工作原理，学会车轮的拆装方法。根据环保要求，妥善处理辅料、废弃液体和损坏的零部件。

任务目标

1. 能掌握车轮的作用及结构；
2. 能分析轮胎的类型及规格；
3. 能依据维修手册的技术标准完成车轮的拆装。

任务实施

教学目标	教学活动	内容及要求	
知识	活动1	1 2 3	（1）车轮的作用是什么？ （2）左图中编号的名称是什么？

教学目标	教学活动	内容及要求	
知识	活动2	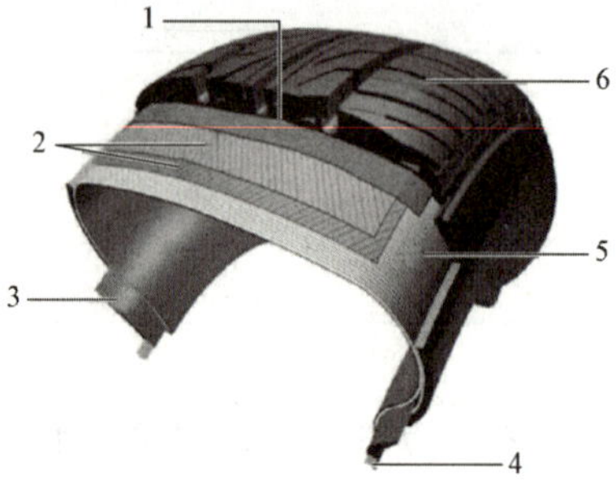	（1）什么是子午线轮胎？ （2）左图中编号的名称是什么？
	活动3		（1）轮胎上有哪些信息？ （2）左图中编号的名称是什么？
能力	活动4	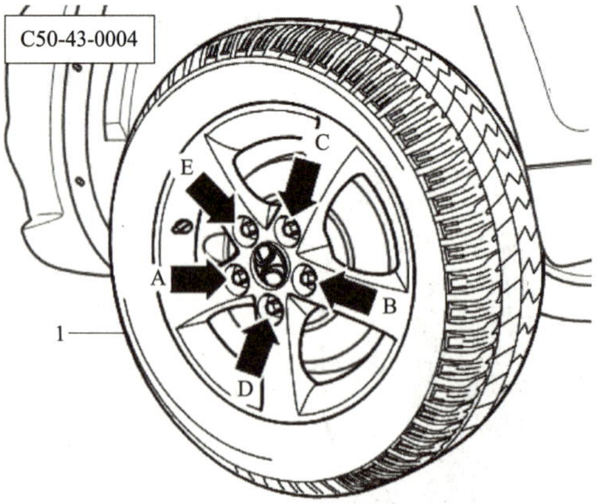	（1）依据维修手册的技术要求，完成车轮的拆装； （2）查找维修手册，记录与操作相关的操作要点和技术参数
素质	活动5	对比分析防爆轮胎与普通轮胎的不同点	

任务学习

◎ 知识链接

一、轮胎的作用是什么？

汽车车轮总成如图 3-7-1 所示，由车轮和轮胎两大部分组成，是汽车行驶系统中极其重要的部件之一，它处于车轴和地面之间，具有以下基本功用：

车轮认知

① 支撑整车质量，包括在汽车质量上下运动时产生的惯性动载荷。

② 缓和由路面传递来的冲击载荷。

图 3-7-1　车轮总成

③ 通过轮胎和路面之间的附着作用，产生驱动和阻止汽车运动的外力，即为汽车提供驱动力和制动力。

④ 产生平衡汽车转向离心力的侧向力，以便顺利转向，并通过轮胎产生的自动回正力矩，使车轮具有保持直线行驶的能力。

⑤ 承担跨越障碍的作用，保证汽车的通过性。

针对车轮和轮胎的使用特点，要求它们：

① 具有足够的强度和刚度。

② 质量小，散热能力强。

③ 轮胎具有良好的弹性特性和摩擦特性。

④ 具有足够的使用寿命。

二、轮毂和轮辋有何不同？

车轮是介于轮胎和车桥之间承受负荷的旋转组件，其功用是安装轮胎，承受轮胎与车桥之间各种载荷的作用。车轮一般由轮毂、轮辐和轮辋组成（见图 3-7-2）。轮辋用于安装轮胎、承受汽车质量和半轴或转向节传来的力矩。轮毂属于车桥，同时也属于车轮。轮辐通过中心孔和螺塞孔安装在轮毂上，轿车轮辐和轮辋往往做成一体。轮辋也称钢圈，用于安装轮胎。

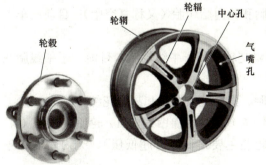

图 3-7-2　车轮的结构

轮毂通过圆锥滚子轴承被安装在车桥或转向节轴径上，用于连接车轮与车桥。轮辋用于安装和固定轮胎。轮辐用于将轮毂和轮辋连接起来，并通过螺栓与轮毂连接。按照结构不同，轮辋的常见结构形式有深槽轮辋、平底轮辋和对开式轮辋，如图3-7-3所示。此外，还有半深槽轮辋、深槽宽轮辋、平底宽轮辋和全斜底轮辋等。

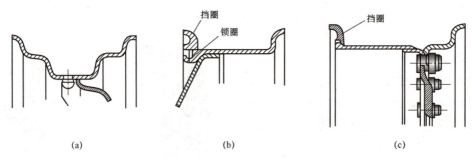

图3-7-3 轮辋的类型
（a）深槽轮辋；（b）平底轮辋；（c）对开式轮辋

轮辋中部是深凹形环槽，便于外胎拆装。深槽式轮辋结构简单、刚度大、质量相对轻，对于小尺寸弹性较大的轮胎最为适宜，多用于小轿车及其他小型车上。

三、轮胎是怎样的？

现代汽车都采用充气式轮胎，轮胎安装在轮辋上，直接与路面接触，其功用如下：

① 支撑汽车的质量，承受路面传来的各种载荷的作用。

② 和汽车悬架共同来缓和汽车行驶中所受到的冲击，并衰减由此而产生的振动，以保证汽车有良好的乘坐舒适性和行驶平顺性。

③ 保证车轮和路面有良好的附着性，以提高汽车的动力性、制动性和通过性。

轮胎的类型：

① 按轮胎内空气压力的大小，轮胎分为高压胎（0.5～0.7 MPa）、低压胎（0.2～0.5 MPa）和超低压胎（0.2 MPa以下）三种。低压胎弹性好、减振性能强、壁薄散热性好、与地面接触面积大、附着性好，因而广泛用于汽车。超低压胎在松软路面上具有良好的通过能力，多用于越野汽车及部分高档汽车。

② 按轮胎有无内胎，轮胎分为有内胎轮胎和无内胎轮胎（又称真空胎）。目前汽车上普遍采用无内胎轮胎。

③ 按胎体帘布层结构的不同，轮胎分为斜交轮胎和子午线轮胎。目前，子午线胎在汽车上广泛应用。

④ 根据花纹不同，轮胎分为普通花纹轮胎、组合花纹轮胎和越野花纹轮胎。

⑤ 根据帘线材料不同，轮胎分为人造丝（R）轮胎、棉帘线（M）轮胎、尼龙（N）轮胎、钢丝（C）轮胎。目前汽车上应用的轮胎主要是低压（超低压）、无内胎的子午线轮胎。

轮胎由冠带层、带束层、三角胶条、胎面、胎体和胎圈等组成（见图3-7-4）。轮胎被安装在轮辋上，支撑汽车的总质量。目前普通轿车通常使用无内胎的低压胎，胎压值为1.5～4.5 bar，低压胎弹性好、胎面宽、散热好，能满足动力性能和制动性能要求。

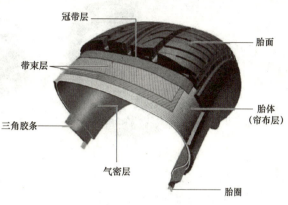

图3-7-4　轮胎的结构

（1）胎面

轮胎胎面是轮胎的外表面，可分为胎冠、胎肩和胎侧三部分，如图3-7-5所示。

（2）胎圈

胎圈是帘布层的根基，由钢丝圈、帘布层包边和胎圈包布组成，具有很大的刚度和强度，可以使外胎被牢固地安装在轮辋上。

（3）胎体

胎体由帘布层和缓冲层组成（见图3-7-6）。

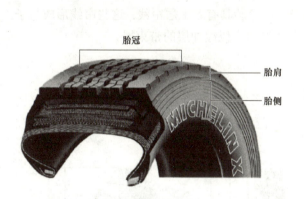

图3-7-5　轮胎胎面的结构

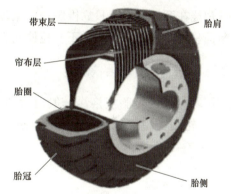

图3-7-6　轮胎总成的结构

缓冲层夹在胎面和帘布层之间，质软而弹性大，一般由两层或数层较稀疏的帘布和橡胶制成，其相邻两层的帘线也是交叉排列的。其作用是加强胎面与帘布层之间的接合，防止汽车紧急制动时胎面与帘布层脱离，并缓和汽车行驶时所受到的路面冲击。

（4）无内胎轮胎

无内胎轮胎一旦被刺破，穿孔不会扩大，故漏气缓慢，胎压不会急剧下降，仍能继续行驶一定距离，可消除爆胎的危险。因无内胎，故摩擦生热少、散热快，适用于高速行驶；此外，结构简单、质量较小、维修方便。这种轮胎外观上与普通轮胎相似，但胎圈外侧上有若干道同心环形槽纹（见图3-7-7），在轮胎内空气压力作用下，槽纹能使胎圈紧贴在轮辋边缘上，使之与轮辋保证良好的气密性。

图 3-7-7　无内胎轮胎的胎面结构

自黏层
橡胶密封层
轮辋
气门嘴

四、什么是子午线轮胎？

普通斜交轮胎的特点是帘布层和缓冲层各相邻层帘线交叉排列，各层帘线与胎冠中心线呈 $35°\sim40°$ 的交角，因而叫斜交轮胎。在帘布层与胎面之间为缓冲层。子午线轮胎的帘线（见图 3-7-8）与胎面中心线呈 $90°$ 或接近 $90°$ 角排列，帘线分布如地球的子午线，因而称为子午线轮胎。在帘布层与胎面之间为带束层。带束层内各层帘线与胎面中心线夹角为 $0°\sim20°$。子午线轮胎使帘线的强度能得到充分利用，其帘布层数一般比普通斜交轮胎减少 $40\%\sim50\%$，胎体较柔软。

帘线在圆周方向上只靠橡胶来联系，子午线轮胎具有若干层帘线；这些帘线形成与子午断面呈大角度、高强度、不易拉伸的周向环形的类似缓冲层的带束层。

五、怎样识别轮胎规格？

国际标准的轮胎规格，一般由六部分组成：轮胎宽度（mm）＋轮胎断面的扁平比（%）＋轮胎类型代号＋轮辋直径（in[①]）＋负荷指数＋许用车速代号。轮胎的尺寸标注如图 3-7-9 所示。

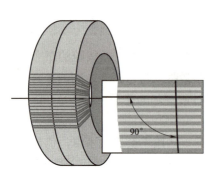

图 3-7-8　子午线轮胎的帘线

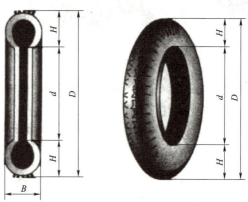

图 3-7-9　轮胎的尺寸标注

D—轮胎外径；H—轮胎断面高度；d—轮胎内径；B—轮胎断面宽度

---

① in ＝ 2.54 cm。

轮胎宽度是影响整车油耗表现的一个因素。轮胎越宽，与地的接触面积越大，相应地就增加了轮胎与地面的摩擦力，车辆的动能转化为摩擦热能而损失的能量会增加，如行驶相同距离，宽胎就更容易耗油。不过事物都有两面性，虽然油耗增加，但宽胎的抓地力更强，进而也将获得更好的车身稳定性。

轮胎类型代号，常见的表示有"X"高压胎；"R""Z"子午线轮胎；"B–D"低压胎，"B"为轮胎面宽度，"D"为轮胎直径，单位均为"in"，"–"表示低压胎。市场上的轿车一般采用子午线轮胎，且目前已经实现了子午线轮胎无内胎，又称"原子胎"。这种轮胎在高速行驶中不易聚热，当轮胎受到钉子或尖锐物穿破后，漏气缓慢，可继续行驶一段距离。另外，原子胎还有简化生产工艺、减轻质量、节约原料等好处。子午线轮胎的规格如图3-7-10所示。轮胎负荷指数及对应承载质量见表3-7-1。

图 3-7-10　子午线轮胎的规格

① 225——轮胎名义断面宽度代号，表示轮胎宽度为 225 mm。

② 60——轮胎名义扁平比代号，表示扁平比为 60%。扁平比为轮胎高度 H 与宽度 B 之比，有 60、65、70、75、80 五个级别。

③ R——子午线轮胎结构代号，即"Radial"的第一个字母。

④ 16——轮胎名义直径代号，表示轮胎内径为 16 英寸（inch）。

⑤ 98——荷重等级，即最大载荷质量。荷重等级为 98 的轮胎的最大载荷质量为 750 kg。

⑥ H——速度等级代号，表明轮胎能行驶的最高车速。

表 3-7-1　轮胎负荷指数及对应承载质量

负荷指数	71	72	73	74	75	76	77	78	79	80
承载质量/kg	345	355	365	375	387	400	412	425	437	450
负荷指数	81	82	83	84	85	86	87	88	89	90
承载质量/kg	462	475	487	500	515	530	545	560	580	600
负荷指数	91	92	93	94	95	96	97	98	99	100
承载质量/kg	615	630	650	670	690	710	730	750	775	800

注：本表中的负荷指数仅为一部分。

许用车速表示对车辆速度的极限，超过限制可能引起爆胎，速度级别越高，轮胎设计及对材料的要求也就越高。许用车速等级如表 3-7-2 所示。

表 3-7-2　许用车速等级

许用车速标识	N	P	Q	R	S	T	U	H	V	W	Y
对应许用车速/（km·h⁻¹）	140	150	160	170	180	190	200	210	240	270	300

注：① S、T、H 为许用车速常见等级，表 3-7-2 所示为部分许用车速标识。

② 许用车速标识 Z，表示许用车速为 240 km/h 或高于 240 km/h，如许用车速 ZR，对应的许用车速要大于 240 km/h。

③ 轮胎无速度标识，除非另有说明，一般认为最大安全速度为 120 km/h。

轮胎的制造日期，在轮胎侧有一组四位数字（见图 3-7-11），前两位表示一年中的第几周，第 9 周即 3 月份；后两位数字表示年份，即 2009 年。日常保养轮胎需要：检查胎压。检查磨损情况，当磨损标记与花纹平齐时，则轮胎需要更换。清除小石子，检查轮胎是否有鼓包、裂纹等损坏情况。轮胎胎面磨损标记如图 3-7-12 所示。

图 3-7-11　轮胎的制造日期标示

图 3-7-12　轮胎胎面磨损标记

六、什么是防爆轮胎？

防爆轮胎学名叫"泄气保用轮胎"，英文缩写为 RSC（见图 3-7-13）。充气后的轮胎胎壁（见图 3-7-14）是支撑车辆质量的主要部位，特别是一些扁平比（扁平比是轮胎高度与宽度的比）较大的轮胎，胎壁非常"肥厚"。

"爆胎"严重时通常会导致胎壁的瞬间崩裂，从而使轮胎瞬间失去支撑力，导致车辆重心立刻发生变化，特别是前轮驱动车的前轮爆胎，爆胎后瞬间的重心转移很可能会令车辆失控。在防爆轮胎泄气的情况下，车辆仍然可以 80 km/h 的车速行驶 80 km；如果驾驶员没有爆胎后驾驶经验（大多数人都没有），可能会做出错误的驾驶动作（例如急刹车），这将导致车辆无法挽救的失控。爆胎是非常严重的安全事故，特别是在高速公路上爆胎。据统计，国内高速公路 70% 的意外交通事故是由爆胎引起的，而时速在 160 km 以上发生爆胎的死亡率接近 100%。

图3-7-13　防爆轮胎的标示

图3-7-14　轮胎胎壁结构

七、轮胎为什么要换位?

（1）车轮换位的作用

按时换位可使轮胎磨损均匀，并可延长20%的使用寿命。应结合车辆二级维护定期换位。在路面拱度较大的地区或夏季，轮胎磨损差别较大，可适当增加换位次数。

（2）车轮换位的方法

车轮换位方法常用的有交叉换位法和循环换位法。装用普通斜交轮胎的六轮二桥汽车，常用图3-7-15所示的交叉换位法，并在换位的同时进行翻面。六轮二桥交叉换位的做法是：左右两交叉，主胎（后内）换前胎，前胎换帮胎（后外），帮胎换主胎。如图3-7-15所示，对于四轮二桥汽车，斜交轮胎可采用交叉换位法，子午线轮胎的旋转方向应始终不变。若反向旋转，会因钢丝帘线反向变形而产生振动，汽车平顺性变差。因此子午线轮胎宜用单边换位法。轮胎换位后，应按所换的胎位要求，重新调整气压。轮胎换位后须做好记录，下次换位仍要按上次选定的换位方法换位。

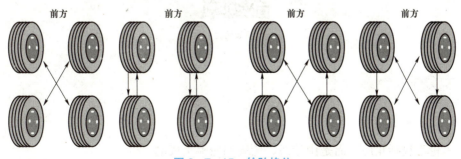

图3-7-15　轮胎换位

技能链接

1. 进入 VR 汽车教育实训平台，完成车轮的拆装。

VR 操作说明	
（1）登录 VR 汽车教育实训平台； （2）按操作提示完成车轮的拆装	

2. 实践操作视频资源

拆装轮胎

任务评价

一、判断题

1. 车轮不包括轮胎，而是由轮毂、轮辐和轮辋组成的。　　　　　（　　）

2. 规格为 9.00－20 的轮胎属于子午线轮胎。　　　　　（　　）

3. 汽车轮胎的形状和气压直接影响到汽车的附着性能和滚动阻力。　（　　）

4. 轮辋的常见结构形式有深槽轮辋、平底轮辋和对开式轮辋。　　　　　（　　）

二、选择题

1. 轮胎安装在轮辋上，直接与路面接触，其功用是（　　　）

    A. 降低转速作用

    B. 支撑着汽车的全部质量

    C. 产生驱动力、制动力、侧向力及缓和路面冲击

    D. 以上三种均是

2. 汽车轮胎的（　　　）直接影响到汽车的附着性能和滚动阻力。

    A. 结构和形状　　　　　　　　　　B. 前后位置

    C. 形状和气压　　　　　　　　　　D. 以上三种都不是

3. 轮胎规格 205/70R15 98H 中的 H 的含义为（　　　）。

    A. 行驶里程　　　　　　　　　　　B. 国际单位秒

    C. 负荷指数　　　　　　　　　　　D. 表示最大车速符号

4. 轮胎规格 205/70R15 98H 中的 R 的含义为（　　　）。

    A. 行驶里程　　　　　　　　　　　B. 子午线轮胎

    C. 负荷指数　　　　　　　　　　　D. 最大车速符号

5. 现代汽车几乎都采用充气轮胎，轮胎按胎体结构不同可分为（　　　）。

    A. 有内胎轮胎　　　　B. 无内胎轮胎　　　　C. 斜交轮胎　　　　D. 子午线轮胎

6. 汽车车轮通常由（　　　）组成。

    A. 轮毂　　　　　　　B. 轮辋　　　　　　　C. 轮辐　　　　　　　D. 车轴

三、简答题

1. 车轮总成由哪几部分组成？它的功用是什么？

2. 轮胎的功用有哪些？

3. 子午线轮胎和普通斜交胎相比，有什么区别和特点？

4. 以 185/60R116 85H 为例说明子午线轮胎规格的含义。

 任务拓展

胎压监测系统 TPMS

TPMS 为 Tire Pressure Monitoring System 的缩写，TPMS 分为直接式和间接式两种。

（1）直接式胎压监测系统

直接式胎压监测系统是利用安装在每个轮胎里的压力传感器来直接测量轮胎的气压，利用无线发射器将压力信息从轮胎内部发送到中央接收器模块上的系统，然后对各轮胎气压数据进行显示（见图 3-7-16）。当轮胎气压太低或漏气时，系统会自动报警。

图 3-7-16　胎压监测仪表显示

　　直接式胎压监测系统（见图 3-7-17）的好处是：在每个车轮上都安装有压力传感器和传输器，如果任何一个轮胎胎压低于驾驶员手册上推荐的冷胎胎压 25%，便会警示驾驶员。其警示信号比较精确，而且当轮胎被刺破，胎压快速降低时，直接式胎压监测系统也能提供立即的警示。

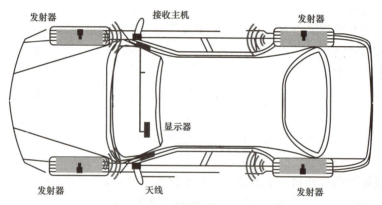

图 3-7-17　胎压监测系统的结构

　　（2）间接式胎压监测系统

　　间接式胎压监测系统的工作原理是：当某个轮胎的气压降低时，车辆的质量会使该轮胎的滚动半径变小，导致其转速比其他车轮快，这样就可以通过比较轮胎之间的转速差，达到监视胎压的目的。间接式胎压监测系统实际上是依靠计算轮胎滚动半径来对气压进行监测的。

　　（3）胎压监测系统的主要作用

　　① 预防事故发生。胎压监测系统属于主动安全设备的一种，它可以在轮胎出现危险征兆时及时报警，提醒驾驶员采取相应措施，从而避免严重事故的发生。

　　② 延长轮胎使用寿命。有了胎压监测系统，我们就可以随时让轮胎保持在规定的压力、温度范围内工作，从而减少轮胎的损毁，延长轮胎的使用寿命。有资料显示，在轮胎

气压不足时行驶，当轮胎气压比正常值下降 10%时，轮胎寿命就减少 15%。

③ 使行车更为经济。轮胎内的气压过低，会增大轮胎与地面的接触面积，从而增大摩擦阻力。当轮胎气压低于标准气压值 30%时，油耗将上升 10%。

④ 可减少悬架系统的磨损。轮胎内气压过足，会导致轮胎本身减振效果降低，从而增加车辆减振系统的负担，长期使用对发动机底盘及悬架系统将造成很大的伤害；如果轮胎气压不均匀，还容易造成制动跑偏，从而增加悬架系统的磨损。

任务 3.8 转向系统认知与拆装

任务描述

　　汽车在行驶过程中，在驾驶员操纵下，需要经常改变行驶方向。汽车行驶方向的改变，是通过转向轮（一般是前轮）在路面上偏转一定的角度来实现的，用来控制转向轮偏转的一整套机构称为汽车转向系统。转向系统的功用是按照驾驶员的意愿改变汽车的行驶方向和保持汽车稳定的直线行驶。本任务是通过对转向系统的介绍，让学生掌握转向系统的结构与原理，学会转向器拆装的方法。根据环保要求，妥善处理辅料、废弃液体和损坏的零部件。

任务目标

　　1. 能掌握转向系统的作用及结构；
　　2. 能描述转向器的类型及原理；
　　3. 能依据维修手册的技术标准完成转向器的拆装。

任务实施

教学目标	教学活动	内容及要求	
知识	活动1		（1）转向系统的作用是什么？ （2）左图中编号的名称是什么？

续表

教学目标	教学活动	内容及要求	
知识	活动2	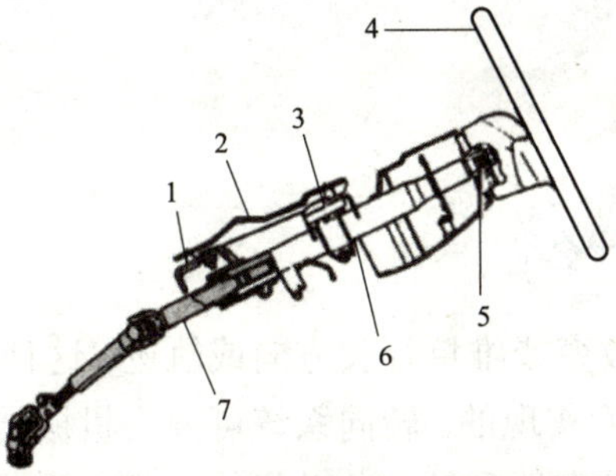	（1）转向操纵机构的作用是什么？ （2）左图中编号的名称是什么？
	活动3	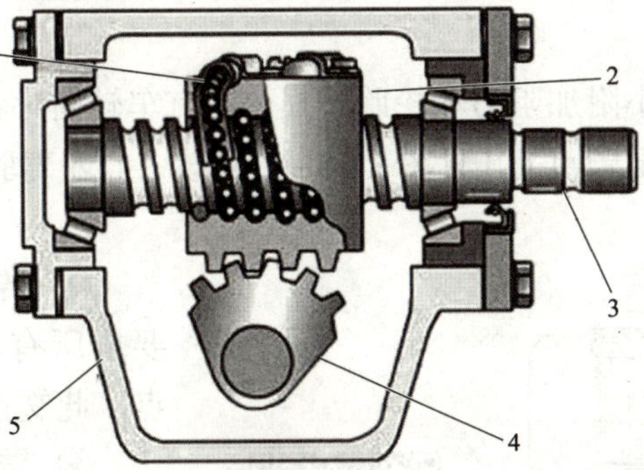	（1）循环球式转向器是怎样工作的？ （2）左图中编号的名称是什么？
	活动4	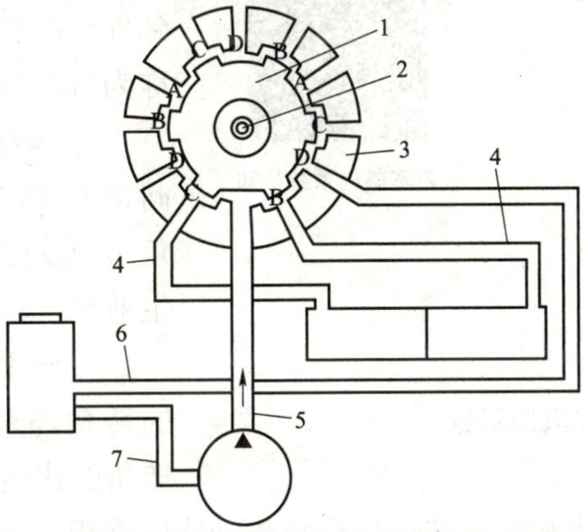	（1）液压助力转向系统是如何实现助力的？ （2）左图中编号的名称是什么？
能力	活动5	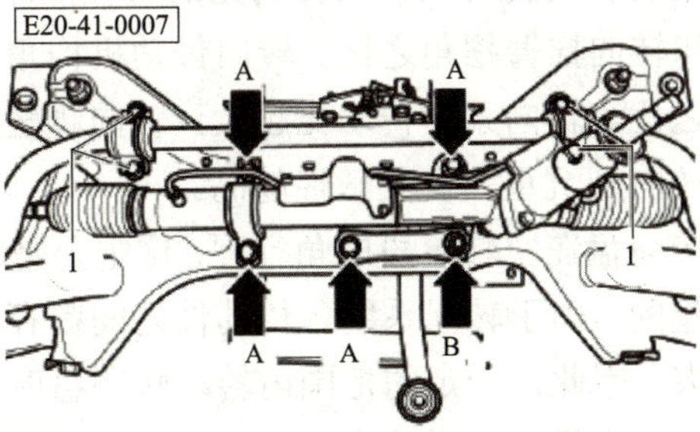 E20-41-0007	（1）依据维修手册的技术要求，完成转向器的拆装； （2）查找维修手册，记录与操作相关的操作要点和技术参数
素质	活动6	对比分析液压助力转向系统和电动转向系统的优缺点	

◎ **知识链接**

一、转向系统的作用是什么？

汽车在行驶过程中，需要改变或维持行驶方向或轨迹，这种改变是通过转向轮（前轮）相对于汽车纵轴线偏转一定角度实现的。转向系统可分为机械转向系统和动力转向系统两大类，前者由转向操纵机构、转向器和转向传动机构三部分组成，后者增加了液压或电动转向助力装置。

为使汽车在转弯时减小附加阻力和轮胎磨损，在汽车转向时各个车轮都应做纯滚动，此时各轮的轴线必须相交于一点 O（见图 3-8-1）。该中心随驾驶员操纵前轮转角的变化而变化。

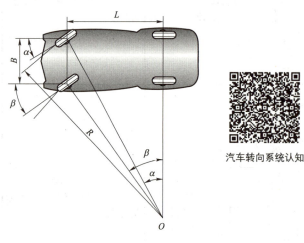

汽车转向系统认知

图 3-8-1　汽车转向示意

① 转向中心：汽车转向时，要求所有车轮轴线都应相交于一点，此交点 O 称为转向中心。

② 转弯半径：由转向中心 O 到外转向轮与地面接触点的距离 R 称为汽车的转弯半径。

③ 转向梯形与前展：汽车转向时两转向轮内转角 β 与外转角 α 之差 $\beta-\alpha$ 称为前展。为了产生前展，将转向机构设计成梯形。

转向系角传动比是指转向盘的转角与转向盘同侧的转向轮偏转角的比值，一般用 i_ω 表示。转向系角传动比是转向器角传动比和转向传动机构角传动比的乘积，即 $i_\omega=i_{\omega1}\times i_{\omega2}$。转向器角传动比（$i_{\omega1}$）是转向盘转角和转向摇臂摆角之比。转向传动机构角传动比（$i_{\omega2}$）是转向摇臂摆角与同侧转向轮偏转角之比。转向系角传动比越大，转向越轻便，但灵敏性越差；相反，转向系角传动比越小，转向越沉重，但灵敏性越高。

转向盘的自由行程是指转向盘在空转阶段的角行程，这主要是转向系统各传动件之间的装配间隙和弹性变形所引起的。由于转向系统各传动件之间都存在着装配间隙，而且这些间隙将随零件的磨损而增大，因此在一定的范围内转动转向盘时，转向节并不马上同步转动，而是在消除这些间隙并克服机件的弹性变形后，才做相应的转动，即转向盘有一空转过程。一般汽车转向盘的自由行程应不超过 10°～15°，否则应进行调整。转向盘自由行程对于缓和路面冲击及避免驾驶员过于紧张是有利的，但过大的自由行程会影响转向灵敏性。

　　转向系统（见图3-8-2）用于保证按驾驶员的要求改变行驶方向，在受到路面干扰时，与行驶系统配合，保持汽车直线行驶。转向操纵机构：驾驶员用来使车辆转向的零件包括转向盘、转向轴和转向管柱。转向器：转向器降低转向轴转动速度的同时，将转向轴的转动传递给转向传动机构。转向传动机构：转向传动机构除了将齿轮运动传递给前轮外，还要保持左、右轮之间的正确关系。例如转向传动机构包括转向摇臂、直拉杆、转向节臂和横拉杆等。

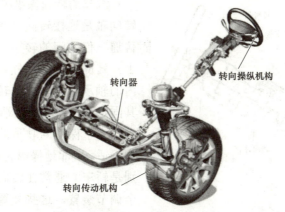

转向系统工作示意

图3-8-2　汽车转向系统的结构

二、转向盘的功用是什么？

　　转向盘的功用是将驾驶员的转向力矩传给转向轴（见图3-8-3），使转向轴转动，从而使汽车转向。转向盘是根据驾驶员意向改变前轮方向的零件，维修时应包含对转向盘自由行程的检查。当汽车发生碰撞时，从安全性考虑，要求转向盘具有柔软的外表皮，以便起到缓冲的作用。要求在撞车时，转向盘骨架能产生变形，以吸收冲击能量，减轻驾驶员的受伤程度；转向盘能够退缩，以保证驾驶员身体与转向盘之间有足够空间。

图3-8-3　汽车转向盘的结构

三、什么是转向轴？

汽车转向操纵机构主要由转向盘、转向轴和转向柱管等组成。它的功用是产生转动转向器所必需的操纵力，并具有一定的调节和安全性能。转向操纵机构要将驾驶员操纵转向盘的力传给转向器。为了驾驶员的舒适驾驶，要求转向操纵机构可以进行调节，以满足不同驾驶员的需求；为了防止车辆撞击后对驾驶员的伤害，要求转向操纵机构具有一定的安全保护装置。

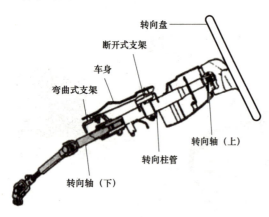

图 3-8-4　转向操纵机构

汽车的转向操纵机构如图 3-8-4 所示。转向轴是连接转向盘和转向器的传动件，并传递它们之间的转矩。转向柱管安装在车身上，转向轴从转向柱管中穿过，支撑在柱管内的轴承和衬套上。转向盘利用键和螺母将其固定在转向轴的轴端。

为了保证驾驶员的安全，同时也为了更加舒适、可靠地操纵转向系统，现代汽车（特别是轿车）通常在转向机构上增设相应的安全调节装置，这些装置主要反映在转向轴和转向柱管的结构上。中、高级轿车还具有转向盘倾斜度可调整、转向柱可伸缩、受碰撞后转向盘可退缩等功能。

① 转向轴锁定，功用是防止车辆被盗。当打开点火开关后，锁销退出，转向轴处于自由状态。当拔出点火钥匙后，锁销伸出，转向轴被锁在转向柱管上，转向轴处于锁住状态，使转向盘不能转动。

② 转向盘倾斜度可调整，可以调整转向柱的倾斜度，与可伸缩转向柱配合可以方便地调整转向盘合适的空间位置，以适应不同驾驶习惯和不同身高驾驶员对转向盘位置的要求。

③ 转向柱可伸缩，可调整转向柱的有效长度，调整转向盘的轴向位置。

④ 转向盘退缩。在车辆受碰撞后，转向盘受到较强冲击，转向轴和转向柱可通过退缩变形来缓冲冲击能量。

四、什么是转向器？

在转向系统中，车辆前轮通过转动转向盘来实现转向，转向器有齿轮齿条式、循环球式、蜗杆曲杆指销式。转向器的功用是增大转向盘传到转向节的力，并改变力的传递方向。

转向传动效率：转向器的输出功率与输入功率之比。

转向器的认知

正向传动：作用力从转向盘传到转向摇臂的过程。

逆向传动：转向摇臂将地面的冲击力传到转向盘的过程。

转向盘自由行程：转动转向盘消除传动副之间的间隙后，车轮才偏转，此时转向盘转过的角度为转向盘自由行程。作用是缓和路面冲击，大小为 10°～15°。

（1）齿轮齿条式转向器

转向盘通过转向轴带动齿轮旋转，驱动齿条向左或右运动（见图 3-8-5）。齿轮齿条式转向器具有结构简单、刚性大、转向灵敏等优点。另外，齿条本身又具有传动杆的功能，不需要转向摇臂和纵拉杆，可简化结构，便于布置，在轿车、轻型货车上得到广泛应用。

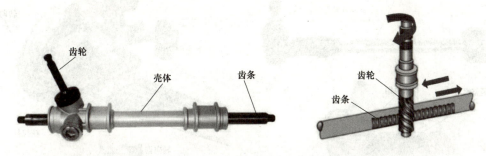

图 3-8-5　齿轮齿条式转向器

（2）循环球式转向器

一般有两级传动副：第一级是螺杆螺母传动副；第二级是齿条齿扇传动副。在扇形齿轮轴处的螺杆和螺母之间有许多钢球（见图 3-8-6）。循环球式转向器的正传动效率很高，故操纵轻便、使用寿命长，在货车上得到广泛应用。

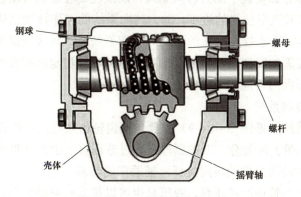

图 3-8-6　循环球式转向器

转向螺杆转动时，通过钢球将力传给转向螺母，螺母即沿轴向移动。同时，在螺杆及螺母与钢球间的摩擦力作用下，所有钢球在螺旋管状通道内滚动，形成"球流"。在转向器工作时，两列钢球只是在各自的封闭流道内循环，不会脱出。

五、转向力矩如何传递？

转向传动机构将转向器输出的转向力传递给车轮，它主要包括转向横拉杆、转向减振器、前桥转向臂。转向横拉杆（见图 3−8−7）分成左右两根，采用球头销连接可以有效防止横拉杆与车轮的运动干涉。轿车转向节臂与转向节做成一体，转向节臂连接横拉杆，带动转向轮偏转，实现转向功能（见图 3−8−8）。

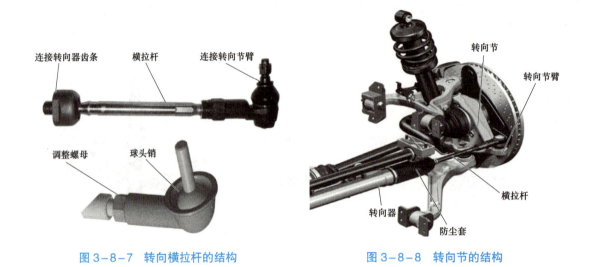

图 3−8−7　转向横拉杆的结构　　　　图 3−8−8　转向节的结构

六、什么是助力转向系统？

现在的汽车大部分都安装了助力转向系统，以减轻驾驶员的劳动强度，提高转向灵活性和操纵安全性。随着汽车技术的进步，助力转向系统的工作特性已从简单助力到可变助力。如今又出现了具有动态控制功能的主动式转向系统。该系统既提高了转向灵活性，又能使驾驶操作时有显著的路感，可保证汽车高速行驶时的稳定性和安全性。助力转向按动力的来源可分为液压助力转向和电动助力转向两种。

（1）液压助力转向系统

液压助力转向系统（见图 3−8−9）主要包括齿轮齿条转向结构和液压系统（液压助力泵、液压缸、活塞等）两部分。工作原理是通过液压泵（由发动机皮带带动）提供油压推动活塞，进而产生辅助力推动转向拉杆，辅助车轮转向。

工作时储液罐将油输送给液压泵，液压泵也可以称为转向助力泵，靠着发动机传来的转速带动运转，将产生的液压力通过压力软管送到助力转向机构的转向阀体这里；这个阀通过转动的引导，将液压油送入液压腔，从而推动活塞运动；这个活塞又是和横向的齿条相互联动的，所以结果就是起到了方向助力的效果，而后液压油再经过回油管回到储液罐。这个系统被称为常流式液压系统。其工作原理如图 3−8−10 所示。

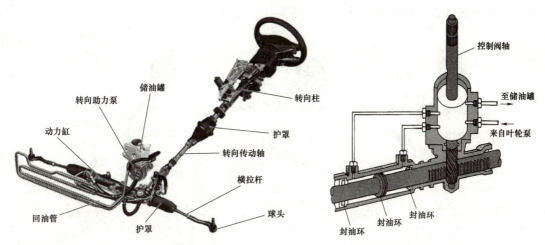

图3-8-9　液压助力转向系统　　　　图3-8-10　液压助力转向系统的工作原理

当转向盘转动时，滑阀轴和扭力杆上端也随之转动，主动齿轮、扭力杆下端和阀体开始时阻碍转动，但最终也随之运动。当上端转动、下端滞后，滑阀轴上狭槽和阀体瞬时对准时，"裂缝"开启了通向转向器气缸的微细液体通路。随着阀的位置不同，液体进入下列三条通路中的某一条：输送到转向器的两侧（中位，不转动）；输送到转向器气缸左侧（左位，左转）；输送到转向器气缸右侧（右位，右转）。当阀对中时，液体通过阀体上的四个供油孔流进阀。此阀是一个"中部敞开"阀，因为它引导液体自由地进入转向器气缸的两侧，气缸两侧压力相等，所以可防止齿条活塞移动。

（2）电动助力转向系统

电动助力转向系统（见图3-8-11）主要由转矩传感器、转角传感器、车速传感器、电动机、电磁离合器、减速机构和电子控制单元等组成。

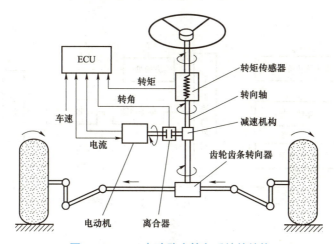

图3-8-11　电动助力转向系统的结构

根据电动机布置位置的不同，直接助力式电动转向系统可以分为转向轴助力式、齿轮助力式和齿条助力式的类型，其类型如图 3-8-12 所示。

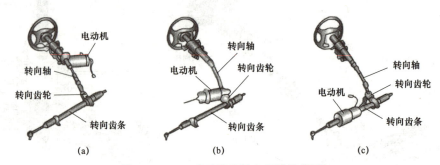

图 3-8-12　电动助力转向系统的类型

（a）C-EPS 轴助力型；（b）P-EPS 齿轮助力型；（c）R-EPS 齿条助力型

因为采用电力作为转向动力，省去了油压系统，所以不需要给转向油泵补充油，也不必担心漏油。没有液压式动力转向系统所必需的常运转转向油泵，电动机只是在需要转向时才接通电源，所以动力消耗和燃油消耗均可降到最低。将各部件装配成一个整体，既无管道也无控制阀，其结构紧凑、质量减轻。一般电动式 EPS 的质量比液压式 EPS 质量轻 25%左右。电动机工作可用 ECU 进行控制，可以比较容易地按照汽车性能的需要设置、修改转向助力特性，具有较好的兼容性。

主要工作原理是（见图 3-8-13）：在转向盘转动时，通过检测到的转矩信号并处理后送入控制器的控制端口，通过 CAN 总线检测车速信号、发动机转速信号，ECU 根据设定好的助力模型，确定助力的大小及方向，并产生相应的 PWM 信号驱动直流电动机进行助力转向。电动助力转向系统可以根据速度改变电机驱动电流的大小，让转向盘在低速时更轻盈，在高速时更稳定。

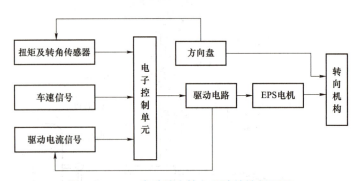

图 3-8-13　电动助力转向系统的控制原理

 技能链接

1. 进入 VR 汽车教育实训平台，完成转向器拆装学习。

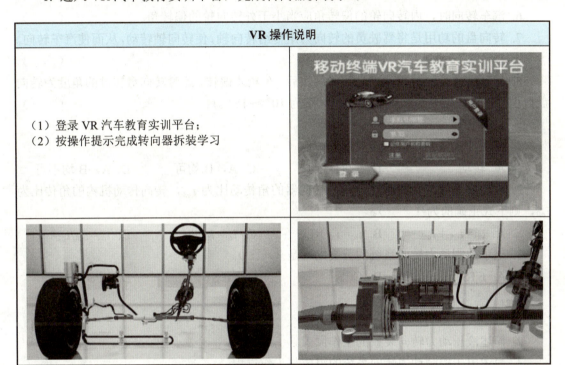

VR 操作说明
（1）登录 VR 汽车教育实训平台； （2）按操作提示完成转向器拆装学习

2. 实践操作视频资源

齿条式转向器拆装

任务评价

一、判断题

1. 在液压动力转向系统中，转向所需的能源来源于驾驶员的体能和发动机动力。
（　　）

2. 转弯半径是指由转向中心到内转向轮与地面接触点间的距离。　　（　　）

3. 采用齿轮齿条式转向器时，不需转向摇臂，所以结构简单。　　（　　）

4. 转向系统用于保证按驾驶员的要求改变行驶方向，在受到路面干扰时，与行驶系统配合，保持汽车直线行驶。　　　　　　　　　　　　　　　　　　　　　　　（　　）

5. 转动转向盘消除传动副之间的间隙后，车轮才偏转，此时转向盘转过的角度为转向盘自由行程。　　　　　　　　　　　　　　　　　　　　　　　　　　　　　（　　）

6. 汽车转向时，内转向轮的偏转角应当小于外转向轮的偏转角。　　　　（　　）

7. 转向盘的功用是将驾驶员的转向力矩传给转向轴，使转向轴转动，从而使汽车转向。
　　　　　　　　　　　　　　　　　　　　　　　　　　　　　　　　（　　）

8. 转动转向盘消除传动副之间的间隙后，车轮才偏转，此时转向盘转过的角度为转向盘自由行程。作用是缓和路面冲击，大小为 $10°\sim15°$。　　　　　　　　（　　）

二、选择题

1. 循环球式转向器中的转向螺母可以（　　）。

　　A. 转动　　　　　　B. 轴向移动　　　　　C. A，B 均可　　　　D. A，B 均不可

2. 设转向系统的角传动比为 i_ω，转向器的角传动比为 $i_{\omega1}$，转向传动机构的角传比为 $i_{\omega2}$，则下式正确的为（　　）。

　　A. $i_\omega=i_{\omega1}+i_{\omega2}$　　　B. $i_\omega=i_{\omega1}\times i_{\omega2}$　　　C. $i_\omega=i_{\omega1}-i_{\omega2}$　　　D. $i_\omega=i_{\omega1}/i_{\omega2}$

3. 电子控制动力转向系统的英文缩写是（　　）。

　　A. ETS　　　　　　B. CCS　　　　　　C. GPS　　　　　　D. EPS

三、简答题

1. 说明转向器的类型及各自的特点。

2. 简述液压动力转向装置的工作原理。

3. 简述电子控制动力转向系统的组成与工作过程。

任务拓展

何为可变转向比转向系统（主动转向系统）？

转向比又叫转向传动比，是指转向盘转向角度与车轮转向角度之比。例如，转向盘向左转动了 $60°$，而车轮则向左转动了 $30°$，转向比就是 $2:1$。可变转向比，即根据汽车速度和转向角度来调整转向器传动比。当汽车开始处于停车状态，汽车速度较低或者转向角度较大时，提供小的转向器传动比；而当汽车高速行驶或者转向角度较小时，提供大的转向器传动比，从而提高汽车转向的稳定性。转向比越大，意味着要使车轮转向达到指定的距离，转向盘需要旋转的幅度就越大。转向比越大，旋转转向盘所需要的力度就越小，即越省力。相反地，转向比越小，转向盘所需旋转的幅度越小，转向反应就越快，也就是常说的指向精准、操控好。一般来说，大型车和货车的转向比较大，而家用车和运动型汽车的转向比较小。

在图 3-8-14 所示的可变转向比转向系统中，在转向盘和转向轮之间安装一个电子控

制的机械机构，那么车轮整体转向的角度不再仅仅是驾驶员输入转向盘的角度，而是在此基础上叠加上蜗轮蜗杆调节机构附加的角度。那么通过利用电动机对蜗轮蜗杆调节机构的控制，可以改变传动系统的传动比。其工作原理如图3－8－15所示。

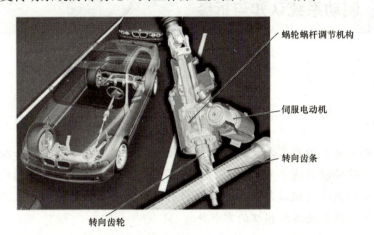

图 3－8－14　可变转向比转向系统的结构

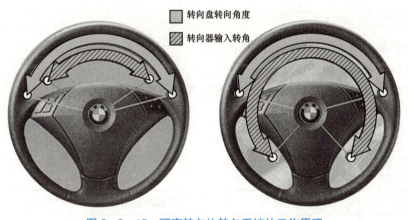

图 3－8－15　可变转向比转向系统的工作原理

任务 3.9　制动系统认知与拆装

 任务描述

　　汽车制动系统是按照需要使汽车减速或在最短距离内停车，下坡行驶时使汽车保持车速稳定，使停驶的汽车可靠驻停。本任务主要介绍液压制动系统的结构与原理，让学生掌握制动系统的组成及各个部件的功用，学会制动器的拆装。根据环保要求，妥善处理辅料、废弃液体和损坏的零部件。

 任务目标

　　1. 能掌握制动系统的作用及结构；
　　2. 能描述制动器的类型及原理；
　　3. 能依据维修手册的技术标准完成制动器的拆装。

 任务实施

教学目标	教学活动	内容及要求	
知识	活动1		（1）制动系统的作用是什么？ （2）左图中编号的名称是什么？

续表

教学目标	教学活动	内容及要求	
知识	活动2	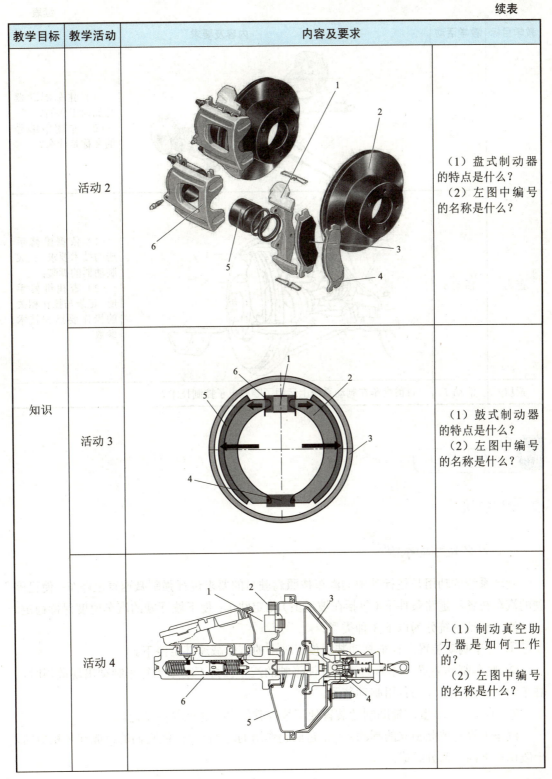	（1）盘式制动器的特点是什么？ （2）左图中编号的名称是什么？
	活动3		（1）鼓式制动器的特点是什么？ （2）左图中编号的名称是什么？
	活动4		（1）制动真空助力器是如何工作的？ （2）左图中编号的名称是什么？

续表

教学目标	教学活动	内容及要求	
知识	活动5		（1）驻车制动器是如何工作的？ （2）左图中编号的名称是什么？
能力	活动6	D60-47-0028	（1）依据维修手册的技术要求，完成制动器的拆装； （2）查找维修手册，记录与操作相关的操作要点和技术参数
素质	活动7	目前汽车在制动系统上运用了哪些电子控制技术？	

任务学习

◎ 知识链接

一、什么是制动系统？

制动系统的功用是使行驶中的汽车按照驾驶员的要求进行强制减速直至停车；使已停驶的汽车在各种道路条件下（包括在坡道上）稳定驻车；使下坡行驶的汽车速度保持稳定。

汽车制动系统分为以下3种类型：

① 行车制动装置。行车制动装置使行驶中的汽车减速甚至停下。

② 驻车制动装置。驻车制动装置使停驶的汽车保持不动，当行车制动出现故障时，驻车制动装置可以作为备用制动装置。

③ 辅助制动装置。辅助制动装置使下坡行驶的汽车速度保持稳定。

汽车上设有彼此独立的制动系统，它们起作用的时刻不同，但它们的组成却是相似的，一般由以下四个部分组成：

① 供能装置。供能装置包括供给、调节制动所需能量以及改善传能介质状态的各种部件。如气压制动系统中的空气压缩机、液压制动系统中的人力脚踏板等。

② 控制装置。控制装置包括产生制动动作和控制制动效果的各种部件，如制动踏板等。

③ 传动装置。传动装置将驾驶员或其他动力源的作用力传到制动器，同时控制制动器的工作，从而获得所需的制动力矩，包括将制动能量传输到制动器的各个部件，如制动主缸、制动轮缸等。

④ 制动器。制动器是产生阻碍车辆的运动或运动趋势的力的部件。

典型液压行车制动系统的组成如图3-9-1所示。制动时，驾驶员踩下制动踏板，制动主缸将制动踏板机械能转化成液压能输出。制动管路连接制动主缸和制动轮缸，传递液压能。制动轮缸的缸径大于制动主缸，故能获得一个放大的力提供给制动器作为原动力，该动力使车轮制动器内固定元件和与车轮一起旋转的旋转元件发生接触而形成摩擦力矩。此力矩被传给车轮后，车轮由于其与路面的附着力作用而给路面一个向前的切向力，同时路面也会给车轮一个大小相等、方向相反的向后的作用力，该作用力就是阻碍汽车前进的制动力。该制动力由车轮通过悬架系统传给车身，迫使汽车减速以至停车。

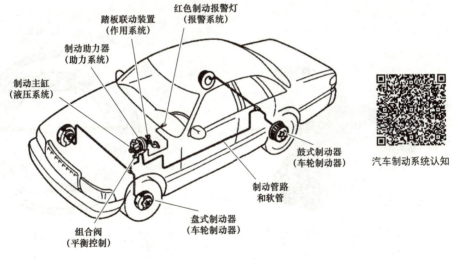

图3-9-1　制动系统结构

二、汽车制动器有哪些类型？

（1）鼓式制动器

鼓式制动器（见图3-9-2）主要包括制动轮缸、制动蹄片、制动底板和复位弹簧等。其主要是通过液压装置使摩擦片与车轮转动的制动鼓内侧面发生摩擦，从而起到制动的效果。

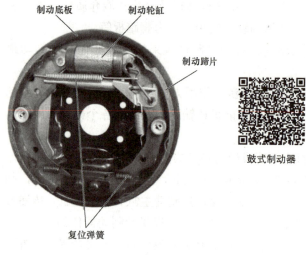

图 3-9-2　鼓式制动器的结构

鼓式制动器和盘式制动器的轮缸（也称为分泵）结构不同，但原理类似，轮缸把制动液体压力转化成活塞的移动。在更换制动系统零部件时，制动液压管路可能会进入空气，制动分泵（见图 3-9-3）上有排气螺塞，用于排放空气。

在踩下制动踏板时，推动制动总泵的活塞运动，进而在油路中产生压力，制动液将压力传递到车轮的制动分泵推动活塞，活塞推动制动蹄片向外运动，进而使得摩擦片与制动鼓发生摩擦，从而产生制动力。从图 3-9-4 所示结构中可以看出，鼓式制动器是工作在一个相对封闭环境中的，制动过程中产生的热量不易散出，频繁制动影响制动效果。不过鼓式制动器可提供很高的制动力，被广泛应用于重型车上。鼓式制动器分类如图 3-9-5 所示。

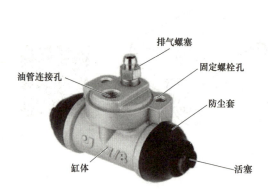

图 3-9-3　制动分泵的结构

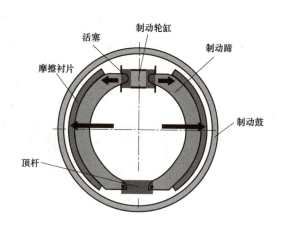

图 3-9-4　鼓式制动器的工作原理

制动器间隙是制动器不工作时，其摩擦片与制动鼓之间的间隙，一般为 0.25～0.50 mm。制动器间隙如果过小，就不易保证彻底解除制动，造成摩擦副的拖磨；过大又将使制动踏板行程太长，以致驾驶员操作不便，同时也会推迟制动器开始起作用的时刻。制动器工作过程中摩擦片的不断磨损必将导致制动器间隙逐渐增大。间隙过大时，将制动踏板踩下到极限位置，也产生不了足够的制动力矩。因此，要求任何形式的制动器在结构上必须保证有检查调整其间隙的可能。

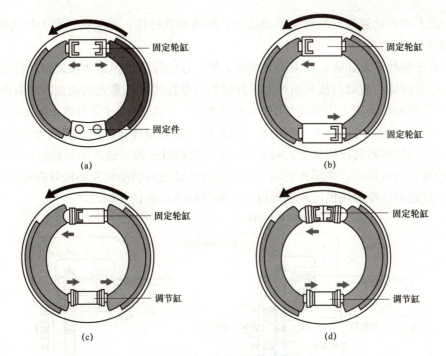

图 3-9-5　鼓式制动器的类型
（a）领从蹄式；（b）双领蹄式；（c）单向伺服式；（d）双向伺服式

（2）盘式制动器

盘式制动器（见图 3-9-6）也叫碟式制动器，主要由制动盘、制动钳和摩擦片等部分构成。

盘式制动器通过液压系统把压力施加到制动钳上，使制动摩擦片与随车轮转动的制动盘发生摩擦，从而达到制动的目的。

盘式制动器

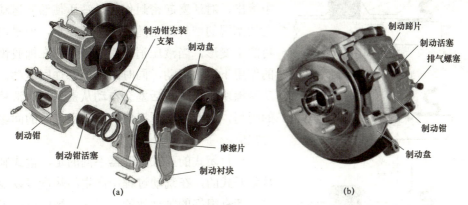

图 3-9-6　盘式制动器的结构

前轮采用盘式制动器，其工作过程是：

① 踩下制动踏板时，制动液流入制动钳的缸筒。

② 流入的制动液在活塞后面形成压力，将活塞向外推，把装在活塞上的内侧制动摩擦片压靠到制动盘上。

③ 由于制动钳设计成可以滑动（浮动）的，这一作用迫使钳体移离制动盘内表面。

④ 随着钳体的滑动，装在钳体上的外侧制动摩擦片被压靠到制动盘的外表面。

浮钳盘式制动器的工作原理如图 3-9-7 所示。制动钳通过导向销（图 3-9-7 中未画出）与车桥相连，可以相对于制动盘轴向移动。制动钳体只在制动盘的内侧设置油缸，而外侧的制动块则附装在钳体上。制动时，液压油通过进油管进入制动轮缸，推动活塞及其上的摩擦块向右移动，并压到制动盘上，使得油缸连同制动钳整体沿导向销向左移动，直到制动盘右侧的摩擦块也压到制动盘上，夹住制动盘并使其制动。

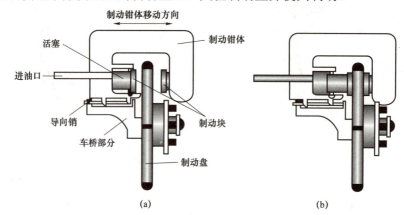

图 3-9-7　浮钳盘式制动器的工作原理
（a）浮钳盘式制动器不制动时；（b）浮钳盘式制动器制动时

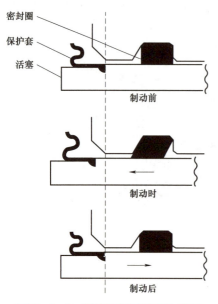

图 3-9-8　活塞密封圈的工作原理

如图 3-9-8 所示，制动缸体内壁槽安装有活塞密封圈，可防止制动液从活塞与制动缸体的间隙中流出，对活塞起密封作用。液压使活塞运动，靠近活塞端的密封圈也随活塞一起变形，但槽内的密封圈不变形。当液压消失后，密封圈在橡胶恢复力的作用下往回运动，同时带动活塞往回运动。当制动摩擦块磨损时，活塞会自动从密封圈上滑移相应的距离，因此制动摩擦块和制动盘之间的间隙一般为定值。

与封闭式的鼓式制动器不同的是，盘式制动器是敞开式的，在制动过程中产生的热量可以很快散去，拥有很好的制动效能，现在已被广泛应用于轿车上。大多数前轮制动器采用通风式制动盘，这是由于通风式制动盘（见图 3-9-9）比实心式制动盘（见图 3-9-10）散热性能好。

图 3-9-9　通风式制动盘　　　　　　　　　　图 3-9-10　实心式制动盘

制动过程实际上是摩擦力将动能转化为热能的过程，如制动器的热量不能及时散出，将会影响其制动效果。为了进一步提升制动效能，通风式制动盘应运而生。通风式制动盘的内部是中空的或在制动盘上打很多小孔，冷空气可以从中间穿过进行降温。从外表看，它在圆周上有许多通向圆心的空洞，它利用汽车在行驶当中产生的离心力能使空气对流，达到散热的目的，因此比普通实心式制动盘的散热效果要好许多。

陶瓷制动盘（见图 3-9-11）相对于一般的制动盘具有质量轻、耐高温、耐磨等特性。普通的制动盘在全力制动下容易产生高温而导致热衰退，制动性能会大打折扣；而陶瓷制动盘有很好的抗热衰退性能，其耐热性能要比普通制动盘高出许多倍。陶瓷制动盘在制动最初阶段就能产生最大的制动

图 3-9-11　陶瓷制动盘

力，整体制动速度要比传统制动系统快、制动距离短。当然，它的价格也是非常昂贵的，多用于高性能跑车上。

盘式制动器与鼓式制动器相比，有以下优点：

① 一般无摩擦助势作用，因而制动器效能受摩擦系数的影响较小，即效能较稳定。

② 浸水后效能降低较少，而且只需经一两次制动即可恢复正常。

③ 在输出制动力矩相同的情况下，尺寸和质量一般较小。

④ 制动盘沿厚度方向的热膨胀量极小，不会像制动鼓的热膨胀那样使制动器间隙明显增加而导致制动踏板行程过大。

⑤ 较容易实现间隙自动调整，其他维修作业也较简便。

三、怎样知道制动摩擦片磨损到极限了？

在汽车的制动系统中，制动摩擦片是最关键的安全零件。制动摩擦片一般由钢板、粘接隔热层和摩擦块构成，钢板要经过涂装来防锈。其中隔热层是由不传热的材料组成的，目的是隔热。摩擦块由摩擦材料、黏合剂组成，制动时被挤压在制动盘或制动鼓上

产生摩擦，从而达到车辆减速制动的目的。由于摩擦作用，摩擦块会逐渐被磨损，一般来讲成本越低的制动摩擦片磨损得越快。盘式制动摩擦片和鼓式制动摩擦片如图 3-9-12 和图 3-9-13 所示。

图 3-9-12　盘式制动摩擦片

图 3-9-13　鼓式制动摩擦片

出于安全考虑，大多数车辆制造商会在制动系统上安装衬块磨损指示器（见图 3-9-14）。衬块材料磨损到一定程度，指示器就会自动发出信号告知驾驶员应该更换衬块材料了。电子磨损指示器（见图 3-9-15）是利用嵌在衬块材料内的电极来产生报警信号的。

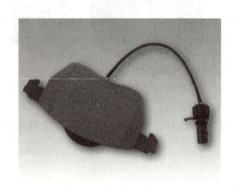

图 3-9-14　衬块磨损指示器

图 3-9-15　电子磨损指示器

四、液压制动是怎样工作的?

制动主缸的作用是将驾驶员的作用力转变成液压力。目前为了保证制动系统工作的稳定性，采用串联式制动主缸。制动主缸分单腔式和双腔式两种，分别用于单回路和双回路系统，但是由于安全原因，目前主要使用双腔式，我们主要讲述双腔式制动主缸的工作情况。制动主缸的外部结构和内部结构如图 3-9-16 和图 3-9-17 所示。制动主缸由储油室、缸体、一级活塞、二级活塞、弹簧、弹簧座等组成。第一腔与右前、左后制动器相通；第二腔与左前、右后制动器相通。每套管路和工作腔又分别通过补偿孔和回油孔与储液罐相通。二级活塞通过右端弹簧保持在正确的初始位置，使补偿孔和进油孔与缸内相通。一级活塞在左端弹簧作用下压靠在套上，使其处于补偿孔和回油孔之间的位置。

图3-9-16　制动主缸的外部结构

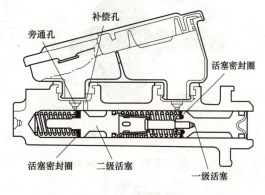

图3-9-17　制动主缸的内部结构

　　制动时，一级活塞左移，油压升高，克服弹力将制动液送入右前左后制动回路；同时又推动二级活塞，使第二腔液压升高，进而使两轮制动。解除制动时，活塞在弹簧作用下迅速回位，制动液自轮缸和管路流回制动主缸。这时在压力腔内容易形成真空。为了消除真空，必须让供油腔内的制动液快速地经补偿孔补充到压力腔。储液罐里的油液可经进油孔和活塞上面的补偿孔推开密封圈流入工作腔。当活塞完全回位时，补偿孔打开，工作腔内多余的油由补偿孔流回储液罐（见图3-9-18）。若液压系统由于漏油以及由于温度变化引起主缸工作腔、管路、轮缸中油液膨胀或收缩，则可以通过补偿孔进行调节。

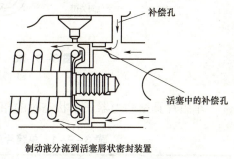

图3-9-18　制动主缸的补偿孔

五、制动时为什么很省力?

　　为了缓解用力踩制动踏板给驾驶员带来的疲劳，制动系统采用了真空助力器来助力。真空助力器利用发动机活塞下行带来的真空或真空泵产生的真空，来增加驾驶员施加于踏板上的力。使用柴油发动机的汽车和电动车无法产生稳定的真空，必须使用真空泵制动。真空助力器分增压式和助力式两种。最常见的是真空助力式（见图3-9-19）。它在制动踏板和制动主缸之间装有一个膜片式的助力器。膜片的一侧

真空助力器

与大气连通，在制动时，使另一侧与发动机进气管连通，从而产生一个比踏板力大几倍的附加力。此时，主缸的活塞除了受踏板力外，还受到真空助力器产生的力，因此可以提高液压，从而减轻踏板力（见图3-9-20）。

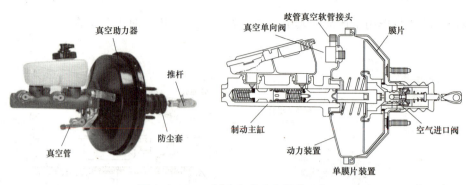

图 3-9-19　制动真空助力器的结构

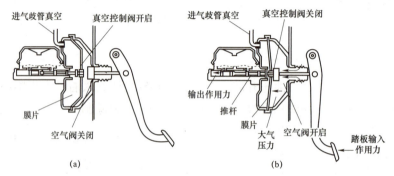

(a)　　　　　　　　　　　　(b)

图 3-9-20　制动真空助力器的工作原理

（a）静止时；（b）进行制动时

单膜片真空助力器三个状态时的相互关系如表 3-9-1 所示。

表 3-9-1　单膜片真空助力器三个状态时的相互关系

状态	大气阀	真空阀	真空腔	大气腔	反馈盘	两腔关系
非工作状态	关闭	开启	有真空度	有真空度	未变形	连通
工作状态	开启	关闭	有真空度	大气进入	变形量不等	未连通
平衡状态	关闭	关闭	有真空度	无真空度	变形量相等	未连通

六、何为优秀的制动液？

制动液是汽车液压制动系统中传递制动压力的液态介质，使用在采用液压制动系统的车辆中。一般来说制动液按其原料、工艺和使用要求的不同可分为醇型制动液、矿油型制动液和合成制动液，其中合成制动液具有凝点低、沸点高、不易产生气阻、抗腐蚀等优点，被广泛应用于高速、大负荷的汽车上。制动液是一切制动系统赖以生存的"血液"。制动液是一种经过特殊配制的液压油液，必须能够满足美国交通部（DOT）制定的最低标准。

常见的制动液为 DOT3 或 DOT4，另外也有 DOT5 制动液。其中 DOT3 和 DOT4 制动液通常为无色或淡琥珀色，并且具有吸收水分的特性。制动液规格参数如表 3-9-2 所示。

表3-9-2　制动液规格参数

制动液沸点（联邦安全性最低标准）				
项目	干	湿	湿	干
	℉		℃	
DOT3	401	284	205	140
DOT4	446	311		
DOT5	500	356		

优质制动液具有以下特点：

① 沸点越高越好，较低蒸发性。沸点不低于205 ℃，当汽车长时间行驶、在高速或下坡行驶时，温度会高达数百摄氏度。制动液温度随着制动蹄片温度升高而升高，若制动液沸点不够高，制动液汽化，产生气泡，踩制动踏板时，不能立即达到制动目的，就不能保证行车安全性。

② 对制动系统各种金属的腐蚀性小。一般制动液腐蚀性较强，但优质制动液对各类金属的腐蚀性大大减小，可延长制动总泵寿命。若加了劣质制动液，就会很快腐蚀金属，对行车造成危害。

③ 低温流动性很好，这在严寒地区特别明显。使用优质制动液在严寒时制动一样灵敏、可靠。而劣质制动液低温性能差，凝固点高，气温低于-20 ℃时就会有凝固现象发生，大大影响行车安全。

④ 对各种橡胶不腐蚀。优质制动液使用后极少发生皮碗严重膨胀变形现象。若使用劣质制动液，皮碗容易膨胀变形，导致车辆漏油、制动时翻转，造成事故。标准制动液膨胀率一般在0.1%～5%。

⑤ 长期使用无沉淀物。制动液长期在高温状态下使用，质量不稳定就会产生热分解，产生沉淀物，同样影响制动性能。

七、制动系统管路是怎样分布的？

制动系统管路布置类型（见图3-9-21）分为前后型布置方式和交叉型布置方式。

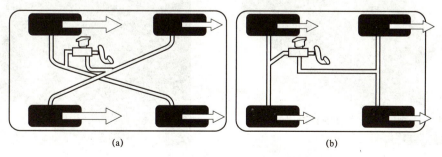

(a)　　　　　　　　　　(b)

图3-9-21　制动系统管路布置类型

（a）交叉型；（b）前后型

制动系统管路与软管将主缸的油压传至轮缸与制动钳。制动系统管路的硬管部分为钢管，端头有双重喇叭口；而软管部分为橡胶管，用于需要挠曲的场合，例如在车架与前轮制动钳之间使用制动软管。这样，当前轮随悬架上、下运动以及左、右转弯时不会损坏制动系统管路。对于采用交叉型布置方式的车辆，当制动系统管路中有一个条管路出现问题时，车辆还有 50%的制动力；而对于采用前后管路布置的车辆，当前轮制动系统管路出现问题时，制动力还有 30%～40%。

八、驻车制动系统是怎样工作的？

行车制动是在车辆行驶过程中短时间制动使车辆停稳或者减速的，而驻车制动是在车辆停稳后用于稳定车辆，避免车辆在斜坡路面停车时由于溜车造成事故。驻车制动（手刹）系统属于辅助制动系统，主要借助人力，一般是为了在停车的时候防止车辆自行溜车而设计的。驻车制动器主要由制动杆、拉线、制动机构以及复位弹簧组成，是用来锁死传动轴从而使驱动轮锁死的，有些是锁死两只后轮。驻车制动手柄（见图 3-9-22）其实就利用了杠杆原理，拉到固定位置通过锁止牙进行锁止。

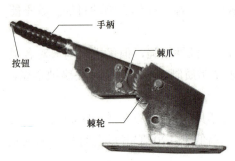

图 3-9-22　驻车制动手柄的结构

传统的鼓式驻车制动器较为常见。鼓式驻车制动器分为两种：一种是集成在鼓式行车制动器中的驻车制动；另一种是在变速器的后方、传动轴的前方，这种又叫作中央驻车制动器（见图 3-9-23）。

它们的制动原理大体相似，只是安装部位不同。有一些车的行车制动器和驻车制动器是分开的，因此它有两个制动卡钳，两个卡钳共用一个制动盘，各自具有独立的作用。现在大多数乘用车都是采用四轮盘式制动器，其制动机构就集成在后轮的盘式制动器上。盘式驻车制动系统的结构如图 3-9-24 所示。

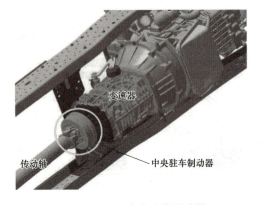

图 3-9-23　中央驻车制动器

图 3-9-24　盘式驻车制动系统的结构

驻车制动指示灯位于汽车的仪表内，该指示灯点亮说明驻车拉杆已经被拉起。汽车行驶时，一定要放松驻车手柄，使驻车制动指示灯保持熄灭状态。

电动驻车是传统驻车的升级，它是利用计算机控制电动机夹紧或松开驻车拉索，用按钮 P 代替了驻车手柄。电子驻车制动器开关如图 3-9-25 所示。

如果坡道塞车，每次起步都要按一下，那就显得太不科学了。其实，电子驻车制动器还是比较科学的，每次起步车轮扭矩达到一定扭矩时会自动释放，达到简化的

(a)　　　　　　　　(b)

图 3-9-25　电子驻车制动器开关

目的。在行车过程中遇到紧急情况需要制动时，可以按下电子驻车制动器按钮。此时车辆的制动并非机械的驻车制动。例如大众迈腾的电子制动在 7 km/h 以上的速度时就是先通过 ESP 控制单元以略小于全力制动的力道对全部四个车轮进行液压制动；当速度在 7 km/h 以下时，就直接施以驻车制动。只要制动管路和电路没被破坏，哪怕是车辆意外熄火，电路仍然接通，该功能依然有效。

九、轮胎为何要防抱死?

制动时，如果轮胎抱死，轮胎与地面由滚动转变成滑动（见图 3-9-26），轮胎与地面摩擦会留下制动拖印，这样轮胎容易磨损。轮胎迅速磨损，产生大量热量，轮胎发生爆胎的概率增大。轮胎抱死后，制动距离也变长，轮胎失去转向能力。车辆制动时，轮胎边滚动边滑动是最佳状态。为了防止轮胎在制动时抱死，目前汽车都应用 ABS（见图 3-9-27），ABS 就是制动防抱死系统的简称。

ABS 工作过程

前进方向

制动拖印

图 3-9-26　车轮抱死滑动

图 3-9-27　ABS 指示灯

ABS 在汽车制动时，自动控制制动器制动力的大小，使轮胎不被抱死，处于边滚边滑（滑移率在 20% 左右）的状态，以保证轮胎与地面的附着力为最大值。如图 3-9-28

所示，ABS 系统由常规液压制动系统与防抱死部件组成，ABS 部件包括：四个轮速传感器（每个车轮一个）、液压控制单元（HCU）、电子控制模块（ECU）、连接线缆和 ABS 故障指示灯。

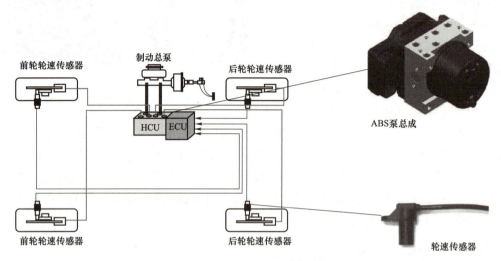

图 3-9-28　ABS 系统的结构

　　ECU 是防抱死制动系统的控制中心。它的主要任务是连续监测，接收轮速传感器传来的速度信号，并进行测量比较、分析放大和辨别处理，分析出 4 个车轮的制动情况。一旦判断出轮胎将要抱死，就立刻进入防抱死制动控制状态，通过内部的电子控制单元向液压单元发出指令，防止轮胎抱死。

　　一旦 ABS 系统出现故障，ABS 控制模块会使 ABS 及 EBD 灯点亮报警，同时把故障信息保存在计算机里，以便进行诊断维修。

　　（1）轮速传感器

图 3-9-29　轮速传感器的安装位置

　　轮速传感器根据工作原理分为被动电磁式轮速传感器和主动霍尔式轮速传感器两类。轮速传感器的安装位置如图 3-9-29 所示。电磁式轮速传感器逐渐被淘汰，目前汽车已不再采用它。电磁式轮速传感器结构简单、成本低，但存在下述缺点：一是其输出信号的幅值随转速的变化而变化，若车速过慢，其输出信号低于 1 V，电控单元就无法检测；二是响应频率不高，当转速过高时，传感器的频率响应跟不上；三是抗电磁波干扰能力差。目前，国内外 ABS 系统的控制速度范围一般为 15～160 km/h，今后要求控制速度范围扩大到 8～260 km/h以至更大，显然电磁式轮速传感器很难适应。

（2）ABS控制模块

ABS控制模块（见图3-9-30）即ABS控制单元，在总成上包括了电子控制模块（ECU）和液压控制单元（HCU），并担负了全部ABS的控制功能。当紧急制动时，驾驶员在制动踏板上施加足够的制动力，制动器将轮胎抱死，此时轮速传感器将车轮转速传输给控制单元，控制单元通过制动压力调节器不断调整制动压力，使轮胎处于边滚边滑的状态。ABS调整制动压力的过程，就类似一个人以极快的速度（8~10次/s）不断踩

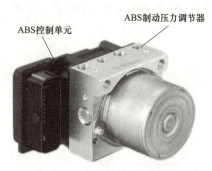

ABS控制单元　ABS制动压力调节器

图3-9-30　ABS控制模块

下、松开制动踏板。行车过程中当ABS报警灯亮起时，说明ABS有故障。此时，驾驶员不能"模拟"ABS工作，采用所谓的"点刹"不断踩下、松开制动踏板。驾驶员踩制动踏板的速度达不到要求，会影响制动效果。

 技能链接

1. 进入VR汽车教育实训平台，完成制动器的拆装。

VR 操作说明
（1）登录VR汽车教育实训平台； （2）按操作提示完成制动器的拆装 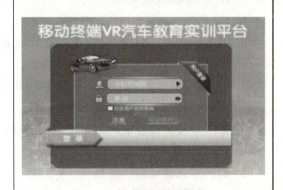
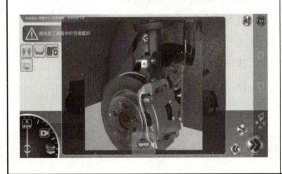 

2. 实践操作视频资源

制动摩擦片的拆装

 任务评价

一、判断题

1. 汽车制动时，制动力的大小取决于车速。 （　　　）

2. 钳盘式制动器间隙自调装置中的活塞密封圈起复位弹簧的作用。 （　　　）

3. 为了提高汽车制动的可靠性和行车安全性，现代汽车广泛采用的是单回路制动传动装置。 （　　　）

4. 汽车制动的最佳状态是出现完全抱死的滑移现象。 （　　　）

二、选择题

1. 汽车制动时，制动力的大小取决于（　　　）。

    A. 汽车的载质量　　　　　　　　　　B. 制动力矩

    C. 车速　　　　　　　　　　　　　　D. 轮胎与地面的附着条件

2. 汽车制动时，制动力 F_B 与车轮和地面之间的附着力 F_A 的关系为（　　　）。

    A. $F_B < F_A$　　　　B. $F_B > F_A$　　　　C. $F_B \leqslant F_A$　　　　D. $F_B \geqslant F_A$

3. 汽车制动时，当车轮制动力 F_B 等于车轮与地面之间的附着力 F_A 时，则车轮（　　　）。

    A. 做纯滚动　　　　B. 做纯滑移　　　　C. 边滚边滑　　　　D. 不动

4. 在汽车制动过程中，当车轮抱死滑移时，路面对车轮的侧向力（　　　）。

    A. 大于零　　　　B. 小于零　　　　C. 等于零　　　　D. 不一定

5. 领从蹄式制动器一定是（　　　）。

    A. 等促动力制动器　　　　　　　　　B. 不等促动力制动器

    C. 非平衡式制动器　　　　　　　　　D. 以上三个都不对

6. 双向双领蹄式制动器的固定元件的安装是（　　　）。

    A. 中心对称　　　　　　　　　　　　B. 轴对称

    C. 既是 A 又是 B　　　　　　　　　　D. 既不是 A 也不是 B

7. 下列（　　　）制动器是平衡式制动器。

    A. 领从蹄式　　　　B. 双领蹄式　　　　C. 双向双领蹄式　　　　D. 双从蹄式

8. 在汽车制动过程中，如果只是前轮制动到抱死滑移而后轮还在滚动，则汽车可能（　　　）。

A. 失去转向性能　　B. 甩尾　　　　C. 正常转向　　　D. 调头

9. 制动控制阀的排气阀门开度的大小，影响（　　　）。

A. 制动效能　　　B. 制动强度　　　C. 制动状态　　　D. 制动解除时间

10. 盘式制动器根据固定元件的结构形式不同，可分为（　　）等类型。

A. 定钳盘式制动器　　　　　　　B. 钳盘式制动器

C. 全盘式制动器　　　　　　　　D. 浮钳盘式制动器

三、简答题

1. 汽车制动系统由哪些部分组成？它是如何工作的？
2. 鼓式制动器有哪些形式？
3. 从受力情况分析，对于领从蹄式和双向自增力式的制动器，哪种制动效果好？
4. 盘式制动器中，活塞密封圈的功用是什么？
5. 盘式制动器的结构与工作过程是怎样的？
6. 盘式制动器与鼓式制动器比较，有哪些特点？
7. 简述真空助力器的工作原理。

任务拓展

（1）EBD

EBD（见图3-9-31）的学名为电子制动力分配，其作用是自动调节前、后轴制动力分配比例，提高制动效能，并配合ABS提高制动稳定性。制动时，车轮重量被转换到前轮，车辆会向前俯冲，因此，后桥载荷减小；而后轮由于接地面积减小，制动力无法被传递到路面上，使得后轮易被锁死，这时必须降低后轮液压。车辆载重增加时，后轮承载的压力增加，所以需要通过调节制动力来使车辆有效地进行制动。

前部下降　　　后部上升

图3-9-31　EBD

（2）ESP

ESP（见图3-9-32）的学名为车身电子稳定系统，是博世（Bosch）公司的专利。其他公司也有研发出类似系统的，如宝马的DSC、丰田的VSC等。ESP系统其实是ABS（防抱死系统）和ASR（驱动轮防滑转系统）在功能上的延伸，可以说是当前汽车防滑装置的最高形式。

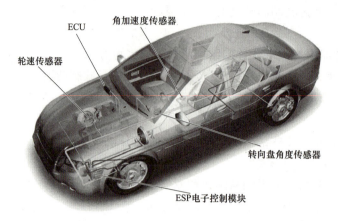

图 3-9-32　ESP

（3）CBC

CBC（见图 3-9-33）即为转弯制动控制。虽然在紧急制动时，防抱死制动器能防止轮胎抱死并帮助维持转向控制，但根据环境的不同，如果在转弯时紧急制动，汽车仍会有滑行的危险。应注意的是，CBC 是与制动一起作用的，也就是说，CBC 起作用的前提是制动踏板被踩下。转弯制动控制利用来自 ABS 的信号控制各个制动器的压力，即使驾驶员在转到一半时才施加制动力，也能获得最佳的制动效果。

（4）EBA

EBA（见图 3-9-34）意为电子控制制动辅助系统，是汽车紧急制动辅助系统的一种。

图 3-9-33　CBC

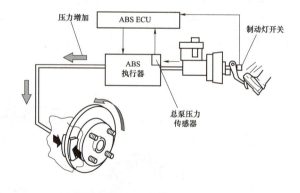

图 3-9-34　EBA

　　在正常情况下，大多数驾驶员开始制动时只施加很小的力，然后根据情况增加或调整对制动踏板施加的制动力。如果必须突然施加大得多的制动力，或驾驶员反应过慢，这种方法会阻碍他们及时施加最大的制动力。许多驾驶员也对需要施加比较大的制动力没有准备，或者他们反应得太晚，从而造成制动距离过长，导致追尾等交通事故。EBA 的作用就是防止这些情况的发生。

（5）TCS

TCS（见图3-9-35）意为牵引力控制系统，又称循迹控制系统。它是根据驱动轮的转数及传动轮的转数来判定驱动轮是否发生打滑现象，当前者大于后者时抑制驱动轮转速的一种防滑控制系统。它与ABS作用模式十分相似，两者都使用传感器及制动调节器。TCS与ABS的区别在于：ABS利用传感器来检测轮胎何时要被抱死，再减少该轮的制动力以防被抱死，它会快速地改变制动力，以保持该轮胎在即将被抱死的边缘；而TCS主要使用发动机点火的时间、变速器挡位和供油系统来控制驱动轮打滑。

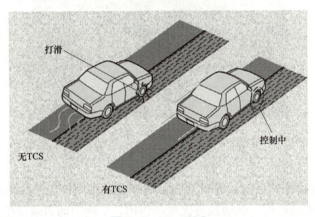

图3-9-35 TCS

（6）HHC

HHC（见图3-9-36）即为坡道辅助系统，是基于ABS集成控制系统的汽车坡道起步辅助装置，是在ESP系统基础上增加的功能，能让车辆在不用手刹的情况下在坡上起步，在脚从制动踏板移到加速踏板的动力脱节的空挡时间内利用ESP系统继续保持制动2 s，可以让驾驶员轻松地将脚由制动踏板转向加速踏板，防止车辆溜坡。

图3-9-36 HHC

（7）EDS

EDS（见图 3-9-37）学名为电子差速锁。在不良的道路状况下，使用 EDS 电子差速锁有助于车辆的起步、加速和上坡，而在没有这一功能时，实现车辆的这些操作可能会很困难或根本无法实现。

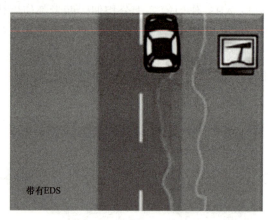

带有EDS

图 3-9-37　EDS

（8）BOS

BOS 学名为制动优先系统。假设驾驶员在行驶过程中使电子加速踏板突然卡死，这时候驾驶员紧急踩制动踏板，制动器将优先起作用，车辆的动力输出受到限制。此时无论加速踏板被踩下多深，发动机只会以略高于怠速的安全转速运行，这给了驾驶员一个双重保险的作用。

激活 BOS 制动优先系统必须同时满足下面几个条件：

① 发动机转速大于 1 200 r/min。

② 车速大于 10 km/h。

③ 加速踏板开度大于 0 且加速踏板开度变化不能太迅猛，即非驾驶人员主动急加速。

④ 先踩加速踏板后踩制动踏板。

⑤ BOS 制动优先系统起作用后，加速踏板开度会迅速下降到一个很小的替代开度，该替代开度使发动机以略高于怠速的转速运行，车辆的动力输出受到限制。只要满足下面的任何一个条件，就会自动退出 BOS 制动优先系统：

a. 松开加速踏板后再踩。

b. 加速踏板开度变化太迅猛（即猛踩加速踏板），即驾驶人员主动急加速。

c. 松开制动踏板。

参 考 文 献

[1] 高峰. 汽车底盘构造与维修 [M]. 北京：机械工业出版社，2010.

[2] 王家青，孟华霞，陆志琴. 汽车底盘构造与维修：新编版 [M]. 北京：人民交通出版社，2011.

[3] 李培军. 汽车底盘电控技术 [M]. 北京：人民邮电出版社，2011.

[4] 高贵娟，郑永. 别克凯越维修手册 [M]. 北京：化学工业出版社，2012.

[5] 蒋红枫. 汽车底盘构造与拆装 [M]. 北京：机械工业出版社，2012.

[6] 李穗平，周均. 汽车结构认识与拆装 [M]. 重庆：重庆大学出版社，2012.

[7] 罗智强，谢云峰. 汽车发动机构&与维修 [M]. 北京：机械工业出版社，2013.

[8] 陈旭. 汽车发动机原理与实用技术：上册 [M]. 北京：机械工业出版社，2014.

[9] 陈旭. 汽车底盘原理与实用技术：下册 [M]. 北京：机械工业出版社，2014.

[10] 谭本忠. 汽车底盘构造与维修 [M]. 济南：山东科学技术出版社，2014.

[11] 王林超，王霞. 汽车构造与维修（上册）[M]. 北京：中国水利水电出版社，2016.

[12] 王林超，王霞. 汽车构造与维修（下册）[M]. 北京：中国水利水电出版社，2016.